SV

Michael Scharang

AUFRUHR

Ein Roman

Suhrkamp

Erste Auflage 2020

Satz: Satz-Offizin Hümmer GmbH, Waldbüttelbrunn
Druck: CPI – Ebner & Spiegel, Ulm
Printed in Germany
ISBN 978-3-518-42928-0

AUFRUHR

– 1 –

Diese Geschichte begann in New York, fand ihre Fortsetzung in Wien und endete damit, dass die österreichische Regierung ins Ausland flüchtete. Da die ganze Welt daran Anteil nahm, teils schockiert, teils belustigt, braucht man sich nicht zu wundern, dass diese Geschichte nun auch hier zur Sprache kommt. Zumal sie sich in unseren Tagen zugetragen hat, einer Zeit, in der sich vieles zum Besseren wendete.

Wenigstens für Dr. Maximilian Spatz. Dass er zu Beginn der Geschichte, am Abend des 12. Februar 2019, noch am Leben war, empfand er als Glücksfall. Er entschied sich für dieses Wort. *Glück* schien ihm ein zu großes Wort zu sein, *Zufall* empfand er als zu klein. Also Glücksfall. Viel hatte nicht gefehlt, und Spatz wäre an jenem Abend in einer Bar in Brooklyn erschossen worden.

Am Nebentisch saßen zwei Männer, sie waren Ende fünfzig, nahmen sich aus wie alte Freunde und redeten über ihre Kindheit. Über die schöne Kindheit, die herrlichen Sommer damals in Bowling Green, die Ausflüge zum Erie-See. Maximilian Spatz stärkte sich mit einer großen Portion Spaghetti für den Nachtdienst in der Klinik. Und er hörte dem Gespräch der Männer aufmerksam zu. Es kreiste um eine kleine Straße in dem kleinen Ort Bowling Green und fand schließlich sein Ziel: eine Konditorei. Die wurde von den beiden Männern so begeistert, so lange und so genau beschrieben, bis es keinen Zweifel gab, dass sie dieselbe Konditorei meinten. Sie war der Ort des Glücks. Der Name des Konditors fiel ihnen allerdings nicht ein, und da jeder eine andere Spur verfolgte – der eine sagte, der Name habe mit K begonnen, der andere meinte, dass der Name mit O anfing –, gaben sie die Suche auf. Der Name sei nebensächlich. Eine vorschnelle Einigung – mit tödlicher Folge, wie sich bald zeigte.

Dass sie als Kinder unabhängig voneinander jene Konditorei geliebt hatten, versetzte sie in Jubelstimmung. Spatz merkte, wie sein Gemütszustand, während er aß, sich bereitwillig der Stimmung der beiden anpasste. Die Fröhlichkeit, die ihn mittags beflügelt hatte, setzte sich fort in den Abend. Zu Mittag beim Kaffee hatte die Fröhlichkeit von der Musik hergerührt, den *Vier Stücken für Geige und Klavier* von Anton Webern. Nun verdankte sie sich dem Gespräch am Nebentisch. Schon ein paar solche Stunden empfand Maximilian Spatz als einen geglückten Tag.

Geglückter Tag?, fragte er sich und seufzte. Von allem, was ihm in den letzten Wochen gelungen sei, habe er das Empfinden, es gelinge zum letzten Mal. Und das im Alter von fünfzig. Er habe keine Kraft mehr. Er überspiele die Erschöpfung mit Essen. Er koche sogar. Und noch nie habe er so viel Wein getrunken. Nach Jahren greife er wieder zu Zigarillo und Pfeife. Dennoch fühle er sich am Ende. Der Psychiater Spatz scheute davor zurück zu sagen, dass er tatsächlich am Ende war. Er vertraute darauf, dass er sich das nur einbildete. Auf keinen Fall wollte er den Befund zulassen, dass er nicht wie früher zu viel, sondern dass er viel zu viel arbeitete.

Zum Glück gab es noch das Wetter. Es war schlecht. Im Jänner zu kalt. In den ersten beiden Februarwochen zu warm. Kein Wunder, sagte sich Spatz, dass es mir schlecht geht. Diesen Befund ließ er gelten.

Das Gespräch der beiden Männer am Nebentisch drehte sich im Kreis. Der eine erinnerte sich an Tische im Freien, der andere behauptete, es habe vor der Konditorei eine Bank gegeben. Der eine erinnerte sich an eine Markise, die einen Schatten auf das Schaufenster warf, der andere redete von einem Sonnenschirm. Spatz fürchtete, der Ort des Glücks würde sich in nichts auflösen, und so hörte er nur mit einem Ohr hin.

Das Gespräch verflachte, geredet wurde über die Frau des Konditors, eine kleine, rundliche Person, die, wenn ihr Mann nicht im Geschäft war, mitunter einem Kind ein Bonbon schenkte, niemals aber ein Eis. Das war in der Sommerhitze das Kostbarste.

Nein, korrigierte sich Spatz, das Gespräch verflachte nicht. Er lächelte. Nichts freute ihn mehr, als wenn er, der Menschenkenner von Beruf, sich in den Menschen irrte. Der Konditormeister, sagte gerade der eine, war großgewachsen und hatte einen ansehnlichen Bauch. Zweimal in der Woche fuhr er von Bowling Green nach Toledo. Spatz kannte die Namen dieser Ortschaften.

Wenn der Konditormeister auf dem Motorrad saß, erzählte der andere, wölbte der Bauch sich über den Scheinwerfer, die Knie ragten über die Lenkstange hinaus. Das wirkte majestätisch. Nein, sagte der andere, das sah komisch aus. Ich habe gefürchtet, dass der Konditor jeden Augenblick stürzt. Einig waren die beiden sich, dass der Konditormeister aus der Stadt Toledo Zutaten für das Eis brachte, rätselhafte, wunderbare Sachen.

Ein neuer Gast trat in die Bar, er musste gewusst haben, dass die beiden hier saßen, schnurstracks ging er auf sie zu, überhörte den Gruß des Barbesitzers, begrüßte seine Bekannten und bestellte ein Bier. Spatz fiel auf, dass einer der beiden kurz und unfreundlich zurückgrüßte, während der andere den Neuen herzlich willkommen hieß und hinzufügte: Ich habe gedacht, du bist nicht mehr in New York, sondern wieder in Bowling Green.

Spatz drehte sich um und betrachtete die drei. Der Neue, der sich noch nicht gesetzt hatte, trug eine Schlosserhose und einen grauen Anorak, derjenige, der kurz und unfreundlich gegrüßt hatte und dem Ankömmling gegenüber ein abweisendes Gesicht machte, war mit einem roten Anorak bekleidet, der Freundliche mit einem Trenchcoat. Spatz wandte sich wieder dem Essen zu.

Das Bier wurde serviert. Ich wäre gern in Bowling Green, sagte der Neue. Das ist kein Leben hier. Die Wirtschaftskrise bringt mich um. Ich verdiene so viel, dass ich nicht weiß, wohin mit dem Geld. Wenn früher ein Auto einen größeren Schaden hatte, wurde es verschrottet und durch ein neues ersetzt. Es gab nur kleine Schäden zu reparieren, eine Beule hier, einen Kratzer dort. Dafür war mein Betrieb ausgerüstet. Das habe ich den Arbeitern, den dreien, die ich hatte, beigebracht. In der Krise sparen die Leute, fuhr er fort, sie bringen mir Autos, bei denen das Dach eingedrückt, die Tür herausgerissen, die Motorhaube zerbeult ist. Ich muss große Teile kaufen, montieren, lackieren. Am Ende ist das ein paar Dollar billiger als ein neues Auto.

Deine Sorgen möchte ich haben, sagte der Unfreundliche. Ich schenke sie dir, antwortete der Neue, mitsamt der Firma. Her damit, erwiderte der Unfreundliche. Es muss sich sowieso was ändern. Ich habe nur Pech, seit ich in New York bin. Du übertreibst, sagte der Freundliche. Nichts wie Pech!, wiederholte der andere. Ein Honiglecken, sagte der Neue, ist die Firma aber nicht. Wir haben zusätzlich fünf Arbeiter aufgenommen. Die müssen angelernt werden. Wir arbeiten in zwei Schichten, zweimal zehn Stunden. Ich schlafe nur mehr im Büro.

Du hast doch eine Frau, wandte der Freundliche ein. Gehabt, sagte der Neue. Die hat mich schon vor der Krise verlassen. Wusste ich nicht, sagte der Freundliche, schade. Meine Frau hat sich gut verstanden mit deiner Frau, nicht nur weil sie beide in einer Putzerei gearbeitet haben – sehr schade. Traurig, sagte der Neue, sehr traurig. Sie hat mir vorgeworfen, dass ich das Geld, das ich in der Firma erwirtschafte, verschenke. Egal. Es gibt Dinge, die kann man ändern, und es gibt Dinge, die kann man nicht ändern. Ich bin Arbeiter, und ich bleibe Arbeiter. Auch wenn ich eine Firma habe.

Die drei Leute, fuhr der Neue fort, die von Beginn an bei mir arbeiten, sind Miteigentümer, es gibt keinen Unternehmer und keinen Chef. Alle sagen, dass so etwas nicht funktioniert. Bei uns hat es vom ersten Tag an geklappt. Ich habe schon als Kind von meinem Vater gelernt, dass niemand das Recht hat, sich über den anderen zu stellen.

War dein Vater Pfarrer?, fragte der Unfreundliche. Du Scheißkerl, sagte der Neue, du weißt sehr gut, wer mein Vater war. Jeder in Bowling Green hat ihn gekannt, den Gewerkschafter von den Jeep-Werken. Er war keiner der berühmten Arbeiterführer der USA, aber der bekannteste, den es bei uns gegeben hat. Er hatte einen Blick für den Kleinkram im Betrieb. Nicht für das große Unrecht, die Kluft zwischen den Arbeitern und den Besitzern und Direktoren der Fabrik. Die zu beseitigen, hat der Vater gesagt, ist eine feine Sache. Aber nicht meine. Ich bin nicht der Karl Marx.

Man darf nicht zulassen, hat er gesagt, dass von zwanzig Arbeitern einer ausgewählt wird, die anderen zu kontrollieren. Der Kontrolleur, der nicht mehr arbeitet, bekommt natürlich mehr Lohn. Ich war ein Kind und saß dabei, wenn der Vater mit den Arbeitskollegen debattiert hat. Mehr als acht Leute hatten in der Küche nicht Platz. Wenn fünf da waren, setzte die Mutter sich dazu, wenn acht kamen, ging sie zur Nachbarin. Es wäre gelacht, hat mein Vater gesagt, wenn ihr das, was ich verstehe, nicht versteht. Die Arbeiter hassen den Kontrolleur, ihren ehemaligen Kollegen, und der Kontrolleur hasst deshalb die Arbeiter. Wir zerfleischen uns gegenseitig.

Mit solchen Reden hat mein Vater erreicht, dass die Arbeiter ihn zum Sprecher wählten. Bald darauf wurde er, wie das ungeschriebene Gesetz es vorschreibt, liquidiert. Quatsch, sagte der Unfreundliche. Du hast recht, antwortete der Neue. Mein Vater *sollte* erschossen werden. Er wurde nur angeschossen. Dann saß er im Rollstuhl. Wir wohnten im ersten Stock, es gab keinen Lift. Die Türen ins Bad und ins Klo waren zu schmal für den Rollstuhl. Nicht gehen zu können, hat der Vater gesagt, ist für einen Rollstuhlfahrer das kleinste Problem. Die Arbeitskollegen sammelten Geld. Auch in den Fabriken in Detroit und Cleveland wurde gesammelt. Nicht lange. Es war nicht notwendig.

Weil der Präsident der Vereinigten Staaten sich um deinen Vater gekümmert hat, redete der Unfreundliche dazwischen. Es war nicht der Präsident der Vereinigten Staaten, sagte der Neue, sondern der Präsident aller Präsidenten, der Maler Edward Hopper, das Genie aller Genies.

Der Unfreundliche lachte abschätzig. Nie gehört, sagte der Freundliche. Natürlich nicht, erwiderte der Neue. Den richtigen Amerikaner, hat mein Vater gesagt, erkennt man daran, dass er den bedeutendsten Amerikaner nicht kennt, den größten Maler des zwanzigsten Jahrhunderts.

Versteh ich nicht, sagte der Freundliche. Hopper, fuhr der Neue fort, ist zu uns gekommen. Er wusste alles über meinen Vater. Der Neue bestellte eine Runde Bier.

Sie, mein Herr, hat Hopper zum Vater gesagt, haben erkannt, wie es in der Fabrik zugeht. Das wird nicht geduldet. Die Wirklichkeit darf man nicht erkennen, das ist seit Jahrtausenden so. Schon gar nicht darf man sie als das bezeichnen, was sie ist. Man darf den König Wohltäter nennen, aber nicht Tyrann, den Fabrikbesitzer Menschenfreund, aber nicht Ausbeuter.

Maximilian Spatz stockte der Atem. Freddy servierte das Bier.

Man darf die Dinge nicht sehen und nicht benennen, hat Hopper gesagt. Wer es dennoch tut wie Sie, wird vernichtet. Zum Glück leben Sie noch. Und zum Glück habe ich in der Zeitung von dem Mordanschlag gelesen. Und noch was: Sie können hier nicht bleiben, im ersten Stock ohne Lift, in dieser Wohnung mit zu schmalen Türen.

Wollen Sie sich nicht setzen?, hat meine Mutter gefragt. Gern, sagte Hopper. Sie kredenzte ihm Kaffee und die Reste von Karotten und Lauch, die vom Mittagessen übriggeblieben waren. Hopper ließ es sich schmecken. Ich bin Maler, sagte er zum Vater, und in einer ähnlichen, wenngleich besseren Situation als Sie. Ich bemühe mich, die Wirklichkeit zu erkennen und zu sehen. Und dann zu malen. Das darf nicht sein. Der Baum darf kein Baum sein, der Mensch kein Mensch, das Kino kein Kino, die Bar darf keine Bar sein. Ich schere mich nicht darum. Meine Bilder nennt man realistisch und verachtet sie. Das ist besser, als angeschossen zu werden.

Ich muss den Mann vom Nebentisch kennenlernen, dachte Spatz, mit Hilfe von Freddy wird das gelingen. Dieser Mann hat Hopper gesehen. Unfassbar. Hopper hat den Vater dieses Mannes in Bowling Green aufgesucht. Unfassbar. Wenn Spatz mit sich oder anderen über Hopper sprach, geriet er stets in Begeisterung.

Dann hat der Lopper, oder wie er heißt, deinen Vater gemalt, sagte der Unfreundliche. Trottel, erwiderte der Neue.

Sie begleiten mich nach New York, hat Hopper zu meinem Vater gesagt. Ich habe für Sie in New York eine Wohnung gefunden, in der man als Rollstuhlfahrer, ohne Hilfe beanspruchen zu müssen, leben kann. Fürs Erste. Vielleicht findet sich später in Bowling Green eine brauchbare Wohnung. Geld ist vorhanden. Wenn meine Bilder auch nicht geschätzt werden, so gibt es doch Leute, die sie kaufen.

Hopper hat sich an meine Mutter gewandt. Es wäre gut, sagte er, wenn Sie mitkommen. Das geht nicht, antwortete sie. In den ersten Wochen, sagte Hopper, wäre es gewiss von Nutzen, wenn Sie bei Ihrem Mann wären. Und Sie, fragte die Mutter, Sie werden doch auch in New York sein? Sie werden sich, hoffe ich, um meinen Mann kümmern. Hopper schwieg. Oder nicht? Es gehört nicht zu meinen Stärken, sagte Hopper, mich um andere zu kümmern. Sie kümmern sich doch jetzt schon um ihn, wandte Mutter ein. Nein – das ist etwas anderes, antwortete er.

Und das Kind?, hat die Mutter gefragt. Es geht hier zur Schule. Schulen, sagte Hopper, gibt es auch in New York. Da mischte ich mich ein. Nein, sagte ich, ich bleibe hier. Ich auch, sagte die Mutter. Ich bin Verkäuferin in einem Stoffgeschäft. Wenn ich länger als eine Woche wegbleibe, ist jemand anderer an meiner Stelle. Hopper entgegnete, dass es auch in New York Stoffgeschäfte gibt. Da meldete ich mich nochmals zu Wort. Ich bleibe auf jeden Fall hier, habe ich gesagt. Nach der Schule mache ich eine Lehre. Ich habe bereits eine Lehrstelle. Mein Onkel ist mir im Wort. Und ich bin meinem Onkel im Wort. Hopper wandte sich über meinen Kopf hinweg an meine Mutter. In New York, sagte er, gibt es tausendmal mehr Lehrstellen als hier. Sie irren sich, erwiderte ich. Wie alt bist du?, fragte er. Zehn, sagte ich und wiederholte: Sie irren sich. So eine Werkstatt wie die meines Onkels gibt es kein zweites Mal.

Hopper hat mich gemustert. Das glaube ich dir, sagte er. Mein Onkel, fuhr ich fort, und seine Arbeiter sind Autospengler. Vor der Werkstatt steht ein Auto mit einem verbeulten Kotflügel. Man kann sich nicht vorstellen, dass aus diesem Blechhaufen jemals wieder ein Auto wird. Und doch ist es so. Mein Onkel schafft das. So ähnlich hat Gott die Welt erschaffen. Gewiss, sagte Hopper, so ähnlich hat Gott die Welt erschaffen.

Der Vater und der Maler sind nach New York gefahren, sagte der Neue, Mutter und ich blieben in Bowling Green. Wir besuchten den Vater regelmäßig, anfangs mit dem Bus, bald mit dem Flugzeug. Vater konnte das bezahlen. Er arbei tete für Hopper als Sekretär. Vater nannte sich Sekretär. Hopper nannte ihn Professor. Er verfasste gemeinsam mit Hopper Briefe, er unterzeichnete sie mit seinem Namen, und darunter schrieb er: Sekretär.

Hopper nannte diese Texte über Malerei Briefe, mein Vater nannte sie Rundschreiben. Die Empfänger waren Maler, Kunstkritiker, Museumsdirektoren, Galeriebesitzer. Es ging um die Wirklichkeit und die Kunst. Ob diese ratlos und feindselig der Wirklichkeit gegenüberstehe oder ob sie fragend, kritisch und freundlich auf die Wirklichkeit zugehe.

Mein Vater hat auf ein Bild gewiesen, das neben dem Rollstuhl stand. Es zeigt eine Frau, sagte er. Das Bett, auf dem sie sitzt, ist ihr so fremd wie das Zimmer, in dem sie sich befindet, und ebenso fremd ist ihr das Buch, das sie in Händen hält, und das Meer, auf das sie blickt. Die Frau ist sich selbst fremd.

Das ist das Geheimnis von Hoppers Bildern, hat Vater gesagt: Die Teile stehen nebeneinander und ergeben kein Ganzes. Wahrscheinlich gibt es dieses sprichwörtliche Ganze gar nicht.

Ein Thema variierte Hopper in den Rundschreiben immer wieder. Warum er realistisch, gegenständlich malt. Weil er sich die Gegenstände nicht nehmen, weil er sich nicht enteignen lässt. Das Haus, das ein Bild werden soll, löst sich nicht dadurch auf, dass er das Haus malt. Die künstlerische Auflösung eines Gegenstands ist dessen Vernichtung und die Vernichtung der Kunst.

Ein Rundschreiben dieser Art ist an einen Kunsthändler in Paris gegangen, der gab es weiter an seinen Freund Picasso, dem Hopper nicht fremd war. Picasso hatte über jenen Händler ein Bild von Hopper erworben. Immer wieder saß er davor.

Und jetzt ist Schluss mit diesem Quatsch, sagte der Neue. Eine Runde zahle ich noch, dann gehe ich. Er winkte Freddy herbei und bestellte drei Bier. Reden wir von der Firma, sagte der Unfreundliche. Ich möchte bei dir einsteigen. Freddy brachte drei Bier, und der Neue zahlte. Freddy wollte zurück in die Küche, wo ein Küchengerät einen Alarmton von sich gab, Maximilian Spatz hielt Freddy am Arm fest, Freddy setzte sich an den Tisch von Spatz und deutete in die Küche, wo der Alarmton immer noch schrillte, Spatz beugte sich zu ihm und flüsterte: Du musst mich mit diesem Mann bekanntmachen, er hat Hopper gekannt.

Freddy nickte, rannte in die Küche, stellte den Alarmton ab und räumte den Geschirrspüler aus. Wie war das mit Picasso, fragte der Freundliche. Der Neue überlegte, trank einen Schluck Bier, überlegte wieder und sagte: Es war so. Picasso hat auf das Rundschreiben geantwortet. Hopper und mein Vater waren wie vor den Kopf geschlagen.

Hochgeschätzter Freund, hat Picasso geschrieben, ich liege Ihrem Werk zu Füßen. Es spornt mich an, in der Malerei die Suche nach dem Gegenstand nicht aufzugeben. Sie müssen aber wissen, dass in Europa der Gegenstand tatsächlich zerstört wurde, zerschossen, zerbombt – im Spanischen Bürgerkrieg und im Zweiten Weltkrieg. Diese Tragödie für die Menschheit und für die Kunst wird vom Kunstbetrieb genutzt, um die zerstörte Welt als hübsche, abstrakte Tapete zu zeigen. Da machen wir beide nicht mit.

Der Unfreundliche fuhr mit der Frage dazwischen: Hast du das auswendig gelernt? Ich habe, antwortete der Neue, den Briefwechsel oft gelesen, ich habe ihn vom Vater geerbt, dieser Briefwechsel ist übrigens ein Vermögen wert. Ich könnte um das Geld eine dritte Hebebühne kaufen. Und mich, sagte der Unfreundliche, könntest du in dein Büro setzen. Hättest weniger Arbeit. Keine schlechte Idee, antwortete der Neue.

Ich würde euch zum Essen einladen, fuhr er fort, aber ich muss in die Werkstatt. Er bezahlte alles, was getrunken worden war. Du hast, sagte der Unfreundliche, in dem Haus gewohnt, in dem sich die Konditorei befand. Erinnere mich nicht daran, erwiderte der Neue. Wir haben im ersten Stock gewohnt, direkt über der Konditorei. Ich konnte das Fenster meines Zimmers nicht aufmachen. Unten wurde rund um die Uhr gebacken und Teig gerührt, ich habe den Gestank nicht ertragen.

Ich erinnere dich, sagte der Unfreundliche, dass du mich in deine Firma nehmen willst. Das geht nicht von heute auf morgen, antwortete der Neue. Darüber reden wir das nächste Mal. Das nächste Mal ist nie, erwiderte der Unfreundliche. Ich muss gehen, sagte der Neue.

Geh nur. Vorher sagst du mir den Namen des Konditors, sagte der Unfreundliche laut. Der Neue lachte. Und wenn du mich erschießt, sagte er, diesen Namen habe ich aus meinem Kopf getilgt.

Sei mir nicht bös, sagte der Freundliche, mein Kompagnon und ich haben vorhin von dieser Konditorei geschwärmt, aber der Name des Konditors ist uns nicht eingefallen. Du hast oberhalb gewohnt, du musst doch diesen Namen wissen. Wie gesagt, sagte der Neue, diesen Namen weiß ich zum Glück nicht mehr. Der Unfreundliche sprang auf. Zum Glück, schrie er, hast du gesagt: zum Glück? Der Freundliche hob beschwörend die Arme.

Der Neue wandte sich an die beiden Männer: Es ist so, wie ich gesagt habe: Diesen Namen habe ich vergessen. Und dass du mich in deine Firma nehmen willst, hast du auch vergessen, schrie der Unfreundliche. Dein Pech! Er zog eine Pistole und schoss auf sein Gegenüber. Der Mann fiel vom Sessel und blieb regungslos liegen.

Maximilian Spatz, der Menschenkenner, war von diesem Gewaltausbruch überrascht und sprang auf. Der Schütze, seinerseits erschrocken von dieser Reaktion, richtete die Pistole auf Spatz. Doch die Gefahr währte nur Sekunden, dann nahm der Freundliche dem Schützen die Waffe aus der Hand. Der starrte zu dem blutenden Mann auf dem Boden, als könne er nicht fassen, was er getan hatte.

Spatz kniete sich neben den Mann, untersuchte ihn, stellte den Tod fest und teilte das dem Barbesitzer mit. Der nickte und informierte den Schützen. Dr. Spatz, sagte Freddy, ist Arzt, er weiß, wovon er redet. Warten Sie auf die Polizei, aber draußen.

Folgsam verließen der Todesschütze und sein Freund die Bar und setzten sich auf eine Bank, auf welche die letzten Sonnenstrahlen fielen. Der freundliche Mann im Trenchcoat kam zurück in die Bar und fragte Spatz, ob er das Gespräch an ihrem Tisch verfolgt habe. Kein Wort, sagte Spatz, ist mir entgangen. Der Name des Konditors, sagte der Freundliche, ist mir endlich eingefallen. Er hieß Kottlan. Kottlan. Danke, sagte Spatz.

– 2 –

Als die Polizei kam, war die Sonne bereits untergegangen. Bald waren auch die beiden Männer verschwunden. Der Tote lag, zugedeckt und bewacht, auf dem Gehsteig. Freddy hatte die Polizisten aufgefordert, den Toten ins Freie zu tragen, er müsse das Blut vom Boden wegwischen, man stelle sich vor, es komme ein Gast und sehe die Blutlacke.

Er hatte die Lacke mit einem Fetzen beseitigt, ärgerte sich, weil vom Fetzen Bluttropfen auf den Terrazzo fielen, und pflanzte sich vor Spatz auf, um seinen Ärger loszuwerden, doch der war so in Gedanken versunken, dass Freddy es nicht wagte, ihn anzusprechen.

Noch ein Glas Chianti, sagte Spatz, um es Freddy leichter zu machen, sich zu entfernen. Lauter Irre, sagte Freddy, hier geht es zu wie in deiner Klinik. Im Gegenteil, erwiderte Spatz laut, damit Freddy, der in die Küche ging, es hören konnte. In den fünfzig Jahren in New York bin ich nie, auch nicht in der Klinik, mit Kriminalität in Berührung gekommen. Wie vermutlich die meisten New Yorker.

In der Küche fiel ein Glas zu Boden, Freddy zertrat die Scherben. Und seit zehn Jahren, dachte Spatz, habe ich außerhalb der Klinik keinen Kontakt zur Wirklichkeit. Das wurde mir erst bewusst, als ich die drei am Nebentisch reden hörte. Alles spielt sich in der Klinik ab. Weiß ich überhaupt, in welchem Land ich lebe?

Freddy brachte ein Glas Chianti. Maximilian fragte ihn: Lässt sich das noch ändern? Freddy schaute ihn ratlos an. Spatz laut: Nein. Freddy fragte erschrocken: Willst du den Wein nicht? Doch, sagte Spatz. Freddy stellte das Glas auf den Tisch und fragte: Was lässt sich nicht ändern? Mein Leben, antwortete Spatz. Jede Änderung wäre ein Verrat an den sogenannten Patienten. Sie sind zu meinem Leben geworden. Ich könnte allerdings meinen Beruf aufgeben. Noch einmal? Zum vierten Mal? Mit fünfzig? Ich könnte meine Behandlungsmethode aufgeben. Und alles preisgeben, was ich erarbeitet habe. Und mich dem Gespött der Fachwelt aussetzen. Und dem Gelächter der Welt. Das wirst du nicht tun, sagte Freddy.

Vor Jahren habe ich der Öffentlichkeit eine These anvertraut, fuhr Spatz fort: Der Mensch ist kein Patient. Diese These ist nicht neu. Die Frage ist, ob man sie beherzigt. Tut man es, wird die Theorie zur Praxis. Jemand kommt in die Klinik. Er sagt: Ich werde verfolgt. Ich antworte: Ich verfolge Sie nicht. Wenn Sie verfolgt werden, kann ich Ihnen helfen. Er entgegnet: Genau das haben meine Freunde auch gesagt. Ich traue ihnen aber nicht. Ich pflichte ihm bei: Trauen Sie niemandem. Auch mir nicht. Er fragt: Was habe ich hier zu suchen? Meine Antwort: Ich behaupte, dass ich Sie vor Verfolgung schützen kann. Wir müssten zusammenarbeiten. Ich müsste wissen, wer Sie verfolgt. Sie müssen mir aber nicht trauen. Und Sie können, wenn Sie wollen, so lange in der Klinik bleiben, bis Sie nicht mehr verfolgt werden.

Der Mensch ist kein Patient – das ist, sagte Spatz, nicht nur eine riskante These, es kann auch ein gutes Geschäft sein. Die These muss nur erweitert werden. Der Mensch ist kein Patient, sondern eine Fallstudie. Der Psychiater wird zum Autor, der aus der Krankengeschichte eine Story macht. Was für eine Gaudi, all diese Verrückten. Was für ein Lesestoff. Was für Gauner, diese Psychologen, Psychiater, Psychoanalytiker, die aus dem Leiden der Menschen spaßige Geschichten machen.

Dagegen steht unsereins mit seiner armseligen Arbeit. Jemand sagt: Ich bin der amerikanische Präsident, oder: Ich bin der Sänger Elvis Presley, oder: Ich bin Gott. Ich antworte: Das sehe ich. Und werde von meinem Gegenüber gefragt: Was sehen Sie? Ich sehe, dass Sie Gott sind; Sie behaupten das nicht von ungefähr. Dieser Mann ist nicht das Problem, sondern seine Familie, seine Arbeitskollegen, sein Chef. Mit all denen muss ich reden. Manchmal fruchtet es. Meistens nicht.

Freddy stand auf und schaute auf die Straße. Ein Leichenwagen war vorgefahren. Hast du dich schon einmal gefragt, sagte Freddy, ob du nach und nach verrückt wirst? Sicher, antwortete Spatz. Mein Weg ist dennoch kein Irrweg. Aber er ist nicht gangbar. Weil ich zu schwach bin. Meine Kräfte lassen nach. Vor fünf Jahren habe ich der Welt gezeigt, wie man mit Menschen menschlich umgeht. Ich habe aber auch die Frage gestellt: Wie verhält man sich menschlich in einer unmenschlichen Welt? Heute zeigt die Welt mir die lange Nase. Ich übertreibe; es mangelt nicht an Anerkennung. Die schützt davor, dass man abgeschafft wird.

Der Tote wurde vom Gehsteig getragen. Freddy setzte sich wieder zu Spatz. Er tat, als wäre er ein Ausbund an Verzweiflung, und sprach in der Art eines Propheten. Das ist das Ende, sagte er. Wenn die Zeitungen berichten, was in meiner Bar passiert ist, bin ich erledigt. Im Gegenteil, antwortete Spatz. Mord unter Freunden, das ist es, was der New Yorker schätzt. Drei Freunde geraten in Streit, einer schießt, einer ist tot. In dieser Bar ist man sicher. Mord passiert nur unter Freunden. Oder in bestimmten Straßen unter Drogenhändlern. Nur unter Drogenhändlern. Diese Straßen gelten als ebenso sicher wie deine Bar.

Was in letzter Zeit seltener vorkommt, fuhr er fort, ist der Mord innerhalb der Familie. Wahrscheinlich gibt es in New York immer weniger Familien. Mein Großvater, der alte Spatz, ein Wiener, hat mir erzählt, dass in Österreich Morde ausschließlich in Familien begangen werden. Ein gesegnetes Land.

Freddy fühlte sich nicht ernst genommen. Kennst du jemanden, fragte er, der für eine Zeitung arbeitet oder für das Fernsehen? Meine Mutter, antwortete Spatz. Freddy war begeistert. Natürlich, rief er, Cornelia Spatz. Die berühmte Cornelia Spatz. Sie muss siebzig sein. Dreiundsiebzig, korrigierte Spatz. Würdest du sie anrufen?, fragte Freddy. Nein, war die Antwort. Sie hasst Interventionen – und ist doch die korrupteste Reporterin der Welt. Jedenfalls die beste, sagte Freddy. Hast du Kontakt zu ihr? Nein, sie zu mir, antwortete Spatz. Hin und wieder ruft sie an und fragt: Brauchst du was? Und fügt hinzu: Sag bitte nicht *Mutterliebe*.

Sie hat Humor, sagte Freddy, deshalb ist sie so populär. Leider, antwortete Spatz. Früher, als ich ein Kind war, hatte sie Witz. Der ist im Journalistenmilieu zum Humor verkommen. Sie hatte selten Zeit für mich. Das war mir egal, ich hatte den Großvater. Wenn sie aber Zeit erübrigen konnte, dann spielten wir miteinander. Sie war die Bärenmutter, ich das Bärenkind. Das Spiel begann in der Wohnung und setzte sich vor dem Haus fort. Meine Mutter wollte von den Leuten gesehen werden – als Bärenmutter mit dem Bärenkind. Sie ist eine Exhibitionistin. Alles, was sie tut, will sie der Öffentlichkeit zeigen. Ich bin übrigens nicht frei davon. Es war lustig, als Bärenkind mit der Bärenmutter vom Haus hinüber in den Park zu gehen, auf allen vieren, und sich zwischendurch auf dem Gehsteig zu balgen. Ich weiß nicht, ob jemand die Polizei gerufen hat, sie kam jedenfalls. Die Polizisten lachten.

Heute, sagte Freddy, gilt deine Mutter als moralische Instanz. Das ist ein übler Witz, antwortete Spatz, noch dazu über eine Person, die einmal Witz hatte. Meine Mutter ist eine wirtschaftliche Instanz. Sie ist unbestechlich. Das ist im Journalismus die höchste Form der Korruption. Sie lässt sich nicht beeinflussen. Sie macht ihre Arbeit. Sie veröffentlicht ihre Reportagen. Sie ist objektiv. Vor und während der Arbeit fließt kein Geld, gibt es keine Bestechung. Das Geld fließt nachher. Wenn jemand nach der Berichterstattung, nach einer ihrer gefürchteten Reportagen, gut dasteht, dann ist das Goldes wert. Dementsprechend füllt sich Mutters Konto. Beziehungsweise das ihrer Anwälte.

Würde sie mir helfen, fragte Freddy, indem sie einen ihrer Kollegen auf mein Problem aufmerksam macht? Nein, sagte Spatz, denn du hast kein Problem. Das würde deine Mutter anders sehen, antwortete Freddy. Sie tritt in ihren Sendungen auf als Engel der Problembeladenen, der Armen und Unterdrückten. Wie du in der Klinik. Ihr solltet zusammenarbeiten. Das Telefon in Freddys Schürze meldete sich mit dem Geräusch eines Motorrads. Freddy rannte in die Küche, wo er seinen Namen in das Telefon schrie.

Meine Problembeladenen!, dachte Spatz. Zurzeit gehen in der Klinik einige aus und ein, Frauen und Männer, allen voran David, welche die Fähigkeit haben, sich über ihre Probleme lustig zu machen. Wer das kann, will, was ihn belastet, abwerfen. Sie haben die Fähigkeit zum Aufstand. Nicht zur Revolution, aber zum Aufstand. Sie kennen einander nicht. Ich müsste mich also an die Spitze des Aufstands stellen.

Spatz glaubte herausgefunden zu haben, welches Problem am schwersten auf den Menschen lastet und welche Last sie unbedingt abwerfen wollen: die Angst. Das Teuflische an der Angst heutzutage oder, wie Spatz das in seinen Aufsätzen genannt hatte: an der *modernen Angst* ist, dass man *Angst vor der Angst* hat. Für diese Erkenntnis erntete er eine Schaufel voll Anerkennung und eine Wagenladung Spott.

Es gibt Einsichten, dachte er, die jedermann einsichtig sind und die doch niemand einsehen will. Weil es um Einsichten geht, die den Herrschenden verhasst sind. Jemand hat Angst, dachte Spatz, den Arbeitsplatz zu verlieren. Früher hat derjenige mit anderen, die in dem Unternehmen gearbeitet haben, geredet, hat sich mit ihnen beraten. Er stieß auf andere, die ebenfalls fürchteten, die Arbeit zu verlieren.

Als Arbeiter schlossen sie sich einer Partei an, der Arbeiterpartei, und im Unternehmen berieten sie sich mit jemandem von der Gewerkschaft.

Heute, dachte Spatz, wird derjenige, dem die Entlassung droht, durchaus nicht alleingelassen. Fliegt er aus dem Unternehmen, wird er aufgefangen von einem Sozialplan, der den sozialen Abstieg des Betroffenen festlegt. Es gibt keinen Grund, Angst zu haben. Wer dennoch Angst hat, stört. Immer mehr Menschen kommen in die Klinik, die sagen, sie hätten schreckliche Angst, wüssten aber, es gebe keinen Grund dafür. Mit der Angst, wovor immer, dachte Spatz, kommt man zurecht, mit der Angst vor der Angst nicht. Darunter bricht der Mensch zusammen.

Um ihn auch noch auszulöschen, erklärt man ihm, er sei krank. Er leide an einer seelisch-geistigen Störung. Das Leiden wird mit Medikamenten kuriert. Das Geschäft damit ist riesig. Nicht nur aus denen, die arbeiten, wird Geld herausgepresst, auch aus denjenigen, die nicht mehr arbeiten können oder dürfen.

Dennoch, dachte Spatz, ist der Mensch nicht umzubringen. Nicht aber, wie behauptet wird, wegen seiner geistigen Widerstandskraft, sondern wegen seiner biologischen – wegen seiner Natur, die viel älter und robuster ist als sein Geist.

Das beste Beispiel, dachte Spatz, ist David Intrator. Er hat im ersten Gespräch mit mir gesagt, er habe Angst vor der eigenen Angst. Er leide zwar unter der Angst vor der Angst, akzeptiere sie aber nicht. Er sei von Kindheit an äußerst ängstlich gewesen, ein lautes Wort habe genügt, um ihn zusammenzucken zu lassen.

Niemand, nicht seine Eltern, nicht seine Lehrer, auch nicht seine Freunde hätten sich daran gestoßen. Es sei ihm sogar gelungen – diese Geschichte erzählte er ein anderes Mal –, seine Angst vor Gewalt zu kontrollieren, indem er sich im Kampf ohne Waffen, im Kampfsport, zum unübertroffenen Meister heranbildete. Mit diesen Fähigkeiten habe er in der Armee Karriere gemacht, aber diese Laufbahn sei abgeschlossen. Er habe nach dem Abschied vom Militär Biologie studiert und leite nun den Botanischen Garten von Brooklyn.

Freddy hatte immer noch das Telefon am Ohr, als er aus der Küche in die Bar rannte und rief: Maximilian, ich bin gerettet. Bestellung für Samstagabend. Dreißig Leute! Vom Botanischen Garten. Das kann, sagte Spatz, nur David Intrator gewesen sein. Nein, sagte Freddy, es war eine Frau. Dann war es, erwiderte Spatz, seine Sekretärin. Intrator hat mir erzählt, dass er ein Firmenjubiläum feiern wird. Er war zweimal mit mir in der Bar. Erinnerst du dich? Der Drahtige?, fragte Freddy. Spatz nickte. Er schaut wie ein Luchs, sagte Freddy, und geht wie ein Tiger.

Und redet, sagte Spatz, wie ein Volkstribun. Er hat sich vor mich hingestellt und eine Ansprache gehalten. Herr Doktor Spatz, hat er gesagt, ich habe Ihre Artikel gelesen, sonst wäre ich nicht hier. Sie müssen aber deutlicher werden und klarer. Ich halte immer noch Gastvorlesungen an der Militärakademie, deren Absolvent ich bin, und besuche, wenn meine Zeit es erlaubt, die eine und andere Vorlesung. Dort höre ich, was man sonst nur in Regierungskreisen hört und in den Clubs der Reichen: dass eine Ära zu Ende geht.

Herr Doktor Spatz, die Herrschenden, die neunzig Prozent dessen besitzen, was das Land hervorbringt, diese wenigen wissen, dass ihre Zeit zu Ende geht. Und sie wissen, dass sie nur so lange an der Macht sind, wie die anderen das nicht wissen.

Herr Doktor Spatz, ich weiß es, und Sie wissen es. Ich habe noch keine Möglichkeit gefunden, dieses Wissen weiterzugeben. Sie offenbar auch nicht. Eine Ära geht zu Ende. Nach dem Untergang der antiken und der feudalen ist nun das Ende der bürgerlichen Epoche gekommen. Wenn man das nicht begreift, versteht man die Welt nicht, weder die kleinen noch die großen Geschehnisse, nicht die materiellen und nicht die geistigen und seelischen Katastrophen.

Und man versteht die eigene Katastrophe nicht. Aber auch wenn man alles begreift, nützt einem das nichts. Deshalb komme ich zu Ihnen. Die Welt, die zugrunde geht, setzt alle, auch alle militärischen Mittel ein, um nicht zugrunde zu gehen. Das ängstigt mich. Doch diese Ära sagt von sich – nie zuvor in der Weltgeschichte hat man sich zu einer solchen Behauptung verstiegen –, dass niemand Angst haben darf. Für alle ist gesorgt, für den Arbeitslosen, den Obdachlosen, den Hoffnungslosen, den Glaubenslosen. Du brauchst keine Angst zu haben – mit diesem Versprechen beginnt es. Du darfst keine Angst haben – mit diesem Verbot endet es. Das Schlimmste: Rede ich mit jemandem darüber, werde ich angeschaut, als wäre ich verrückt.

Ich glaube nicht, dass man mein Leiden heilen kann, hat Intrator gesagt. Die Angst vor meiner Angst ist ein Frosteinbruch, der mich zum Erstarren bringt. An den äußersten Fasern lebe ich noch. Und das Leben wird in mich zurückkehren. Was dadurch leichter wird, dass ich mit Ihnen rede.

Ich habe, sagte Spatz, geantwortet: Sprechen Sie über Angst nur mit mir, nicht mit anderen. Schon gar nicht über die Angst, dass Ihnen das Recht abgesprochen wird, Angst zu haben. Das haben Sie schön gesagt, hat Intrator erwidert. Entschuldigen Sie, habe ich gesagt, das war nicht meine Absicht.

Ich habe nichts gegen das Wort *schön*, hat Intrator entgegnet. Ich versuche hin und wieder, meine Gedanken aufzuschreiben. Das Ergebnis ist erbärmlich. Die Sätze sind hässlich. Ich vermute, es ist eine eigene Kunst, das, was man im Kopf hat, zu Papier zu bringen. Sie, Herr Doktor, können das. Sie schreiben viel und gut. Irrtum, habe ich entgegnet. Viel, aber nicht gut. Und ich habe ihn gefragt: Was wäre, wenn Sie beide Formen der Angst, die Angst selbst und die

Angst vor der Angst, abstreifen könnten? Was, wenn wir zusammenarbeiten, nicht ausgeschlossen ist.

Leider, hat Intrator geantwortet, leider denke ich daran. Es rumort in mir. Mehr weiß ich nicht. In mir liegt eine Schicht kalte Schlacke – die Angst – über einer Schicht von kochender Lava. Wenn die Angst weg ist, dann gnade mir Gott. Dann bricht es aus mir heraus.

So ist es, habe ich gesagt. Und Sie sind zu mir gekommen, damit ich das verhindere. Sie sind mir unheimlich, hat Intrator geantwortet. Das ist gut so, habe ich erwidert, ein Psychiater muss unheimlich wirken. Das ist die einzige Wirkung, die er ausübt. Karg ist unser Wissen über die Seele. Umso effektvoller müssen wir dieses Nichtwissen zur Schau stellen.

Ich habe, hat Intrator gesagt, Ihre Schriften nicht genau gelesen. Ich habe sie nämlich verschlungen. Mein Empfinden beim Lesen war, dass die seelische Last kleiner wurde, ja, dass ich weniger Angst hatte. Und nun sagen Sie, dass die Angst nicht aus mir herausdarf.

Ich bin kein Exorzist, habe ich geantwortet, der den Teufel, der in Sie gefahren ist, austreibt. Ihre Vorstellung, dass in Ihnen eine Angst sitzt, die herausmuss, ist nicht ungewöhnlich. Sie entspricht durchaus der Vorstellungswelt der Psychologie, der Psychotherapie, der Psychoanalyse, der Religion. Irgendetwas sitzt in irgendjemandem, Verfolgungswahn, Angst, Größenwahn. Kriegt man das aus demjenigen heraus, ist alles wieder in Ordnung. Kriegt man es nicht heraus, ist der Mensch gestört. Permanent ist die Rede vom gestörten Kind, vom gestörten Jugendlichen. Und so weiter. Wer fühlt sich gestört? Der gesunde Normalbürger. Läuft der Tag nicht immer gleich ab, kommt es also zur Störung des immer gleichen Lebens, der immer gleichen Arbeit, wird der Normalbürger wahnsinnig. Er ist ein Psychopath. Deshalb brandmarkt er jeden, der seinen Tagesablauf stört, als verrückt.

Und es gibt kein Entrinnen aus der tödlichen Normalität,

Herr Intrator. Wir kommen aus dieser Gesellschaft nicht heraus, auch nicht, wenn wir sie umstürzen. Im Augenblick des Umsturzes winkt uns jedoch die Freiheit aus der Ferne einen Gruß zu, der uns zuversichtlich und fröhlich stimmt – so jedenfalls stelle ich mir den Umsturz vor.

Das Wissen, so habe ich weitergeredet, dass wir der krankhaften und krankmachenden Normalität nicht entfliehen können, lastet als Depression auf uns. Und doch ist dieses Wissen das einzige Medikament, das wir haben. Wir müssen übrigens das Gespräch für heute beenden, es wartet schon jemand auf mich, wir setzen es morgen fort. Und ehe wir eine Behandlung beginnen, überlegen Sie, wie Sie sich selbst behandeln können.

Das weiß ich bereits, hat Intrator geantwortet. Wenn der Hass gegen mich selbst, gegen meine Angst, gegen die Angst vor der Angst, mich zu überwältigen droht, wenn der Körper zu zittern beginnt, wenn der Schweiß einem Bach gleich aus meinem Körper rinnt, wenn meine Finger sich ineinander verkrallen, in der Hoffnung, auf diese Weise Halt zu finden, dann drängt es mich in einer ersten Aufwallung zu äußerster Gewalt. Ich will jemanden erschießen, ich will ein Gebäude in die Luft sprengen. In Wirklichkeit mache ich etwas ganz anderes. Das erzähle ich Ihnen später.

Freddy hatte ein Blatt Papier genommen und eine Kolonne von Zahlen neben die andere geschrieben. Die Dame, sagte er, wartet auf einen Kostenvoranschlag. Welche Schmach, dachte Spatz, dass ich David Intrator, diesem wunderbaren Menschen, in diesem weißen Fetzen gegenübergesessen bin. Ich werde nicht nur keinen Arztkittel mehr tragen, ich werde, wenn meine Mutter anruft, auf ihre immer gleichen Fragen, wie es mir geht, ob ich was brauche, nicht antworten, dass es mir gut geht, ich brauche nichts, ich werde sagen: Mein Freund Intrator und ich planen einen Aufstand. Wir brauchen Waffen. Was wird sie antworten?

Sie hat angerufen, erinnerte sich Spatz, aber nicht die gewohnten Fragen gestellt, sondern, was sie noch nie getan hat, sich erkundigt, wie ich mit der Arbeit in der Klinik zu Rande komme – was mich derart verwirrt hat, dass ich antwortete: *Ich* brauche nichts. Aber mein Boxlehrer. Worauf die Mutter gelacht hat, so unbändig und ausdauernd, dass ich fürchtete, das Lachen werde nie aufhören. Endlich wurde es vom Raucherhusten gestoppt. Maxi, hat sie gesagt, du warst als Kind sehr witzig. Nun, mit vierzig, ist dieser Witz wieder da. Mit fünfzig, habe ich erwidert.

Freddy schrie in der Küche ins Telefon und kam strahlend zurück. Kostenvoranschlag akzeptiert, sagte er, es geht bergauf. Spatz nickte ihm aufmunternd zu. Mit der Boxschule hoffentlich auch, erwiderte er. Ich habe meiner Mutter gesagt, dass die Sache mit der Boxschule ernst ist. Den Boxlehrer gibt es nicht mehr lange. Seine Existenz ist bedroht. Was mich nicht kümmern würde, wäre ich nicht fünfundzwanzig Jahre Mitglied in seiner Boxschule gewesen. Gestern habe ich zu boxen aufgehört. Man soll einen Witz, hat sie geantwortet, besonders einen guten, nicht wiederholen. Boxen, habe ich gesagt, ist nicht das richtige Wort. Ich habe am Sandsack trainiert, also gegen einen Sack geboxt. Wie übrigens die meisten in der Boxschule. Wer hat schon Lust, jemandem auf den Schädel zu hauen, selbst wenn der durch einen Helm geschützt ist. Außerdem wird man auch als Sandsackboxer stets vom Trainer in Boxtechnik unterwiesen. Boxen ist Technik und hat nichts zu tun mit dummer Fitness.

Boxen ist Technik, hat die Mutter gespottet, und Technik soll was mit Intelligenz zu tun haben. So ist es, habe ich gesagt. Einer haut dem andern auf den Schädel, hat sie geantwortet, bis das Hirn kaputt ist. Völlig richtig, habe ich gesagt, das ist das Geheimnis der Intelligenz.

Du musst es wissen, hat sie entgegnet. Ich weiß es, habe

ich gesagt, auch wenn ich nur am Sandsack boxe. Nun aber, mit fünfzig, sehe ich selbst aus wie ein Sandsack. Ich höre auf. Mein Boxlehrer nicht. Er ist über siebzig, kann aber nicht aufhören. Er hat keinen anderen Beruf. Er hat aber auch bald keine Boxhalle mehr. Die ist baufällig. Die Boxschule wirft so viel ab, dass er leben kann. Aber die Halle zu renovieren, wie es die Baubehörde fordert, kostet so viel Geld – Nimm einen Bleistift, hat die Mutter mich unterbrochen, schreib diese Telefonnummer auf – ich habe sie mir gemerkt: 0660 31 35 360. Es wird sich ein Anwalt melden, der wird dem Boxer unter die Arme greifen.

Spatz erinnerte sich, seine Mutter noch gefragt zu haben, ob sie in ihrem Leben schon einmal erschöpft gewesen sei, vollkommen erschöpft. Darüber reden wir das nächste Mal, hatte sie gesagt und gefragt, ob man einem Boxer, der es gewohnt ist, dass man ihm auf den Schädel haut, *unter die Arme* greifen kann.

In diesem Augenblick traten zwei Männer in die Bar, die Spatz hier noch nie gesehen hatte. Freddy ging ihnen hoffnungsfroh entgegen und begrüßte sie wie alte Bekannte.

– 3 –

Der Ältere der beiden stellte sich vor: Er sei Beamter der Mordkommission, den Jüngeren bezeichnete er als seinen Assistenten. Der Kriminalbeamte suchte den Boden der Bar ab und fragte nach dem Mann, der angeschossen worden war. Freddy korrigierte: Erschossen. Der Beamte nickte nachsichtig und fragte noch einmal, wo jener Mann sich befinde.

Der ist, sagte Freddy, hinausgetragen und abtransportiert worden. Von der Polizei?, fragte der Beamte. Freddy nickte. Die Polizei von New York, sagte der Beamte, ist der Todfeind der New Yorker Mordkommission. Er setzte sich an den Tisch neben Maximilian Spatz, nach einer Minute nahm auch der Assistent Platz.

Ich bin froh, sagte Freddy, dass die Polizei die Leiche weggetragen hat. Leiche?, fragte der Beamte, woher wissen Sie, dass die Person tot ist? Freddy sagte feierlich: Dieser Mann, Dr. Spatz, hat den Tod festgestellt. Der Beamte wandte sich mit einer kleinen, respektvollen Verbeugung an Spatz. Sind Sie Amtsarzt?, fragte er. Spatz lachte. Ich bin Gast, antwortete er, und habe hier zu Abend gegessen.

Ein Auto mit Blaulicht hielt vor der Bar, eine Frau und ein Mann in weißen Mänteln traten ein, wahrscheinlich Mitarbeiter der forensischen Abteilung der Mordkommission, der Kriminalbeamte bedeutete ihnen mit beiden Händen, nicht weiterzugehen, sondern umzukehren, da hier jede Mühewaltung vergebens sei. Die Frau fragte dennoch: Brauchen wir keine Blutspuren? Der Kriminalbeamte antwortete: Wir haben Tatzeugen. Die beiden in den weißen Mänteln verließen unwillig die Bar.

Der Beamte kam zur Sache. Erzählen Sie, sagte er zu Freddy. Der, unangenehm berührt von dem strengen Ton, lud die drei auf ein Bier ein. Der Kriminalbeamte lehnte ab, der Assistent schloss sich unterwürfig an, Spatz nickte Freddy zu. Der rief: Maximilian, du trinkst Bier? Und den beiden anderen erklärte er: Dr. Spatz kommt seit vielen Jahren zu mir. Er hat noch nie Bier getrunken. Immer nur Wein und dazu Wasser. Weißwein oder Rotwein, je nachdem, was ich für ihn koche. Er kommt vor Dienstbeginn oder nach Dienstende. Dr. Spatz arbeitet um die Ecke in der Psychiatrischen Klinik. Die Klinik ist durch ihn weltberühmt geworden.

Auch meine Bar, erklärte Freddy den beiden Beamten, wäre heute weltberühmt, aber leider hat die Frau von Dr. Spatz die USA verlassen. Zerlina. Was für eine Sängerin. Er servierte Spatz das Bier. Ich nehme an, sagte er zu den beiden anderen, Sie leben wie ich in Brooklyn. Sie nickten. Geht auch nicht anders, fuhr er fort. Sie werden mitten in der Nacht angerufen, ein Mord ist passiert, Sie müssen zur Stelle sein. Wie jetzt. Da können Sie nicht zwei Stunden außerhalb von New York wohnen.

Ich habe eine Frage, sagte der Kriminalbeamte. Das eine noch, erwiderte Freddy. Damit Sie wissen, wo Sie hier sind. Für uns, die in Brooklyn leben, ist Manhattan nicht einer der Stadtteile von New York, sondern ein anderer Kontinent. Dort, in Manhattan, sitzen die Könige, denen Amerika gehört. Wir sind keine Monarchie mit einem König, wir sind eine Demokratie mit vielen Königen. Nicht mit zu vielen – damit sich jeder die Namen merkt.

Wir sind hier, sagte der Kriminalbeamte –. Sie haben recht, unterbrach ihn der Barbesitzer, Sie sind hier. In einer Bar, die weltberühmt geworden wäre. So weltberühmt wie die Sängerin, die hierherkam. Zerlina Spatz. Metropolitan Opera Manhattan. Für uns in Brooklyn existiert diese Oper nicht. Und so wissen wir auch nicht, was dort gespielt wird und wer dort singt. Und ausgerechnet Peggy aus Brooklyn wird dort ein Star. Peggy aus der Nachbarschaft.

Wir haben nie telefoniert, fuhr Freddy fort. Ich bin über die Straße gelaufen, wenn viel Arbeit war und ich Hilfe brauchte, ich habe hinaufgerufen zu ihrem Fenster, sie hat heruntergerufen: Ich habe keine Lust. Zwei Minuten später war sie da und hat gearbeitet für fünf. Ich habe so was noch nie gesehen. Das Geld hat sie gebraucht für Gesangsstunden. Das habe ich nicht gewusst. Dr. Spatz hat es gewusst. Die beiden haben sich hier kennengelernt. Vier Wochen später haben sie geheiratet. Hier. Das schönste Paar, das es je gab. Die größte Liebe dieses Jahrhunderts.

Sie sind nicht geschieden. Ich habe gesagt, wenn ihr euch scheiden lasst, erschieße ich euch. Das ist eine gute Gelegenheit, sagte der Kriminalbeamte. Ja, sagte der Barbesitzer, das ist eine gute Gelegenheit, Ihnen zu erklären, wo Sie sich befinden. Als Peggy ein Star war und alle sie Zerlina nannten, weil sie mit der Rolle der Zerlina, ich weiß nicht, aus welcher Oper, weltberühmt geworden ist, kam sie nach jeder Vorstellung hierher, um zu feiern. Mit ihren Kolleginnen und Kollegen von der Metropolitan Opera. Können Sie sich das vorstellen? Die große Oper kommt aus Manhattan hierher in die kleine Bar in Brooklyn.

Für mich ein Geschäft, eine Freude, eine Ehre. Das wäre ein Fressen für jeden Journalisten gewesen. Doch als der erste hierherkam, um über das Ereignis zu berichten, gab es das Ereignis nicht mehr. Zerlina hat die USA verlassen. Meine Herren, können Sie sich das vorstellen? Zerlina geht weg. Eine Katastrophe. Die logische Folge ist eine Naturkatastrophe. In Brooklyn bricht ein Vulkan aus und begräbt alles unter heißer Asche.

Der Barbesitzer hielt den Kriminalbeamten seine Hände hin. Verbranntes Land, sagte er. Schauen Sie sich die Brandspuren an meinen Händen an. Damit meine Bar nicht in

Flammen aufgeht, habe ich mit bloßen Händen die glühende Asche hinausgeworfen. Und so gibt es diese Bar noch, in der Sie jetzt sitzen.

Wir sind hier, sagte der Kriminalbeamte leise und geduldig, um den Eindruck zu vermeiden, er wolle den Barbesitzer unterbrechen – wir sind hier, um den Tathergang zu rekonstruieren. Der Tathergang, sagte Freddy – große Rätsel gibt er nicht auf. Insgesamt waren, außer Dr. Spatz und mir, drei Personen in der Bar. Der Assistent des Beamten zog einen Notizblock aus der Jackentasche.

Von diesen drei Personen, sagte Freddy langsam und inhaltsschwer, erschrak aber vor seiner Wichtigtuerei und fragte, ob jemand einen Espresso wolle. Der Kriminalbeamte sagte: Gern, und fügte hinzu, da er es gewohnt war, auch für seinen Assistenten zu sprechen: Zweimal. Freddy machte vier kleine Espressi, servierte sie und stellte eine Flasche Grappa auf den Tisch. Nur Spatz goss ein wenig Schnaps in den Kaffee.

Drei Personen, wiederholte der Beamte. Nein, zwei, erwiderte Freddy. Anfangs nur zwei. Sie kommen regelmäßig in die Bar, alle paar Wochen, manchmal alle paar Tage. Wer ist der Täter?, fragte der Kriminalbeamte. Einer der beiden, antwortete Freddy. Und zwar der Unzufriedene. Der eine war immer gut gelaunt, der andere stets grantig. Er grüßte nicht, wenn er hereinkam, er schnauzte mich an, als hätte ich ihm etwas getan. So benahm er sich auch gegenüber seinem Freund.

Und der Tathergang?, fragte der Kriminalbeamte. Der Assistent hielt den Bleistift bereit, in der Hoffnung, endlich etwas zu hören, was notierenswert sei. Es war mir völlig klar, sagte Freddy, dass dieser Mann eines Tages schießen wird. Unklar war, auf wen. Auf sich oder auf jemand anderen. Der Mann wurde immer unfreundlicher. Ich habe mir gedacht: Wenn das so weitergeht, endet es in einer Katastrophe. Und die ist heute eingetreten. Hat der Mann, fragte der Beamte, eine Mordabsicht geäußert? Eine Mordabsicht?, fragte Freddy zurück. Haben Sie je einen Mörder getroffen, der eine Mordabsicht geäußert hat?

Selbstverständlich, antwortete der Kriminalbeamte. Die sind innerhalb der Mörder sogar eine große Gruppe. Die Gruppe derjenigen, die jede Auseinandersetzung, jeden noch so kleinen Streit mit dem Ausruf beenden: Dich bringe ich um! Diese Leute gelten als besonders aggressiv und besonders harmlos. Mit der Drohung: Ich bringe dich um, so die gängige Meinung, sei ihre Aggression verpufft. Gar nicht so wenige von diesen Leuten aber bringen eines Tages tatsächlich jemanden um.

Schon möglich, sagte Freddy, das ist aber nicht das Problem. Sondern?, fragte der Kriminalbeamte laut und gereizt. Das Problem ist, sagte Freddy, dass die Menschen ausnahmslos gut sind und dass sie, wenn sie etwas tun, stets Gutes tun. Aber auch das ist nicht das Problem. Das wirkliche Problem ist, dass jemand, der Böses tut, der einen Mord begeht, in seinem Innersten überzeugt ist, dass er Gutes tut.

So kann nur jemand reden, sagte der Kriminalbeamte, der noch nie ermordet worden ist. Nein, erwiderte Freddy, er hatte Mühe, in dem Rededuell nicht in die Defensive zu geraten – nein, nein, sagte er, so redet jemand, der sich seit Jahren mit Dr. Spatz, dem berühmtesten Psychiater der USA, über das Wesen der menschlichen Seele und des menschlichen Geistes unterhält. Das beruhigt mich, sagte der Beamte, das Wesen der Dinge ist das Einzige, was mich nicht interessiert. Ich bin in meinem Beruf auf Fakten angewiesen.

Ich auch, sagte Spatz. Der Mensch, der zu mir kommt und Hilfe sucht, ist ein Faktum. Freddy schnitt ihm das Wort ab. Maximilian, sagte er, das Faktum, das zu dir kommt, leidet an einer geistigen oder seelischen Störung oder an beidem, und du musst, um helfen zu können, das Wesen dieser Krankheit erkennen. Im Gegenteil, sagte Spatz und wandte sich zum Kriminalbeamten und dem Assistenten: Ich habe mit meinem Freund Freddy tatsächlich hin und wieder über meine Arbeit geredet. Wie schwierig, ja geradezu aussichtslos diese Unterhaltung ist, zeigt sich daran, dass Freddy automatisch das Gegenteil von dem heraushört, was ich sage. Wie es fast alle tun.

Das Wesen der Dinge, fuhr Spatz fort, versteckt sich nicht in den Dingen, im Gegenteil, das Wesen ist den Dingen ins Gesicht geschrieben. Das lehren Philosophen seit Jahrtausenden – ohne Erfolg. Die Konkurrenz, die Religionen, blieben erfolgreich. Sie lehren, dass in jedem Ding, hinter jedem Ding ein Geheimnis steckt, ein göttliches Geheimnis, letztlich das göttliche Wesen. Die Philosophie hatte gegen die Religion bislang keine Chance.

Die Fakten, sagte er, sind das Wesen, anders gesagt: Das Wesen der Dinge sind die Fakten. Eine Neurose ist genauso ersichtlich wie ein Beinbruch. Eine andere Frage ist, wie eine Neurose zustande kommt. Ohne Antwort auf diese Frage ist die Neurose mitunter nicht heilbar, sofern sie überhaupt behandelt werden muss. Deshalb gibt es neben der Psychologie und der Psychiatrie die Psychoanalyse. Was in meinem Fach die Psychoanalyse, ist in Ihrem die Mordanalyse. Das Ergebnis: das Motiv. Hat man ein Motiv gefunden, ist der Mord verständlich und hat gewissermaßen nicht stattgefunden.

Und wissen Sie, warum?, fragte Spatz. Weil die Fakten nicht sprechen können. Ein Mord wird begangen. Es gibt eine Tat, einen Täter, ein Opfer. Wen interessiert das? Aufklärung aber: die Frage, was steckt hinter der Tat, was bewog den Täter zur Tat, was verband das Opfer mit dem Täter, das ist ein großes Unternehmen. Die Aufklärung will alles so genau wissen, bis sie die Sache, um die es geht, zum Beispiel den Mord, zu einem Gegenstand des Wissens gemacht hat. Damit ist der Schrecken des Mordes gebannt, und die Menschen sind vom Schrecken befreit. Die Aufklärung will die Befreiung des Menschen.

Wollen Sie das auch?, fragte der Beamte. Aufklärung, fuhr Spatz fort, ist eine ebenso schöne wie leere Botschaft. Sie ermuntert mich, meine Situation zu erkennen und mich von Willkürherrschaft zu befreien. Sie sagt mir aber nicht, wie ich das machen soll. Deshalb hat Aufklärung kein Ansehen mehr. Die bürgerliche Aufklärung hatte ein Ziel: die bürgerliche Revolution, den Sturz der Feudalherrschaft. Die sozialistische Aufklärung hatte ein Ziel: die sozialistische Revolution, den Sturz der Bürgerherrschaft. Die jetzige Aufklärung hat ein Ziel: kein Ziel zu haben. Weil sie kein Ziel haben darf. Die Herrschenden verbieten das. Und es gelingt ihnen. Das ist neu in der Weltgeschichte: eine gewaltige Macht auf der einen Seite, eine gewaltige Ohnmacht auf der anderen. Also wird eine neue Form der Revolution entstehen. Denn die Geschichte lässt sich nicht anhalten.

Der Kriminalbeamte nickte und sagte: Sie sprechen mir aus der Seele. Freddy lachte. Bravo, sagte er, dass dem Seelendoktor jemand aus der Seele spricht, kommt nicht alle Tage vor. Seelendoktor, rief Spatz. Es gibt die seelische Erkrankung, aber nicht den Seelenarzt. Es gibt die Geisteskrankheit, aber nicht den Geistesarzt. Das war einer der Gründe, warum ich das Studium der Seele und des Geistes begann. Nachdem ich einige andere Berufe aufgegeben hatte.

Und welche?, fragte der Kriminalbeamte. Fotograf, antwortete Spatz. Danach habe ich mich in die Bildhauerei gestürzt. Die Kunst hat es mir angetan. Ich war ihr aber nicht gewachsen. Die Kunst scheint sehr umgänglich zu sein, deshalb laufen ihr so viele zu. In Wirklichkeit ist sie unbarmherzig. Deshalb gibt es so viele gescheiterte Künstler und tragische Künstlerexistenzen. Die Kunst ist sehr einfach. Sie ist die Darstellung der Welt. Weder Abbildung noch Analyse, noch Interpretation der Welt. Darstellung heißt: die Welt zeigen, wie sie ist – und wie sie noch nicht ist. Sehr einfach und sehr schwierig. Zu schwierig für mich.

Die Aufklärung, sagte der Kriminalbeamte, scheint eine Schwester der Kunst zu sein. Ach, erwiderte Spatz, wie kommen Sie darauf? Und er bat Freddy, ihm einen Zigarillo zu bringen. Er hatte an drei Orten jeweils eine Holzkassette mit Zigarillos deponiert, zu Hause, hier in der Bar, wo Freddy sie verwahrte, und in der Klinik. Freddy stellte die Kassette auf den Tisch und sagte: Doktor Kim hat angerufen. In der Ambulanz sitzt eine Frau, mit der er nicht zurechtkommt.

Spatz schaute auf die Uhr und sagte: Mein Dienst beginnt um sieben. In einer halben Stunde. Was wäre, wenn man mich erschossen hätte? Rasch zündete Freddy ein Streichholz an und reichte es Spatz, der das Zündholz an den Zigarillo hielt. Kim, gab Freddy zu bedenken, hat noch nie angerufen. Freddy wirkte derart bekümmert, dass Spatz sich besann, zum Telefon ging und in der Klinik anrief.

Die Frau, sagte Dr. Kim, zittert am ganzen Körper, ich kann sie nicht beruhigen. Sie hat Angst, meinte Spatz, aber zum Glück nicht vor ihrem Mann. Nicht nur vor ihrem Mann. Woher wissen Sie das?, fragte Kim. Aus Erfahrung, antwortete Spatz. Die Leute geben einem keine direkte Antwort. Wer Angst hat und unter dieser Angst zusammenbricht, der hat vor allem und jedem Angst, auch davor, eine direkte Antwort zu geben oder, wie man sagt, die Wahrheit zu sagen. Man sollte sie bitten, die Unwahrheit zu sagen.

Manchmal, sagte Kim, habe ich den Eindruck, Sie machen sich über die Leute lustig. Dieser Eindruck, antwortete Spatz, ist nicht falsch. Die lustige Verkleidung schreckt weniger als der schwarze Anzug. Kann ich mit der Frau sprechen? Kim reichte den Hörer weiter, und eine Frauenstimme sagte am Telefon: Guten Tag. Spatz: Guten Tag. Mein Name ist Spatz. Die Frau fuhr fort: Ich heiße Jefferson. Spatz: Schöner Name. Wenn Sie auch nicht der Sohn von Jeffer sind, sondern die

Tochter. Die Frau antwortete: Bin ich nicht. Das ist der Name meines Mannes. Aber auch er, behauptet er, ist nicht der Sohn von Jeffer – son, sondern der Ururenkel. Spatz darauf: Ein Nachfahre der Wikinger. Die Frau sagte: Nein, der Ururenkel eines schwedischen Arbeiterführers. Spatz: Mir scheint, dass alle Amerikaner, die aus Schweden kommen, von Arbeiterführern abstammen. Ein Land der Rebellen. Die Frau erwiderte: Das ist nicht komisch. In Schweden hat es viele Menschen gegeben, die für eine sozialistische Gesellschaft gekämpft haben, auch bewaffnet. Sie sind verfolgt worden und nach Amerika geflüchtet. Hier haben sich dann einige, um zu renommieren, Arbeiterführer genannt, andere aber sind tatsächlich Revolutionäre gewesen. Auch hier sind sie verfolgt, erschossen oder eingekerkert und hingerichtet worden.

Nach so viel Belehrung brauchte Spatz eine Pause, er sog an dem Zigarillo. Dann sagte er: Frau Jefferson, mir hat ein Nachkomme eines schwedischen Arbeiterführers, ein bekannter Opernsänger, die Frau weggenommen. Ich habe eine eigene Sicht auf diese Sache. Wären die schwedischen Arbeiterführer nicht nach Amerika gekommen, gäbe es keinen schwedischen Opernsänger, der mir die Frau weggenommen hat.

Die Frau fragte: Welchen Beruf hat Ihre Frau? Spatz: Opernsängerin. Die Frau sagte: Die Glückliche. Sie hat jemanden gefunden, der zu ihr passt. Ich nicht. Mein Mann ist Montageschlosser. Er repariert Liftanlagen. Trotz Schutzkleidung ist sein ganzer Körper getränkt von Maschinenöl. Ich aber bin allergisch gegen schlechten Geruch. Ich arbeite stundenweise als Änderungsschneiderin und muss die stinkenden Kleidungsstücke, die ich ändern soll, vorher in eine Putzerei geben. Ich weiß nicht, wie ich das Problem mit meinem Mann lösen kann.

Spatz darauf: Man muss ein Problem nicht lösen. Die

Frau erwiderte: Ihre Frau hat das Problem gelöst. Sie, die Opernsängerin, hat sich einen Opernsänger zum Mann genommen. Ich sollte mich mit einem Änderungsschneider zusammentun. Aber ich finde keinen. Spatz sagte: Meine Frau hat den Sänger nach einer Woche verlassen. Dadurch ist ein weiteres Problem entstanden: Sie ist nicht zu mir zurückgekehrt. Meine Liebe zu ihr ist aber ungebrochen.

Die Frau erwiderte: Das sagt sich leicht. Würde ich nicht mit meinem Mann zusammenleben, wäre meine Liebe zu ihm auch ungebrochen. Spatz: Sie sind eine hervorragende Diagnostikerin. Wollen Sie nicht an unserer Klinik arbeiten? Die Frau sagte: Ich würde gern in der Klinik übernachten. Spatz: Dazu ist sie da. Die Frau antwortete: Ihr Kollege hat mir gesagt, er wird mich mit Dr. Spatz verbinden. Sind Sie tatsächlich der berühmte Dr. Spatz?

Spatz sagte: Sie sind jedenfalls die berühmte Frau Jefferson. Haben Sie Kinder daheim? Die Frau: Ja. Spatz antwortete: Habe ich mir gedacht. Die Frau fragte: Warum? Spatz: Die Kinder sind allein zu Hause. Sie, Frau Jefferson, machen sich Sorgen. Wie alt sind die Kinder? Die Frau sagte: Elf und vierzehn. Spatz: Keine Babys. Aber sie wissen nicht, dass die Mutter weggegangen ist.

Die Frau fragte: Sind Sie der berühmte Doktor Spatz? Spatz: Geben Sie mir die Wohnadresse. Ich bin in einer halben Stunde bei Ihren Kindern. Ich sitze in einer Bar und möchte noch einen Grappa trinken und einen Zigarillo rauchen. Außerdem bin ich mitten im Gespräch mit einem berühmten Philosophen. Das will ich zu Ende führen. Dann fahre ich zu Ihren Kindern. Wann kommt Ihr Mann nach Haus?

Die Frau sagte: Spätabends. Sie nannte ihre Adresse, Spatz schrieb mit. Spatz sagte: Ich warte auf ihn. Trinkt er? Soll ich Wein oder Bier einkaufen? Die Frau: Bier ist zu Hause. Spatz: Ich trinke Wein. Ich bringe Wein mit. Ist Ihr Mann Alkoholiker? Die Frau antwortete: Leider nicht. Wäre er es, wäre alles viel einfacher. Spatz erwiderte: Das hört man selten. Die Frau sagte: Kommt aber häufig vor. Sie kennen das nicht, Sie leben allein. Leben, wie Sie wollen. Und können saufen, so viel Sie wollen.

Spatz nickte, er hatte aber das Bedürfnis, zu widersprechen. Er sagte: Kann ich nicht. Ich arbeite. Ich betreibe Sport. Die Frau daraufhin: Sie fahren zu meinen Kindern und warten auf meinen Mann. Vorher gehen Sie in ein Geschäft und kaufen eine Flasche Wein. Sie scheinen, anders als mein Mann, vom Alkohol abhängig zu sein. Spatz sagte: Sie haben nicht ganz unrecht. Die Frau: Ich habe mich sehr bemüht, dass mein Mann kein Alkoholiker wird. Schon wegen der Kinder. Vielleicht könnte ich auch Sie vom Trinken abhalten? Spatz antwortete: Nein, aber ich könnte Sie davon abhalten, mich davon abhalten zu wollen. Damit wäre uns beiden geholfen. Kann ich Dr. Kim sprechen? Die Frau sagte: Bitte sehr. Spatz fragte Kim: Geht es ihr besser? Kim: Sie zittert nicht mehr. Spatz: Aber ich.

Er legte auf, ging zurück an den Tisch und entschuldigte sich. Es war dienstlich, sagte er und wandte sich an den Kriminalbeamten. Die Aufklärung, haben Sie gesagt, ist die Schwester der Kunst? So ist es, antwortete der Beamte, die Aufklärung tritt gegen das Bestehende an. Die Kunst auch. Aufklärung und Kunst wollen heraussteigen aus dem Morast. Das Bestehende aber, um bei diesem blöden Wort zu bleiben, ist nicht blöd und schützt sich, indem es die Aufklärung abschafft und die Kunst auch. Das ist vor unserer Zeit noch keiner Epoche gelungen. Die Kunst wird herabgewürdigt zum Kunstgewerbe, die Aufklärung zur Erklärung.

Hätte Spatz nicht ein randvolles Glas Grappa in der Hand gehalten, wäre er vor Begeisterung aufgesprungen. Mein Herr, rief er, ein genialer Gedanke: Aus Aufklärung wird Erklärung. Der Beamte wies das Lob mit einer abwehrenden Geste zurück. Lächerlich, sagte er, solche Gedanken hatte jeder in meiner Generation. Wir, die nun vor der Pensionierung stehen, haben an den Universitäten Lehrer gehabt wie keine Generation vor uns, Lehrerinnen und Lehrer, keine und keiner als Einzelne hervorragend, doch alle zusammen großartig. Die sind, sagte der Kriminalbeamte – er hob den Kopf, in den Augen blitzte Leidenschaft auf –, diese Lehrer sind hervorgegangen aus der Studentenbewegung des Jahres neunzehnhundertachtundsechzig, der einzigen rebellischen Bewegung in der westlichen Welt nach dem Zweiten Weltkrieg. Sie lehrten, so gut sie es konnten, Gesellschaftswissenschaft.

Was immer ihr Fach war, so fuhr der Beamte fort, ob Mathematik oder Architektur, ob Literaturwissenschaft oder Forstwirtschaft, ob Philosophie oder Medizin, sie betteten das Fach ein in die Wissenschaft von der Gesellschaft, so dass wir – ich zum Beispiel studierte Betriebswirtschaft – in der schönen und richtigen Annahme lebten, wir verstünden die Welt und seien deshalb in der Lage, sie besser einzurichten.

Das Einzige, sagte der Kriminalbeamte, was unsere Lehrer und wir, die Studenten, nicht bedacht hatten: dass wir eine Gefahr für die Herrschaft waren und deshalb abgeschafft wurden. Nicht ausgerottet. Wir leben ja. Die Lehrer, die Professoren wurden in Pension geschickt oder in die Administration abgeschoben. Wir Studenten waren stigmatisiert als die letzten Angehörigen einer rebellischen Generation und bekamen keine Jobs. Jedenfalls nicht in unserem Fach. Ich war froh, bei der Kriminalpolizei unterzukommen.

Die Aufklärung von Morden, sagte Spatz, als letzte Form der Aufklärung. Das ist schön gesagt, erwiderte der Beamte, ich bedarf aber keines Trostes. Spatz schämte sich; er hatte den Beamten aufmuntern, nicht kränken wollen. Der Mord, sagte Spatz, um das Thema zu wechseln, der Mord, der hier passiert ist, bedarf keiner Aufklärung. Einer schießt, einer stirbt. Vielleicht hat es Streit gegeben. Ist das aber ein Grund, jemanden zu erschießen?

Ich bin durch meinen Beruf so deformiert, antwortete der Kriminalbeamte, dass ich über die Deformation anderer nicht urteilen kann. Vermutlich färben auch die Patienten, die Sie als Psychiater behandeln, auf Sie ab.

Auf jeden Fall, sagte Spatz. Um aber nicht selbst zum Patienten zu werden, behaupte ich, dass es keine Patienten gibt. In einer Gesellschaft der Gleichen wird es tatsächlich keine Patienten geben. In der Gesellschaft der Ungleichen, der jetzigen, lebt der Herr vom Knecht, der Reiche vom Armen, der Gesunde vom Kranken. Der Gesunde strotzt vor jener Kraft, die dem Kranken fehlt, um gesund zu sein. Der Gesunde saugt den Kranken aus wie der Herr den Knecht. Stets muss ein Teil der Gesellschaft krank sein, damit der andere Teil sich des Lebens freuen kann.

Für Sie, sagte der Kriminalbeamte, gibt es keine Patienten, für mich keine Mörder. Was machen wir mit dem Mord, der hier passiert ist? Machen wir ihn ungeschehen? Die jetzige Gesellschaft, antwortete Spatz, ist schlechter, als der einzelne Mensch sein kann. Also sprechen wir ihn zuerst frei. Dann erst verurteilen wir ihn.

Wie machen wir das im konkreten Fall?, fragte der Beamte. Sie fragen den Täter, sagte Spatz, er wird Ihnen alles erzählen. Der Täter, erwiderte der Beamte, kann die Tat gestehen und dennoch die Unwahrheit sagen. Deshalb befrage ich Sie beide als Augenzeugen. Er wandte sich an Freddy. Der winkte ab. Als der Schuss fiel, sagte er, war ich in der Küche. Der Beamte wandte sich an Spatz. Sie waren hier in der Bar, als der Schuss fiel. Spatz nickte. Ich saß mit dem Rücken zu den drei Männern. Jemand schoss, und ich sprang auf. Ein Mann richtete die Pistole gegen mich. Ein anderer lag auf dem Boden. Der dritte redete auf den Schützen ein und nahm ihm die Waffe ab.

Gab es Streit?, fragte der Beamte. Ich habe hin und wieder ein Wort aufgeschnappt, sagte Spatz, von einem Konditor war die Rede und davon, wie der geheißen hat. Ich hatte den Eindruck, man war sich nicht einig. Und er dachte: Was hätte ich nicht alles über den heutigen Abend zu erzählen. Diese Geschichten! Jede der anderen ebenbürtig. Das Urteil: bedeutend oder unbedeutend, interessant oder uninteressant, hat hier nichts verloren. Alle diese Geschichten aller Menschen, dachte Spatz, bilden die Menschheitsgeschichte. Sie ist nicht überliefert. Die Menschen erzählen sich und anderen ihre Geschichten nicht, damit sie überliefert werden. Die Überlieferung setzt erst ein, wenn die Menschheitsgeschichte zur Herrschaftsgeschichte wird.

Sosehr ich nachdenke, sagte Spatz zu dem Kriminalbeamten, ich kann mich nicht erinnern, etwas gehört zu haben, woraus man hätte schließen können, dass einer der drei Männer zur Waffe greifen würde. Ich verstehe nicht, fuhr er fort, worüber wir reden sollen. Der Fall ist klar. Der Täter wurde verhaftet. Warum er geschossen hat, das fragt man ihn am besten selber.

Der Kriminalbeamte stand auf und ging auf die Toilette. Spatz fragte den Assistenten, ob er dem Beamten als Lehrling zugeteilt sei, der stumm neben dem Chef zu sitzen habe und auf diese Weise zu einem Kriminalkommissar heranwachse. Der Assistent lachte. Das Gegenteil ist der Fall, sagte er. Ich bin dem Herrn Kommissar beigestellt, aber nicht untergeordnet. Wenn auch nicht gleichgestellt. Schließlich bin ich um dreißig Jahre jünger.

Waren Sie auch Wissenschaftler?, fragte Spatz. Ich war Archäologe, antwortete der Assistent. Spatz: Das hat Sie nicht mehr interessiert? Mich schon, antwortete der Assistent, er korrigierte sich: Nein, es hat mich nicht mehr interessiert. Es hat eine Zeit gegeben, in der begeisterte man sich für die Frühzeit der Menschheit, weil es ein vergnügliches Schaudern bescherte, zu sehen, wie primitiv die Menschheit gewesen war und wie weit man es seither gebracht hatte.

Diese Zeit, sagte der Assistent, ist vorbei. Die Archäologie tauchte tiefer ein in die Zeiten und förderte zutage, dass vormals in den Ansiedlungen der Menschen eine Pracht vorhanden war, in der die Sehnsucht nach Schönheit das Streben nach Protz überwog. Die Botschaft, die aus den Erkenntnissen der Archäologie abgeleitet wurde, lautete: Was heute prachtvoll wirken will, kommt über Protz nicht hinaus. Diese Botschaft will niemand hören. Deshalb bekommt die Archäologie kaum mehr Geld für ihre Forschungen.

Wo haben Sie gearbeitet?, fragte Spatz. In Südamerika, war die Antwort, und nun wieder in New York, wo ich studiert habe. Nach der Spurensuche als Archäologe betreibe ich Spurensuche als Polizist.

Sie sagen das, wandte Spatz ein, als wäre das eine so gut wie das andere. So ist es, antwortete der Assistent. Wir leben in einer Zeit, in einer Ära!, in der jeder sich glücklich schätzen muss, der Arbeit bekommt, egal, welche, egal, wie viel Lohn sie einbringt. Die Frage, welche Arbeit man gern machen würde, stellt sich nicht, und ich vermute, sogar die Fragestellung wird verlorengehen. Vorübergehend.

Und warum?, fragte Spatz. Die Zahl derer, sagte der Assistent, die sich ausrauben lassen, ohne sich zu wehren, steigt, das ist ein Zeichen der zunehmenden Verrohung und Verblödung. Es war immer so. Ich habe viele alte Gesellschaften studiert. Wo sehr wenige sehr viele ausrauben, wo alle Mittel in die Sicherung der Macht der wenigen gesteckt werden, bricht die Gesellschaft dennoch zusammen. Wie heutzutage. Die Künste erlahmen, die Wissenschaften stagnieren. Die Macht thront auf einem Nichts.

Eindrucksvoll, sagte Spatz. Sie wären an einer Universität besser aufgehoben als bei der Polizei. Irrtum, antwortete der Assistent. Bei der Polizei habe ich erst etwas zu sagen, wenn ich Vorgesetzter bin, bekomme aber jetzt schon ein Gehalt. Der Kriminalbeamte kam zurück in den Gastraum und stellte sich erwartungsvoll an den Tisch, an dem die Männer saßen. Haben Sie was Neues herausgefunden?, fragte er den Assistenten. Der antwortete: Es hat keinen Sinn. Haben Sie die Personalien aufgenommen?, fragte der Beamte. Selbstverständlich, sagte der Assistent, erhob sich und verabschiedete sich mit einem herablassenden Nicken. Sie hören von uns, sagte der Kriminalbeamte und eilte dem Assistenten nach, der hinausgegangen war, ohne dem Beamten die Tür aufzuhalten.

Zwei Genies, sagte Spatz. Am falschen Platz, bemerkte Freddy. Durchaus nicht, erwiderte Spatz, nicht alle Genies können in der Forschung arbeiten. Heute haben sie mit uns geredet, das nächste Mal werden sie uns verhören. – Doch dazu kam es nicht. Die beiden hörten, da der Assistent ihre Personalien nicht aufgenommen hatte, nie wieder etwas von der Polizei.

- 4 -

Was für ein schönes, was für ein außergewöhnliches Haus, dachte Maximilian Spatz, als er, nachdem er Freddys Bar verlassen hatte, um mit dem Fall Jefferson den Dienst zu beginnen, auf den alten Ziegelbau zuging, in dem sich die Klinik befand. Wenn ich noch so abgearbeitet bin, sagte er zu sich, werde ich doch nicht müde, dieses Gebäude zu bewundern. Und wenn mir die Arbeit immer noch Freude macht, so hat das auch mit diesem Haus zu tun.

Früher, dachte Spatz, im neunzehnten Jahrhundert, wurden in dem dreigeschossigen Bau Küchengeräte, vor allem Kochtöpfe hergestellt, später Staubsauger, für die, um sie auszustellen, eine Halle angebaut worden war. Zum Glück, dachte Spatz, denn die Ausstellungshalle ist nun das Wartezimmer vor der Ambulanz, groß genug, um die Menschen nicht nur warten zu lassen. Sie haben dort ein Café, eine Bibliothek, sogar eine Ecke, in der sie sich Filme anschauen können.

Staubsauger!, dachte Spatz, einer der letzten Trümpfe der Industrie. Staubsauger, Kühlschränke, Waschmaschinen, Autos – dieses lächerliche Zeug sind die himmelstürmenden Erfindungen, ehe die Industrie im Sumpf der Elektronik versank, mit dem menschenfeindlichen Ziel, dass weltweit jeder mit jedem spricht, und dem menschenverachtenden Ergebnis, dass jeder mit sich selbst redet. Im Grunde, dachte Spatz, ist heute die ideale Zeit für die Psychiatrie. Leider reden auch die Psychiater nur mit sich selbst.

Diese schöne, alte Fabrik, dachte er. Vor Jahrzehnten bin ich nach Manchester gereist, um die frühen Bauten des Industriekapitalismus zu sehen, Textilfabriken. Wunderwerke der Baukunst. Seit der Romanik hat es eine solche Einfachheit der Form, eine solche Vollkommenheit der Proportion nicht gegeben. Herrliche in den Ziegelbau eingefügte Fenster, genau so groß, dass die Maschine dahinter genügend Licht bekommt, um bedient werden zu können.

Man kann, schimpfte Spatz vor sich hin, als er sah, dass Dr. Kim ihm entgegeneilte, man kann auf einem kurzen Spazierweg nicht einmal ein paar Gedanken fassen, ohne gestört zu werden. Der Chef hat angerufen, sagte Kim. Spatz antwortete unwirsch: Slager hat angerufen. Nein, erwiderte Kim: der Chef. Das machte Spatz stutzig.

Kim war vor zwei Jahren aus Südkorea an diese Klinik gekommen. Er hatte in Seoul als Psychiater und Neurologe in einem Spital gearbeitet und dort nach dem Studium der Schriften von Spatz dessen Methode eines freundlichen, menschenwürdigen Umgangs mit Menschen angewandt. Der Erfolg war groß gewesen. Kim hatte darüber in Fachzeitschriften geschrieben, ebenfalls erfolgreich. Die Spitalsleitung hatte ihm gedankt, ihm aber auch zu verstehen gegeben, dass seine Art zu arbeiten mit dem landesüblichen System nicht vereinbar sei. Kim waren ähnliche Auseinandersetzungen aus der Lektüre von Spatz' Abhandlungen vertraut gewesen. Dort hieß es: Es gibt in allen Bereichen herkömmliche und neue Methoden. Wäre es anders, stürbe das Leben ab. Die neue Methode ist das Leben, das sich gegen das Absterben wehrt.

Kim war bestürzt gewesen, in Artikeln, in denen Spatz sich an die Öffentlichkeit wandte, lesen zu müssen, dass der Mann, dem er erfolgreich nacheiferte, in seinem Land, den USA, auf stärkeren und gefährlicheren Widerstand stieß als er in Südkorea. Spatz hatte geschrieben, dass seine Arbeit von den Menschen, die Hilfe suchten, anerkannt und dass ihm auch in der Klinik fortwährend versichert werde, seine Arbeit, wenngleich in der Methode extrem anders, füge sich durchaus ein in die Gesamtpraxis der Klinik. Was aber, hatte Spatz geschrieben, nicht stimme. Man lobe seine Arbeitsweise, achte aber drauf, dass nicht auch andere sie versuchten, wodurch er isoliert sei und letztlich ausgelöscht werde.

Spatz hatte, als Kim sein Assistent wurde, diesen gebeten, nicht von Oberärzten, Schwestern und Chefs zu sprechen, sondern sie mit Namen zu nennen, also Slager zu sagen und nicht Chef. Kim schrie noch einmal: Der Chef hat angerufen. Spatz versuchte, den aufgeregten Kim zu imitieren, und sagte laut: Dazu ist ja das Telefon da! Kim ging auf Spatz zu und stellte sich vor ihn. Mach keine Witze, sagte er. Der Chef namens Slager hat angerufen. Er wollte unbedingt mit dir sprechen. Er hat mir aufgetragen, dir zu sagen, dass morgen um drei Uhr Nachmittag eine Konferenz stattfindet. Keine Besprechung. Eine Konferenz.

Am Nachmittag, antwortete Spatz, habe ich dienstfrei. Es geht um dich, sagte Kim. Bei der Konferenz, an der alle Ärztinnen und Ärzte teilnehmen, geht es um dich. Was heißt das?, fragte Spatz. Es geht um dich, hat Slager gesagt. Sie wollen mich loswerden, sagte Spatz. Oder sie werfen dich raus, fuhr Kim fort. Ich habe immer damit gerechnet, sagte Spatz, nun kommt es doch überraschend. Gerade das, womit man stets rechnet, erwiderte Kim, kommt überraschend – hast du einmal gesagt. Ich habe, sagte Spatz, einige gute Angebote, eines von der Universität Chicago. Ich könnte dort eine eigene Klinik aufbauen. Kim antwortete: Wer, hast du gesagt, geht freiwillig von New York nach Chicago?

Spatz winkte ein Taxi herbei, und zu Kim sagte er: Ich fahre zu den Kindern von Frau Jefferson, ich hoffe, dass du mit ihr zurechtkommst. Das kann ich nicht versprechen, erwiderte Kim, sie geht von Zimmer zu Zimmer und redet die Leute an, singt ihnen Lieder vor, bittet sie, ihrerseits etwas zu singen, sie hat bereits einen Chor beisammen von mindestens zwanzig Leuten, sie studieren ein schwedisches Lied ein.

Die Jeffersons wohnten in Manhattan, wo ihresgleichen, Arbeiterinnen und Arbeiter, gewöhnlich nichts verloren haben, ausgenommen, sie wohnen im äußersten Osten, wo die Stadtverwaltung, damit man New York nicht nachsagen konnte, Manhattan sei für die Reichen reserviert, ein großes Areal mit zehnstöckigen, für Manhattan also niedrigen, Wohnhäusern hingestellt hatte, die man, wenn man nicht vor ihnen stand, von keinem Ort Manhattans aus sehen konnte. Der Name für diese Häuser war *public housing*, das man in diesem Fall mit öffentlichem Hausen übersetzen müsste.

Dementsprechend sahen die Häuser aus. Alles war verkommen, die Grünanlagen übersät mit Abfall, Bänke und Tische zerstört, die Straße eine Abfolge von Schlaglöchern. Als Spatz durch dieses Areal fuhr, erinnerte er sich an die Erzählungen des alten Spatz, seines Großvaters, vom sozialen Wohnungsbau im Wien der zwanziger Jahre. Man sprach von *Gemeindebauten*, verächtlich, wenn man der Oberschicht angehörte, liebevoll, wenn man zu jenen zählte, die erstmals eine menschenwürdige Wohnung erhielten, noch dazu in einer Architektur, die, wie der alte Spatz betont hatte, durchaus den Ehrgeiz hatte, Baukunst zu sein, und hinter ihren Absichten auch nicht zurückblieb. Das alles durchgesetzt von einer Sozialdemokratie, die, von den Massen gewählt, jedenfalls auf dem Gebiet des Wohnbaus etwas für die Massen tat.

Die Glasscheibe der Haustür, die Maximilian Spatz öffnete, war zerbrochen, Spatz ging am Lift vorbei und in raschen Schritten, um sich seiner guten Kondition zu versichern, sieben Stockwerke hinauf. Er läutete an einer Tür. Zwei Buben öffneten. Der jüngere war der eloquentere, der ältere war groß und stark und stumm, er wich nicht von der Seite des schmächtigen Bruders. Spatz schien es zuerst, der Große wolle den Kleinen beschützen, dann wieder hatte er den Eindruck, der Große suche beim Kleinen Schutz.

Die Mutter, sagte der Jüngere, hat angerufen, wir wissen Bescheid. Wir haben den Vater angerufen, er weiß auch Bescheid. Er kommt früher nach Hause als sonst. Mutter hat gesagt, dass Sie ein berühmter Arzt sind, aber sehr nett. Sie hat mit Ihnen telefoniert. Es ist lieb, dass Sie zu uns gekommen sind, aber nicht notwendig, wir kommen allein zurecht.

Wenn ich schon hier bin, sagte Spatz, würde ich gern mit eurem Vater sprechen. Die Mutter, erwiderte der Jüngere, hat gesagt, dass Sie gern Wein trinken und eine Flasche mitbringen werden. Ach, sagte Spatz, ich habe vergessen, eine zu kaufen. Macht nichts, sagte der Jüngere, ich bringe Ihnen eine Flasche. Nein, nein, erwiderte Spatz. Doch der Jüngere lief mit den Worten: Wir haben einen Weinhändler im Haus, aus der Wohnung.

Der Ältere atmete auf. Sie haben eine schöne alte Lederjacke, sagte er zu Spatz. Der darauf: Dein Bruder ist sehr lebendig. Der Ältere: Heute glaubt man, das ist die Jacke eines Rockmusikers. Das stimmt nicht. Solche Jacken haben nach dem Ersten Weltkrieg die Boxer getragen. Es gab Abertausende Vereine mit Millionen Mitgliedern. Spatz: Woher weißt du das? Der Ältere: Ich bin in der Schule in einer Projektgruppe, die sich das Thema gewählt hat: Der Ursprung der Dinge. Ich beschäftigte mich mit Lederjacken. Woher haben Sie diese Jacke?

Ich bin Boxer, sagte Spatz. Was?, rief der Jüngere, der mit einer Flasche Wein zurückgekommen war, sie auf den Tisch stellte und die Rechnung dazulegte, Sie sind Boxer? Spatz legte neben die Rechnung fünf Dollar, der Ältere öffnete die Flasche, stellte ein Glas auf den Tisch, Spatz trank einen Schluck. Gewöhnlich, sagte er, kann man einen Bordeaux nicht trinken, aber dieser ist nicht übel.

Der Ältere fragte noch einmal: Und die Jacke? Ich habe, antwortete Spatz, jahrzehntelang in einer Boxschule trainiert, meist am Sandsack, selten gab es einen kleinen Boxkampf mit dem Trainer, zum Spaß. Mich interessierte der Kampf nicht, nur das Training. Beim Boxen bewegt man die Arme, die Beine, den ganzen Körper so, dass das auch der Entwicklung des Geistes förderlich ist. Boxen verfeinert den Geist. Die Lederjacke, sagte Spatz, habe ich in der Boxschule gekauft, es ist ein Modell aus den zwanziger Jahren und heute noch erhältlich.

Zum Glück, fuhr Spatz fort, ist die Jacke gefüttert. Hier ist es kalt. Heizt ihr nicht? Der Ältere bat Spatz um die Adresse der Boxschule, er wolle mit seiner Projektgruppe den Trainer aufsuchen und die Herkunft der Lederjacken erforschen. Spatz gab ihm die Adresse. Nein, sagte der Jüngere, heute ist es nicht kalt, es ist ein milder Tag. Aber Sie haben recht, wir heizen nicht.

Um zu sparen?, fragte Spatz. Bei uns, sagte der Jüngere, wird nur gespart, nicht nur beim Heizen. Ach ja, seufzte Spatz. Sie irren sich, sagte der Jüngere, wir leiden keine Not. Der Vater verdient gut, für einen Arbeiter sehr gut, die Mutter verdient nicht schlecht. Wir könnten, nicht in Manhattan, aber in einem anderen New Yorker Stadtteil, in einem Haus mit Garten wohnen oder in einer schönen Wohnung mit Terrasse. Doch die Eltern sparen. Damit wir die besten Schulen besuchen können. Jetzt schon, nicht erst, wenn wir an die Universität gehen. Wir besuchen Privatschulen. Es wird Ihnen aufgefallen sein, dass ich mich für einen Elfjährigen recht gut ausdrücken kann. Wenn ich auf der Straße mit anderen Kindern so rede, verprügeln sie mich.

Der Ältere, er hatte ein paarmal dazu angesetzt, kam endlich zu Wort. Die Eltern haben immer gesagt, dass sie uns etwas bieten, im Sinn eines Angebots. Sie zwingen uns nicht. Wenn wir wollen, können wir auch in eine öffentliche Schule gehen. Die Kinder reicher Leute, hat der Vater einmal gesagt, haben keine Wahl, sie müssen die beste Schule besuchen, ob sie dafür taugen oder nicht. Ihr könnt wählen. Das ist, sagte der Ältere, ein Problem. Mein Bruder und ich haben oft darüber geredet, aber nun die Sache ein für alle Mal entschieden.

Spatz schaute die beiden fragend an. Der Ältere hatte offenbar keine Lust, weiterzusprechen. Die Eltern, sagte der Jüngere, arbeiten und sparen. Ihr Leben ist ein Leben des Verzichts. Würden wir von daheim weggehen und, zum Beispiel, in die Drogenszene abrutschen, würde sich das Leben der Eltern nicht ändern. Das tun wir nicht. Wir gehen gern in diese Schulen, die sie für uns ausgesucht haben. Was Kleidung anlangt, können wir mit den andern natürlich nicht mithalten. Sie wechseln oft, an einem Tag Jogginghose, am andern Maßanzug. Sie haben alles. Aber die Kinder der Oberschicht sind generös, sie schauen auf uns herunter, ohne uns zu verachten.

Sie, Herr Doktor, fuhr der Jüngere fort, kennen diese Situation. Nein, sagte Spatz, ich habe von Kind an bis zum Ende des Studiums öffentliche, also staatliche Schulen besucht. Das lag an der politischen Einstellung meiner Eltern und meines Großvaters. Der Ältere räusperte sich, um seine Replik vorzubereiten. Sie haben leicht reden, sagte er, Ihre Eltern hatten Geld, gaben es aber nicht für Privatschulen aus. Ein elitäres Spiel. Ihre Zukunft war in jedem Fall gesichert. Selbst wenn Sie keinen Schulabschluss gemacht hätten.

Du hast nicht unrecht, sagte Spatz. Ich habe eine Ausbildung als Fotograf absolviert und auch als Fotograf gearbeitet. So war es danach mit der Bildhauerei. Dann erst studierte ich Medizin und Psychiatrie. Mein Vater verdiente als Komponist zu wenig, meine Mutter als Journalistin zu viel. Also war genug Geld da. Der Großvater, der Vater meines Vaters – er war Österreicher und arbeitete als Diplomat bei der UNO –, war mein Freund und Berater. Er riet mir, nichts zu überstürzen, mich beruflich nicht zu früh festzulegen. Und er bat mich, ihm zwar zuzuhören, nicht aber auf ihn zu hören.

Ich sage es ja, fuhr der Jüngere dazwischen: ein Luxus. Sie

hatten Zeit, viele Jahre, um sich zu fragen, wofür Sie sich interessieren, wofür Sie talentiert sind. Wir haben diese Zeit nicht. Und die Fragen nach Interesse und Talent sind nicht unsere Fragen. Wir müssen das Studium möglichst gut abschließen und dann schnell Geld verdienen. Das Risiko, zu warten, bis sich zeigt, wofür wir talentiert sind, können wir nicht eingehen. Risiko ist für arme Leute ein – wie soll ich sagen – ein Risiko.

Was macht euer Vater beruflich?, fragte Spatz. Der Jüngere lehnte sich erschöpft zurück, der Ältere sprang für ihn ein. Der Vater, sagte er, verdient gut, auch durch Überstunden und Sonntagsarbeit. Er ist leider selten zu Hause. Das hat aber damit zu tun, dass irgendetwas nicht in Ordnung ist bei den Eltern. Sonst wäre die Mutter jetzt nicht in Ihrer Klinik. Und was ist nicht in Ordnung?, sagte Spatz. Das fragen wir uns oft, war die Antwort, wir wissen es nicht. Es darf uns aber auch nicht zu sehr belasten, sonst kommen wir in der Schule nicht weiter.

Ihr seid vifer, sagte Spatz, als jeder Schulpsychologe. Müssen wir auch sein, antwortete der Ältere. Mein Bruder hat heute Abend, nachdem die Mutter in die Klinik gegangen ist, gesagt, er kommt sich vor wie in einem Krieg. Jeder Augenblick eine tödliche Gefahr. Wenn die Mutter wirklich verrückt ist, was dann? Sie kommt in ein Heim. Der Vater muss statt der Schule das Heim bezahlen – und wir müssen die Lebensstrategie ändern. Man muss wie im Krieg auf alles gefasst sein.

Macht euch das Angst?, fragte Spatz. Mir nicht, antwortete der Jüngere. Er sprach schnell. Aber meinem Bruder. Der erwachte aus seiner Lethargie und redete dazwischen: Es ist nicht die Angst, sagte er, die mir zu schaffen macht, nicht die Angst, was aus der Mutter wird, nicht die Angst, ob der Vater diese Arbeit mit den unzähligen Überstunden noch lange durchhält, nein, es ist die Angst, dass ich diese Angst nicht haben darf, weil ich ein harter Bursche sein muss. Ja, rief der Jüngere, auf dem Weg nach oben schaut man weder nach links noch nach rechts. Ich weiß, sagte der Ältere gelassen, ich bin vierzehn, fühle mich wie vierzig und finde das Leben hier in diesem Viertel gar nicht so schlecht.

Der Jüngere wandte sich ab und weinte. Spatz atmete auf. Wie schön, dachte er, wenn man nicht versteht, was um einen herum vorgeht – vor allem, wenn man es nicht verstehen muss. Ich soll mich um die Mutter kümmern, nicht um die zwei Buben. Und da ich schon einmal hier bin, sollte ich mit dem Vater reden. Mein Übereifer kostet mich die halbe Lebenszeit. Die Buben brauchen mich nicht. Die Mutter vielleicht auch nicht. Aber wahrscheinlich der Vater.

Wisst ihr, fragte Spatz, wann euer Vater kommt? Wir haben ihn, sagte der Ältere, angerufen und ihm erzählt, dass die Mutter in Ihrer Klinik ist. Das ist nicht *meine* Klinik, unterbrach ihn Spatz. Und dass Sie auf dem Weg zu uns sind, fuhr der Ältere fort, Sie, der Chef einer Klinik, kommen zu uns ins Armenhaus von Manhattan. Das dürfte den Vater sehr beeindruckt haben, er sitzt bereits im Taxi, er wird jeden Moment hier sein.

Nochmals: Was macht euer Vater beruflich?, fragte Spatz. Der Jüngere wischte sich die Tränen von den Wangen und sagte: Er repariert Liftanlagen in Hochhäusern. Redet er darüber?, fragte Spatz. Gern, sagte der Jüngere, und wir hören ihm gern zu – wenn er erzählt, wie er Reparaturarbeiten vorbereitet, tagelang plant. Er schreibt auf, was er an Material braucht, und teilt das telefonisch der Firma mit, bei der er beschäftigt ist, und je nach Art der Reparatur beantragt er ein oder zwei Hilfskräfte. Der Vater kann auf Grund seines Könnens und seiner Erfahrung fast alle Liftanlagen in New York reparieren. Die Hilfsarbeiter aber sind sehr spezialisiert. Sie müssen, hat der Vater gesagt, präzise arbeiten, denn in dem Schacht, in dem die Seile laufen und die Motoren hängen, ist nur Platz für ihn, den Monteur, und zwei Helfer. Die Helfer sind nicht angestellt, sie haben einen Vertrag mit einer Leihfirma, mein Vater ruft dort an und sagt, welcher Lift welcher Bauweise aus welchem Jahr und von welchem Hersteller auf seinem Arbeitsplan steht und welche Helfer er braucht.

In diesem Moment trat der Mann in die Wohnung, begrüßte Spatz und die Kinder, zog den Trenchcoat aus und stand da in einem legeren, dunkelblauen Anzug mit weißem, offenem Hemd. Er wirkte jung, wohl auch wegen seines dunklen, gelockten Haars, und sagte, dass er sich freue, den berühmten Dr. Spatz zu Gast zu haben, der vielleicht noch ein paar Minuten erübrigen könne, um zu erzählen, wie es der Mutter der beiden Buben gehe. Die zwei zogen sich sofort in ihr Zimmer zurück.

Sie sehen, sagte der Mann, in unserer Familie gibt es keine Probleme. Spatz lachte. Diesen Eindruck, antwortete er, habe ich auch. Ist Ihnen, fragte der Mann, etwas aufgefallen in diesem Zimmer, etwas Besonderes – oder schon im Vorzimmer? Spatz dachte nach. Ein Geruch vielleicht?, fragte der Mann. Ja, sagte Spatz, es riecht – ich will Sie nicht beleidigen, außerdem mag ich diesen Geruch –, es riecht wie in einer Autowerkstatt. Richtig, sagte der Mann, Öl, Motoröl, Maschinenöl. Spatz unterbrach ihn. Ihre Kinder, sagte er, haben mir erzählt, dass Sie Liftanlagen reparieren.

Niemand kann sich vorstellen, sagte der Mann, was das für eine Arbeit ist, auch derjenige nicht, der mir bei der Arbeit zuschaut. Was sieht er? Den Liftschacht – ein schwarzes Loch, in das meine Helfer Scheinwerfer hängen, damit ich was sehe. Und was sehe ich? Die Antriebsmotoren. Und Seile. Aus Stahl. Daran die Liftkabinen. Die hängen nicht nur an Seilen, sondern gleiten seitlich auf Schienen. Stahl läuft auf Stahl, Eisen auf Eisen. Das alles würde glühend heiß werden und zerreißen, wäre es nicht gut geölt. Gut geölt, mein

Herr. Ehe ich etwas reparieren kann, ehe ich etwas Festes in Händen habe, greife ich in Öl, in dieses Motoren- und Maschinenöl, das in meine Arbeitshandschuhe eindringt und trotz bester Arbeitskleidung über meine Oberarme rinnt und im Lauf eines Arbeitstags über den ganzen Körper. Tag für Tag bin ich getränkt von Öl.

Dieses Maschinenöl, sagte der Mann, sickert durch die Haut ins Fleisch und wohl auch in die Knochen. Ich stinke nach Öl, und ich werde diesen Gestank nicht mehr los. Würde ich mir die Haut abziehen, wäre das keine Lösung, es stinkt auch das Fleisch. Und würde man mich verbrennen, würde meine von Maschinenöl getränkte Seele in den Himmel auffahren und dort alle Pforten verschlossen vorfinden. Mein Herr, sagte der Mann zu Spatz, es ist so, wie ich es Ihnen sage: Arbeit stinkt. Und der Arbeiter stinkt und selbstverständlich auch die Arbeiterin.

Deshalb, fuhr der Mann fort, will jeder was Besseres sein, Angestellter. Der stinkt angeblich nicht. Was nicht stimmt. Unsereins, der schwer arbeitet, stinkt nach allem Möglichen, nicht aber nach Schweiß. Der Angestellte, der sich körperlich nicht anstrengt, stinkt nach Schweiß. Der Büroschwitzer schwitzt sich seine Angst und seine Unterwürfigkeit aus dem Leib, diesen Schweiß vermischt er mit Deodorant, und den penetranten Gestank, den er verbreitet, verbreiten so viele andere auch, dass der Gestank als normale Ausdünstung empfunden wird, wenn nicht als Wohlgeruch. Wir Arbeiter bleiben als Ausgestoßene zurück, als Opfer der Verhältnisse, der Geruchsverhältnisse. Meine Frau hat nie gesagt, dass es sie vor diesem Geruch ekelt. Sie rückte im Bett möglichst weit von mir weg. Wenn ich sie berührte, zuckte sie zusammen. Also gab es keine Berührungen mehr, nicht bei Tag, nicht bei Nacht.

Die Bedrohung war gebannt, aber die Angst blieb, die Angst, ich könnte doch einmal an sie anstreifen, absichtlich oder aus Versehen. Wenn ich mich im Schlaf zu ihr hindrehte, schrie sie auf, so dass ich aufschreckte. Das Zittern meiner Frau nahm in letzter Zeit zu, und ich musste Schlaftabletten nehmen. Ich muss schlafen, meine Arbeit ist anstrengend. Ich bin sehr froh, Herr Dr. Spatz, dass meine Frau in Ihre Klinik gegangen ist.

Gibt es einen Ausweg?, fragte Spatz. Ich sehe keinen, antwortete der Mann. Ich auch nicht, sagte Spatz, aber die Gewissheit, dass es keinen Ausweg gibt, ist immerhin etwas. Sie arbeiten mit Maschinenöl, Sie riechen nach Maschinenöl. Darüber zu räsonieren ist sinnlos. Ihre Frau verträgt diesen Geruch nicht. Auch darüber zu räsonieren ist sinnlos. Sie nehmen Rücksicht, dennoch hat Ihre Frau Angst. Soll sie doch Angst haben – das werde ich ihr sagen.

Da wäre ich gern dabei, sagte der Mann. Nein, antwortete Spatz. Gespräche mit Paaren führe ich nur, wenn es um ein Problem geht, das lösbar zu sein scheint. In diesem Fall würde ein gemeinsames Gespräch den gar nicht seltenen Umstand, dass es keinen Ausweg gibt, mit dem schrecklichen Gefühl der Ausweglosigkeit belasten. Wie auch immer, sagte der Mann, mir geht es nun besser. Jetzt erst öffnete er die Bierflasche und prostete Spatz zu. Der hatte, die Weinflasche war leer, nichts im Glas.

Am nächsten Morgen war Maximilian Spatz einigermaßen ausgeschlafen, er hatte einen ruhigen Nachtdienst hinter sich, aber nicht, weil niemand Hilfe gebraucht, sondern weil Dr. Kim die Pflegerinnen und Pfleger gebeten hatte, wenn es einen Notfall gebe, immer nur ihn zu wecken, Dr. Spatz sei gesundheitlich angeschlagen.

Auf dem Weg zum Kaffeeautomaten war Spatz' erste Frage an Kim, wie es um Frau Jefferson stehe. Kim antwortete erst, nachdem er einen Schluck Kaffee getrunken hatte. Ich beginne mit dem gestrigen Abend, sagte er: Sie gründet einen Chor und will eine Probe abhalten. Das misslingt, und ich bringe sie auf ihr Zimmer. Sie wirkt ruhig und entschlossen und zählt mit den Fingern bis drei, dann redet sie vor sich hin: Erstens, zweitens, drittens. Und dann, nicht mehr so monoton: Erstens fährt Doktor Spatz zu meinen Kindern. Er hat sofort erkannt, worum es geht: um die Kinder, nicht um mich. Er wird, zweitens, mit meinem Mann sprechen. Doktor Spatz wird herausfinden, dass mein Mann der beste Mensch ist, den es gibt, der wunderbarste Mann, den eine Frau sich wünschen kann. Drittens: Ich kann heute in der Klinik übernachten, vielleicht auch morgen. Das genügt, Herr Doktor Kim, danach werde ich für Jahre die Kraft haben, dem Leben standzuhalten. Ich hoffe, sagte Kim, dass sie nicht wieder einen Chor zusammentrommelt.

Es war entsetzlich. Sie stand zwar wie eine Chorleiterin vor den Leuten, bewegte sich aber nicht, ihre Arme hingen steif hinunter. Erst als jemand rief: Los!, löste sich ihre Erstarrung, und sie rannte weg. Zum Glück stand ich in der Tür, und sie lief in meine Arme, umklammerte mich und schluchzte herzzerreißend. Die Leute waren erzürnt, gingen der Frau nach, beschimpften sie und auch mich, da ich mich schützend vor sie stellte. Man war erbost, mit dem Versprechen auf eine Chorprobe aus der Abendruhe gerissen worden zu sein, auf eine Chorprobe, aus der dann nichts wurde. Man beschimpfte Frau Jefferson als Verrückte, machte mir den Vorwurf, dem Treiben dieser Verrückten tatenlos zuzuschauen, und war sich darin einig, dass man sich bei Doktor Spatz über mich und die Frau beschweren werde.

Merkwürdig, sagte Kim, für uns sind die Leute, die in die Klinik kommen, keine Verrückten. Sie wissen das, und deshalb kommen sie. Dann platzt eine Frau herein, die mit sich nicht zurechtkommt, und die andern fallen über sie her und beschimpfen sie als Verrückte.

Was, fragte Spatz, hätten die Leute tun sollen? Der Verrückte braucht immer jemanden, den er für verrückt halten kann. Sonst würde er vollends verrückt. Mein Defekt, sagte Kim, besteht darin, dass ich dir mitunter nicht folgen kann. Das ist kein Defekt, antwortete Spatz, das ist ein Glück.

Maximilian Spatz blieb stehen und schaute entgeistert auf einen Mann, der ihm entgegenkam. Guten Morgen, David, sagte Spatz leise, wissend, dass der andere auch auf einen lauten Zuruf nicht reagiert hätte. David hörte nichts und erkannte niemanden. Das ist, dachte Spatz, eine einzigartige Gelegenheit. Er ging hinter David drein. Das Vorhaben, Frau Jefferson endlich kennenzulernen, verschob er auf die Zeit nach der Konferenz.

David Intrator, schon sechzig, ging zügig dahin, Spatz, zehn Jahre jünger, hatte Mühe, ihm zu folgen, er gewöhnte sich aber bald an dessen Tempo. Boxen, dachte er, ist eben auch Training für die Beine.

– 5 –

Spatz folgte David in einem Abstand von zwanzig Schritten, eine unnötige Vorsichtsmaßnahme, David konnte niemanden erkennen – er litt an einer schweren Psychose. Spatz verstand nicht, dass jemand unter dieser Anspannung, geplagt von Krämpfen und Schweißausbrüchen – Davids Jacke war patschnass –, dass ein Mensch in diesem Zustand überhaupt gehen konnte. Und David Intrator ging nicht nur, er schritt aus, schnell und elastisch.

Spatz wusste: David war ein Genie der Bewegung. Dass nicht einmal die zerstörerische Macht einer Psychose diesem Bewegungstalent etwas anhaben konnte, erstaunte ihn. Spatz hatte die biologische Widerstandskraft des Menschen zwar für mächtig, nicht aber für übermächtig gehalten.

Davids Arme bewegten sich rhythmisch entgegengesetzt zu den Beinen, also harmonisch, obwohl er in der rechten Hand einen Kübel trug, einen Zehnliterkübel aus schwarzem Kunststoff, in dem sich kein Wasser befand, sondern ein Gerät zum Putzen von Autoscheiben, wie man es von Tankstellen kennt, mit Gummiblatt und Schwamm. Der Stiel ragte einen halben Meter aus dem Kübel. David ging Richtung Brooklyn Bridge.

Er hatte Spatz erzählt, dass er im Lauf des Jahres schon einige Male diesen Weg über die Brücke nach Manhattan gegangen war, bis zu einem Geflecht kleiner Straßen parallel zum großen Broadway, wo er dann seiner Arbeit nachging: in einem kleinen Café den Kübel mit Wasser füllte, sich an eine Kreuzung stellte und wartete, bis ein Auto kam. Dort aber fuhr nie ein Personenauto, denn die kleinen Straßen hinter dem Broadway dienten den Lastwagen für die Zustellung von Waren, welche vor allem in der Nacht erfolgte.

Wenn dennoch ein Personenauto daherkam, so existierte es nur in Davids Vorstellung. Der tauchte sogleich sein Putzgerät ins Wasser, nahm es heraus und reinigte die nicht vorhandenen Scheiben des nicht vorhandenen Autos, woraufhin er in Soldatenart salutierte. Das wiederholte sich einige Male, bis David spürte, wie von den Zehen und den Fingerspitzen her der Körper sich entspannte, worauf er gehofft hatte und was ihn freute, ihm aber auch Sorge bereitete, weil mit der Spannung jede Kraft aus ihm wich, so dass er Mühe hatte, sich in das Café zu retten, aus dem er das Wasser geholt hatte und wo er sich nun mit einigen Camparis labte.

Spatz ging hinter David her. Man sah schon die Brücke. Als David wieder einmal in die Klinik gekommen war, so erinnerte sich Spatz, hatte er nicht ärztliche Behandlung, aber doch fachmännischen Rat gesucht. Ich glaube, hatte David Intrator gesagt, ich kann das Problem lösen, ich weiß aber nicht, wie. Welches Problem?, hatte Spatz gefragt. Die Antwort: Ich bin mit einer Göttin verheiratet und habe mit ihr hundert Kinder. Manchmal verläuft sich eines. Es ist jedes Mal sehr schwierig, das Kind zu finden, denn es läuft so schnell wie ein Sprinter. Wenn ich es endlich gefunden und an einer Hand gepackt habe, bin ich mit meinen Kräften am Ende. Ich breche zusammen, jemand holt die Rettung, der Notarzt untersucht mich, Herz, Blutdruck, alles bestens, ich bitte ihn, mich nach Hause zu bringen. Meine Frau legt mich ins Bett, wo ich zwei Tage und zwei Nächte schlafe. Dann gehe ich, als wäre nichts gewesen, wieder zur Arbeit.

Und die Vorgeschichte?, hatte Spatz gefragt. Als ich heranwuchs, hatte Intrator gesagt, ich war ein Jahr alt, dann zwei, dann schon drei Jahre alt, konnte ich nicht gehen. Warum hätte ich gehen sollen? Ich wurde immerfort von meinem Vater getragen. Der hatte eine Art Rucksack genäht, in dem er mich überallhin mitnahm, tagsüber zur Arbeit, abends ins Restaurant und in die Bar. Er war Zimmermann, kam als Einwanderer aus Europa, seine Frau, meine Mutter, war New Yorkerin, sie arbeitete als Verkäuferin bei einem chinesischen Juwelier in Chinatown, und dort wohnten wir auch.

Mein Vater konnte nicht mitansehen, wie ich bei meinen ersten Gehversuchen nach ein, zwei Schritten hinfiel, mich aufrappelte, hinfiel, aufstand, hinfiel. Er akzeptierte nicht wie die anderen Erwachsenen, dass das die übliche Art ist, gehen zu lernen. Mein Kind, pflegte er zu sagen, wird nicht so aufwachsen. Wenn es gehen lernt, indem es hinfällt, könnte es meinen: Gehen heißt hinfallen. Kaum rafft man sich zu einem kräftigen Wort, zu einer mutigen Tat auf, schon liegt man auf dem Boden.

Drei Jahre lang, fuhr Intrator fort, wurde ich getragen. Die Muskeln verkümmerten dennoch nicht. Ich bewegte mich im Sitzen und Liegen. Doch dann stellte der Vater mich auf die Füße. Ich rannte los. Wir spielten in der Wohnung Fangen. Der Vater erwischte mich nicht. Ich hechtete über den Tisch, kam mit den Händen auf, rollte über den Rücken ab, landete nach einem Salto auf dem Bett. Der Vater lachte, er war beglückt. Er hatte das Kind davor bewahrt, sich das Hinfallen zur Lebensgewohnheit zu machen, nun war aus dem Kind ein Akrobat geworden.

Zwei Tage vor Schulbeginn, ich war sechs, fand in Chinatown der jährliche Wettbewerb aller Kampfsportarten statt – es gab an die siebzig. Der Sieger in einer Sportart, zum Beispiel im Ringen, musste gegen den Sieger in Karate antreten. Am Abend stand der Sieger des Tages fest. Der war ich.

Als es zum Kampf kam, wich ich dem Gegner wieder und wieder aus, so dass die Zuschauer schon lachten, wohl in der Meinung, der kraftstrotzende Karatemeister werde das wieselflinke Kind in die Enge treiben, wo er mich fixieren und dann zu seinem berühmten Handkantenschlag ausholen könne. Ich aber wich nur aus, um einen Plan auszuhecken. Als der fertig war, führte ich ihn aus.

Ich täuschte mit den Händen einen Angriff auf die Beine vor, umklammerte die Knie des Karatemeisters, wogegen der, wie ich erwartet hatte, sich nicht wehrte, war es doch nur ein Kind, das an den Beinen des kräftigen Mannes hing. Mit einem Ruck hätte er mich abschütteln können und so die Lacher endgültig auf seiner Seite gehabt. Doch ehe es dazu kam, warf ich, die Hände auf seine Knie gestützt, die Beine in einer Art Handstand in die Höhe, drosch ihm mit den Fersen gegen das Kinn, worauf seine Knie zitterten, so dass ich den nächsten Teil meines Angriffs startete.

Ich drückte die Füße gegen seinen Hals, und er wäre zusammengesackt, hätte ich die Umklammerung nicht gelockert, so dass er sich mühsam aufrichtete, ja sogar die Arme hob und nach meinen Hüften griff, um mich wegzureißen von seinem Körper. Wieder verengte ich ihm den Hals, worauf seine Arme kraftlos hinunterfielen und an seinem Körper baumelten. Der Meister stürzte ohnmächtig zu Boden.

Die Schule, hatte David Intrator erzählt, besuchte ich bis zum College, danach wollte ich an die Universität, um Biologie zu studieren und mich später auf Botanik zu spezialisieren, was wahrscheinlich von der Liebe meines Vaters zum Holz herrührt, von seinem großen Wissen über Holzsorten und wie sie zu verarbeiten sind. Als ich siebzehn war, kam ein General der Armee in die Schule und bat mich um ein Gespräch. Das dauerte vom Mittag bis in den späten Abend. Ich unterschrieb einen Kontrakt und wurde in einem Militärfahrzeug der Armee nach Hause gebracht.

Die Armee, so der General, sucht junge Leute, die sich im Kampfsport hervortun. Der General versicherte mir, in den USA niemanden gefunden zu haben, der wie ich nun schon zehn Jahre lang, von der Kindheit bis in die Jugend, sein Talent kontinuierlich unter Beweis gestellt hatte, und das, ohne ein einziges Mal ein Angebot vom Showgeschäft angenommen zu haben. Die Armee braucht in Zukunft immer mehr Soldaten für den Kampf ohne Waffen. Ich widersprach. Militär, sagte ich, bildet Menschen aus, um andere Menschen zu töten. Das war früher so, sagte der General.

Wir arbeiten, fuhr er fort, an einem Militärkonzept für die Zukunft. Wir beide werden den unbewaffneten Kampf in der Armee etablieren und weiterentwickeln, diese neue Art des Kampfes aber auch befreundeten Armeen, solange es solche noch gibt, nahebringen. Sie werden in der ganzen Welt herumkommen. Sie sind jetzt siebzehn. Mit fünfunddreißig, das garantieren wir vertraglich, können Sie die Armee verlassen und auf unsere Kosten ein Studium der Biologie beziehungsweise der Botanik beginnen. Nach dem Studium sind Sie vierzig. Danach tun wir nichts mehr für Sie. Schließlich haben wir auch militärische Aufgaben zu erfüllen.

Ich nahm das Angebot an, hatte David gesagt, und absolvierte den Militärdienst. Danach studierte ich, und nach dem Studium erhielt ich meinem Wunsch gemäß den Job, den jeder Botaniker auf dieser Welt sich wünscht – ich wurde Leiter des Botanischen Gartens von Brooklyn, einer Institution, die, verwoben mit mehreren amerikanischen und ausländischen Universitäten, auch der Forschung offensteht, und zwar in einer besonderen Weise: offen dem Publikum, das neben dem Botanischen Garten auch die Forschungseinrichtungen besuchen kann, offen vor allem auch dem wissenschaftlich interessierten Laien, der, gerade auf dem Gebiet der Botanik, massenhaft existiert, ohne dass sein exorbitantes Wissen, außer in unserer Institution, der Wissenschaft zugutekommt.

Und, hatte Intrator gesagt, ich fand eine Frau, die ich liebte und die mich liebte und aus Liebe zu mir nach Chinatown zog, obwohl sie wie ich in Brooklyn arbeitete – als Lehrerin in einer Volksschule. Wie alle klugen Leute in den USA suchte sie sich für die Freizeit eine Beschäftigung, die nichts mit der gegenwärtigen Gesellschaft zu tun hat, in welche man sich nur alle paar Jahre mit dem Wahlzettel einmischen darf – meine Frau sang jeden Abend in einem Chor, der nie aus mehr als zehn Personen bestand, eine verschworene Gemeinschaft, die sich den alten Tonarten aus dem Mittelalter und der Renaissance, dem Phrygischen und dem Lydischen, hingab.

Unser Glück: die Tage waren ausgefüllt, meine mit Beruf und botanischer Forschung, die meiner Frau mit Beruf und alter Musik. Sie liebte an mir, was sie für Weltfremdheit hielt, meine Ablehnung von Waffen auch im Kampf, meine Neigung, mit Pflanzen als Kreaturen umzugehen, als Lebewesen, die sie ja sind. Ich liebte an ihr die Weltferne, alte Lieder zu singen, die niemand hören will, weil man vor ihrer Schönheit erschrickt.

Doch dann, hatte David Intrator gesagt, begann das Unglück. Es war vor zehn Jahren. Ein Gedanke ging mir durch den Kopf, der so entsetzlich war, dass ich es nicht wagte, ihn auszusprechen. Doch nach Tagen, meine Frau sorgte sich schon um mich, sie behauptete, ich hätte Gleichgewichtsstörungen, ich würde beim Gehen hin und her wanken – nach Tagen also gestand ich ihr, dass ich darunter litt, kein Kind zu haben. Ich erzählte ihr noch einmal, wie ich aufgewachsen war, getragen von meinem Vater, der nicht gewollt hatte, dass ich wie andere Kleinkinder bei ihren Gehversuchen fortwährend hinfallen und mich dabei verletzen könnte. Ich möchte ein Kind, sagte ich zu meiner Frau, das ich ebenso umsorgen kann, wie ich umsorgt worden bin. Ich sagte das in dem Wahn, ich könnte einfach auf eine Frau zugehen und mir von ihr ein Kind wünschen.

Die Antwort meiner Frau – sie habe nie ein Kind gewollt, nun sei sie außerdem zu alt – war zu erwarten und war doch ein Schlag auf meinen Kopf, ein Schicksalsschlag. Um dem

Schicksal zu entrinnen, suchte ich eine andere Frau. Ich musste eine Frau finden, und zwar bald. Über dieser gewaltigen Aufgabe hätte ich den Verstand verlieren können, ich aber wurde nur verrückt. Auf der Suche nach einer anderen Frau fand ich eine Göttin. Wir schliefen einmal in der Woche miteinander. Nach einem Jahr hatte sie hundert Kinder zur Welt gebracht. Sie gab mir zu verstehen, dass ihre Liebe zu mir nachließ, was mir nichts ausmachte. Ich wollte endlich die Kinder sehen, vor allem das *eine* Kind, das ich zu mir nehmen und umsorgen wollte.

Ich wäre schon damals zu Ihnen in die Klinik gekommen, hätte ich nicht eine Möglichkeit gesehen, meiner Krankheit selbst etwas entgegenzusetzen. Der Sinnlosigkeit, mir ein Kind zu wünschen, das ich umsorgen könnte, mit einer anderen Sinnlosigkeit zu begegnen, zum Beispiel, einen Gegenstand zu reinigen, der nicht vorhanden ist.

Drei Wochen später, erinnerte sich Spatz, während er Intrator in einiger Entfernung auf dem Weg über die Brooklyn Bridge folgte, ist David in die Klinik gekommen. Er stand vor mir als einer, der Bedeutsames geleistet und der sich in den Kopf gesetzt hatte, diesen Erfolgsweg fortzusetzen. In der Hand trug er einen Kübel. Darf ich, fragte Intrator, den Kübel in der Klinik abstellen? An meinem Arbeitsplatz, im Botanischen Garten, geht das nicht, zu Hause auch nicht, ich müsste mit Fragen rechnen, die ich nicht beantworten könnte.

Statt Intrator einen Platz anzubieten, stand Spatz auf, sprachlos und gerührt, er schaute zu Boden, um den Eindruck zu erwecken, als denke er nach. In Wirklichkeit sagte er zu sich: Es gibt im Leben eines Psychiaters auch glückliche Momente.

Er bat Intrator, ihm zu folgen, er fand einen Abstellraum, der war voll mit Putzmitteln in Plastikflaschen, der nächste Abstellraum war versperrt, dann aber stießen sie auf einen, der war halbleer. Spatz nahm Intrator den Kübel behutsam aus der Hand und stellte ihn feierlich in den Abstellraum, mit der Zusicherung, dafür zu sorgen, dass der Abstellraum unversperrt blieb.

Während Spatz hinter David her trottete, fiel ihm ein, dass er nach dem Nachtdienst etwas anderes vorgehabt hatte. Er wollte nach Hause fahren, die Zeit bis Mittag in der Boxschule verbringen, und sei es nur, um sich massieren zu lassen, von seiner Freundin, der Masseurin. Er hatte sie dafür gewinnen können, sich auch um seine Wohnung zu kümmern, einmal in der Woche zu staubsaugen, das Bett zu überziehen und die Wäsche zu waschen.

David und Maximilian hatten den Scheitelpunkt der Brooklyn Bridge überschritten, David schwitzend, Maximilian keuchend. Sie kamen zu einer Kreuzung zweier schmaler Straßen hinter dem Broadway. David begann mit der Arbeit. Ein Auto, das nicht existierte, hielt an der Kreuzung, David reinigte eine Windschutzscheibe, die nicht existierte, und so ging das dahin.

Spatz sah, wie Davids Zustand sich von Auto zu Auto verbesserte, wie die Psychose ihre Macht über David verlor. Spatz wandte sich ab und lehnte sich an die Mauer eines Hauses. David hatte ihm zwar erzählt, wie die Selbsttherapie ablief. Spatz konnte aber nicht mehr zuschauen.

David kam aus der Bar, er trug ein trockenes T-Shirt, den Anorak hatte er gewendet, die nasse Seite nach außen, er ging auf die Brücke zu, Maximilian hetzte hinterdrein. Der Fußgängersteg der Brücke spannte sich in einem großen Bogen über das Wasser, und Spatz überlegte schon, die Mission abzubrechen, das Wichtigste hatte er schließlich erkundet. Er hielt es aber immer noch für möglich, dass David auf dem Rückweg von einem Rest der Psychose bedrängt würde, dass die Göttin ihn zu sich rufen und auf die Suche nach dem Kind schicken würde und dass David irgendwo auf einer Straße zusammenbrechen würde. Dann wäre es wichtig, zur Stelle zu sein.

David blieb stehen, deutete mit erhobenen Händen, Maximilian möge sich doch Zeit lassen. Der atmete erleichtert auf, verlangsamte seine Schritte, fragte sich im Weitergehen aber besorgt, wie er vor David rechtfertigen könne, ihm gefolgt zu sein, ihm, wie man auch sagen könnte, nachspioniert zu haben.

Ich danke dir, sagte David. Es ist an mir, antwortete Maximilian, dir zu danken. Du hättest mich wegscheuchen können. Jetzt erst, sagte David, sehe ich, dass du mich, dass du meine Krankheit ernst nimmst. Du übertreibst, entgegnete Maximilian, ich nehme dich nicht ernst. David lachte, und die beiden gingen gemächlich den Fußgängersteg hinauf, dann hinunter und weiter Richtung Klinik.

Stell dir vor, sagte Spatz, ich würde, was ich an der Kreuzung gesehen habe, ernst nehmen, ernst im Sinn einer Therapie, einer erfolgreichen noch dazu – ich würde das als Wissenschaftler ernst nehmen. Ich würde zuerst als verrückt gelten und dann verrückt werden. Mir geht es nicht anders, sagte David. Ich bin froh, eine Therapie gegen meine Psychose gefunden zu haben. Ich will mich nicht daran erinnern, was ich im Zuge dieser Therapie alles anstelle. Ich weiß es, darf aber nicht daran denken.

Du hast einen Akzent, sagte Spatz, es ist, glaube ich, der Akzent eines europäischen Landes. Nein, entgegnete David, meine Sprache ist geprägt von den Jahren in der Armee. Man teilt sich mit, indem man Befehle erteilt. So entsteht eine eigene Armeesprache, die Unkundige wie du für einen Akzent halten. Anders ist es bei dir, du hast einen Akzent.

Ja, antwortete Spatz, mein Großvater war Österreicher. Ich wuchs bei ihm auf. Zwar in New York, aber zweisprachig. Mein Vater, sagte David, war auch Österreicher. Höchste Zeit, meinte Spatz, dass wir in der Klinik angekommen sind.

Wenn Amerikaner zu erzählen beginnen, woher ihre Eltern und Großeltern stammen, ist es am besten, man legt sich schlafen, um nicht vor Langeweile zu sterben. Anstatt das Glück zu genießen, keine Geschichte zu haben, machen sie sich durch das Erzählen endloser Familiengeschichten unglücklich.

David stellte den Kübel in den Abstellraum. Ich habe immer gewusst, sagte er, dass du hinter mir hergehst. Ein Bewegungsmensch wie ich kann Geräusche, die durch Bewegung entstehen, etwa durch Gehen, in einem Umkreis von dreißig Metern wahrnehmen, ohne hinzuschauen. Wenn ich das Geräusch deiner Schritte einmal gehört habe, erkenne ich es wieder. Er hob beide Fäuste. Drück mir die Daumen, sagte er und ging.

Die Konferenz in der Klinik begann um drei Uhr Nachmittag. Nach einer halben Stunde war sie zu Ende, und als Maximilian Spatz den Raum verließ, ohne ein Wort gesagt zu haben, schwindelte ihm vor Glück. Ein Jahr Urlaub! Bezahlt von der Klinik. Ich habe das nicht erwartet, sagte Spatz zu sich, aber ich habe es verdient. Mindestens zehn Jahre habe ich keinen Urlaub genommen. Der Leiter der Klinik nannte einen anderen Grund. Ihre großen Verdienste, Herr Dr. Spatz, hatte er gesagt, bei der Entwicklung neuer Möglichkeiten der Psychoanalyse wie auch der Psychotherapie haben uns zu diesem Schritt bewogen. Spatz hatte diese Worte noch im Ohr. Aber auch Ihre großen Verdienste um unsere Klinik, hatte der Leiter der Klinik gesagt, die Sie durch die Arbeit hier und durch Ihre Publikationen in den USA und darüber hinaus bekanntgemacht haben, bewogen uns – ich sagte es schon.

Was ich aber noch nicht gesagt habe: Sie haben, als Sie hier zu arbeiten begannen, die Supervision neu organisiert. Sie machten uns klar, was es heißt, sich als Arzt mit der Seele und dem Geist – mit den Leiden der Seele und des Geistes zu beschäftigen, nämlich Gefahr zu laufen, sich in diesem weiten und unbekannten Gebiet zu verlieren und nicht mehr zurückzufinden. Deshalb muss die Arbeit jedes Arztes von einem anderen Arzt beobachtet und zum Gegenstand der Analyse gemacht werden. Arbeit, erklärten Sie uns, ist für uns doppelte Arbeit. So klar hat das vor Ihnen niemand gesagt.

Und dann – Spatz lächelte, als er sich erinnerte, wie der Klinikchef das Unglück, über das er sprach, durch Pathos zu bannen suchte –, und dann haben Sie sich von Ihrer eigenen Lehre abgewandt, mit der gleichen Überzeugung, mit der Sie jene Lehre vertreten haben. Zwar rieten Sie anderen nach wie vor zur Supervision, Sie selbst ließen aber davon ab – versuchsweise, wie Sie sagten. Es könnte sein, das war Ihre These, dass die Überwachung der Arbeit des einen Arztes durch einen anderen mehr zum Spitzelwesen als zur Freiheit der Forschung beiträgt. Es könnte sein, dass die große Stagnation der Erforschung der Seele und des Geistes daher rührt, dass die Forscher Angst haben, sich in dem unbekannten Gebiet zu verlieren. Vielleicht ist es erforderlich, sich zu verlieren, um etwas zu erforschen.

Sie haben diesen Weg eingeschlagen, hatte der Leiter der Klinik gesagt, er hat zum Erfolg und zugleich in die Irre geführt. Sie haben sich als Forscher erfolgreich verloren. Als Arzt haben Sie sich ohne die Hilfe begleitender Supervision zugrunde gerichtet. Eine Zeitlang hatten wir den Eindruck, dass Sie sich am Rand des Zusammenbruchs befinden. Seit Wochen sind wir sicher, und zwar die gesamte Kollegenschaft, auch Ihr Assistent Dr. Kim, dass Sie über diesen Rand hinausgefallen sind und sich nur mehr selbst zerstören. Deshalb die Beurlaubung. Sie werden nicht ersetzt, Sie sind unersetzbar. Herr Dr. Kim wird Sie vertreten, und wenn Sie zurückkommen, machen Sie dort weiter, wo Sie heute aufhören.

Sie brauchen eine Pause, die Klinik ebenso. Sie haben sich überfordert, aber auch uns. Wir müssen verarbeiten, was wir von Ihnen gelernt haben.

Maximilian Spatz hatte dem Leiter der Klinik eine solche Rede nicht zugetraut. Selbst wenn ein anderer, wahrscheinlich Kim, sagte Spatz zu sich, die Rede geschrieben haben sollte, er hat sie gehalten. Durchaus möglich, dass ich mich nicht aus eigener Kraft aus dem Arbeitstaumel hätte befreien können. Egal – nun bin ich frei.

Frei. Spatz lachte. Die Tore der Klinik öffnen sich, dachte er, und ich trete hinaus in die Freiheit. Er erinnerte sich, von der Philosophie Auskunft bekommen zu haben, was Freiheit sei: Einsicht in die Notwendigkeit. Es ist notwendig, dachte er, dass ich von New York weggehe. Hier zu sein heißt zu arbeiten, auch wenn ich nicht in die Klinik gehe. Die Leute, die mich brauchen, haben meine private Telefonnummer. Die Leute, die mich nicht brauchen, die Redakteure wissenschaftlicher Zeitschriften, haben sie auch. Einigen habe ich Beiträge versprochen.

Spatz nahm sich vor, auf das Tonband seines Anrufbeantworters die Nachricht zu sprechen, dass er verreist sei und in einem Jahr zurück sein werde. Es geht nicht anders, dachte er. Ich muss von New York weg, ich habe keine andere Wahl. Keine Wahl zu haben, das ist meine Freiheit. Ob das auch eine Einsicht ist, kann ich nicht sagen.

Er rief Frau Ehrenreich an, meldete sich mit Maximilian und wünschte ihr einen guten Tag.

Schön, sagte sie, dass Sie nach Wien kommen. Woher wissen Sie das, fragte er. – Sie würden sonst nicht anrufen. Ich komme übermorgen. Ist das recht?, fragte er. Ich schalte die Heizung ein, antwortete sie, in Wien liegt Schnee. In welchem Trakt wohnen Sie, im linken, wie immer? Ich war lange nicht Wien, sagte er. Seit zwölf Jahren nicht, antwortete die Frau. Diesmal bleibe ich ein Jahr, sagte er. Wie schön, rief sie, da lohnt es sich, dass ich mich neu einkleide. Ich habe mich, meinem Alter entsprechend, etwas gehen lassen.

Ihre Stimme, Frau Ehrenreich, sagte er, ist kräftig und jung. Meine Stimme, antwortete sie, versucht mich darüber hinwegzutäuschen, wie alt ich bin. Ich bin älter als die Stadt. Und Wien ist älter als tausend Jahre. Maximilian, eine gute Reise!

– 6 –

Sie sind hier falsch, sagte der Zollbeamte. Ja, erwiderte Maximilian Spatz: Falsch. Zu lange hatte er nicht Deutsch gelesen und gesprochen. Zwar meinte er, Deutsch so gut zu können wie Amerikanisch, doch nun, da er am Flughafen Wien-Schwechat vor dem Einreiseschalter stand, den amerikanischen Reisepass in der Hand, darauf eingestellt, an dem Beamten vorbeizuspazieren wie die anderen Reisenden, nicht gefasst darauf, angehalten und zurechtgewiesen zu werden, nun hatte er das Empfinden, in der deutschen Sprache nicht mehr zu Hause zu sein.

Sie sprechen Deutsch, sagte der Beamte. Ich bilde mir das jedenfalls ein, antwortete Spatz. Wenn es Ihnen lieber ist, sagte der Beamte – ich kann auch Englisch. Nein, nein, antwortete Spatz, ich möchte wieder ins Deutsche hineinfinden. Ich sehe, sagte der Beamte, dass Sie einen amerikanischen Pass haben. Dieser Schalter, hier steht es geschrieben, ist nur für EU-Bürger und Schweizer. Sie müssen zum übernächsten Schalter. Ich habe es gelesen, antwortete Spatz, ich muss einen Augenblick lang gedacht haben, ich sei Österreicher. Sie sprechen ein sehr schönes Österreichisch, sagte der Beamte. Ich spreche, antwortete Spatz, das Österreichisch meines Großvaters.

Das Mobiltelefon des Beamten läutete, er meldete sich als Schalter drei und versicherte dem Gesprächspartner, sobald es seine Zeit erlaube, zum Schalter eins zu kommen, er habe hier noch ein Problem zu lösen. Bin ich für Sie ein Problem?, fragte Spatz. Der Beamte lachte. Selbstverständlich, sagte er. Jeder Mensch, den ich anhalte, ist ein Problem. Der Kollege, der angerufen hat, ersucht mich um Hilfe, er hat ebenfalls ein Problem. Er macht Dienst beim Ausländerschalter und kommt mit einem Ausländer nicht zurecht. Der Kollege ist jung, also unerfahren, es gehört zu meinen Aufgaben, ihm zu helfen – nach Maßgabe des Möglichen.

Sie sind also, fuhr der Beamte fort, in Wien bei Ihrem Großvater aufgewachsen. Und fügte hinzu: Ich will Sie nicht aufhalten. Es ist Nachmittag, sagte Spatz, ich muss spätestens am frühen Abend in der Stadt sein. Die Dame, die mir die Wohnung übergibt, ist sehr alt, wahrscheinlich will sie früh zu Bett gehen. Sie sind, sagte der Beamte noch einmal, in Wien bei Ihrem Großvater aufgewachsen. Nicht in Wien, antwortete Spatz, sondern in New York. Der Großvater arbeitete dort bei der UNO. Die Eltern hatten wenig Zeit für mich. Der Großvater aber hatte Zeit, vor allem seit er pensioniert war. Langweile ich Sie?

Du lieber Himmel!, sagte der Zollbeamte, ich wäre schon dankbar, wenn die Werbeplakate, die rings um mich hängen und Wien preisen und die ich anschauen muss, ich als Einziger, denn die Fluggäste eilen daran vorbei –, ich würde es als Abwechslung begrüßen, wenn diese Werbeplakate von den Wänden fielen. Wie könnte mich das Gespräch mit Ihnen langweilen? Außerdem: Ich habe, wie Sie sehen, nichts zu tun. Dass jemand wie Sie sich im Schalter irrt, passiert selten. In Ihrem Fall ist das sogar verständlich. Sie haben unbewusst gedacht, dass Sie Österreicher sind.

Spatz lachte. Schön, sagte er, wie Sie das formuliert haben: unbewusst denken. Sind Sie Psychologe?, fragte der Zollbeamte. Ich bin Rechtsanwalt, antwortete Spatz. Und beruflich hier?, fragte der Beamte. Nein, war die Antwort, ich habe die Kanzlei einem Kompagnon anvertraut, für ein Jahr. – Sie haben ein Jahr Urlaub, ein ganzes Jahr? – Ich weiß nicht, ob es ein Urlaub wird. Nichtstun will gelernt sein. – Man muss es sich, warf der Beamte ein, auch leisten können. – Die Anwälte, sagte Spatz, haben in der Krise viel verdient. Geht es wirtschaftlich bergab, werden die Unternehmensleichen juristisch bestattet. Die Anwälte werden dabei so reich, dass sie den nächsten Wirtschaftsaufschwung finanzieren könnten. Ich verbringe stattdessen ein Jahr in Wien. Und sollte ich das Nichtstun nicht ertragen – in Wien gibt es eine befreundete Kanzlei, die mit Geschäften zwischen Österreich und den USA befasst ist.

Darf ich Ihren Pass sehen?, fragte der Beamte. Spatz reichte ihm das Büchlein. Herr Doktor Spatz, sagte der Beamte, Sie sind, anders als ich behauptet habe, bei mir keineswegs falsch. Sie haben kein Visum. Sie müssten nach drei Monaten aus Österreich ausreisen, und Sie dürften in diesem Land ohne Bewilligung nicht arbeiten. Als der Dienstältere bin ich der Vorgesetzte des Kollegen, der für Ausländer zuständig ist. Als sein Vorgesetzter bin auch ich gewissermaßen für Ausländer zuständig. Wenn Sie erlauben, trage ich die nötigen Visa in Ihren Pass ein.

Der Beamte zog sich in seine Koje zurück, schrieb und stempelte, zeigte Spatz, was er in den Pass eingetragen hatte, und erklärte ihm sein Tun: Wir unterliegen einer Unzahl von Vorschriften, zum Ausgleich dürfen wir in Ausnahmefällen eigenmächtig handeln. Was ein Ausnahmefall ist, entscheiden wir. Sie, so lautet meine Entscheidung, sind ein Ausnahmefall. Vielen Dank, sagte Spatz. Keine Ursache, antwortete der Beamte. Dafür, sagte Spatz, und diese Bitte dürfen Sie mir nicht abschlagen, möchte ich mich erkenntlich zeigen, und sei es nur, dass ich Sie zum Essen einlade. Das will gut überlegt sein, antwortete der Beamte. Als Staatsdiener bekommt man wenig Gehalt und ist als Dank dafür nicht korrupt. Diesen Widersinn nennt man Moral.

Das Mobiltelefon des Beamten läutete. Er meldete sich als Schalter drei, seine Miene verfinsterte sich, er sagte in das Telefon: Anhalten! Und Polizei rufen! Ich komme!, und eilte davon.

Spatz spazierte an dem von niemandem beaufsichtigten Schalter eins vorbei, holte sein Gepäck, suchte in der Ankunftshalle ein Hinweisschild auf ein öffentliches Verkehrsmittel, fand keines, sah aber außerhalb der Halle einen Taxistand, setzte sich in einen Wagen und bat den Fahrer, in den ersten Bezirk in die Grünangergasse gebracht zu werden. Der Fahrer tippte den Namen der Gasse in das Navigationsgerät. Grünankergasse, sagte er, gibt es keine. Aber, antwortete Spatz, eine Grün*anger*gasse. Der Fahrer tippte dieses Wort ein. Gibt es, sagte er, ich erinnere mich, es ist Jahre her, dass ich jemanden dorthin gebracht habe. Wer in den ersten Bezirk will, möchte in der Regel in ein Hotel. Ich kenne in der Grünangergasse kein Hotel.

Das Taxi fuhr los. Wissen Sie die Hausnummer?, fragte der Taxifahrer. Nummer sechs, sagte Spatz, das ist kein Hotel, sondern ein altes, zweistöckiges Haus. Mit anderen Worten, antwortete der Taxifahrer, es wird bald abgerissen. Vermutlich, sagte Spatz. Dagegen spricht allerdings, dass es schon längst hätte abgerissen werden sollen, noch zu Lebzeiten meines Großvaters. Er war Mieter einer Wohnung. Seine Haushälterin, die nun in dieser Wohnung lebt, firmierte als seine Lebensgefährtin. Juristisch kompliziert.

Sind Sie Rechtsanwalt?, fragte der Taxifahrer. – Nein. – Aber, fuhr der Fahrer fort, Sie sind Amerikaner. – Das hört man? Oder sieht man? – Beides, sagte der Fahrer. Und Sie sind nach Wien gekommen, um das Haus vor dem Abriss zu bewahren? Ich habe gehofft, antwortete Spatz, hier leben zu können, ohne gleich als Amerikaner erkannt zu werden. Nicht dass ich es verheimlichen will. Aber dass man mir das sogar ansieht, habe ich nicht gedacht.

Und Ihre Lederjacke?, sagte der Fahrer. Die war in den zwanziger Jahren in Amerika modern und wird dort immer noch getragen. In Europa nicht. Woher wissen Sie das?, fragte Spatz. Aus amerikanischen Filmen, war die Antwort. Wer die Filmindustrie beherrscht, beherrscht die Welt. Man will überall so leben wie die Amerikaner im Film. Das war einmal, sagte Spatz. In Wien, sagte daraufhin der Fahrer, ist es zurzeit sehr kalt.

Schnee!, rief Spatz. Das Taxi hatte aus dem Flughafengelände hinausgefunden und die Autobahn erreicht. Was für eine Pracht, sagte Spatz. Der Schnee, antwortete der Fahrer, bleibt ausnahmsweise liegen, es hat minus zehn Grad. Die Straßen sind, wie Sie sehen, geräumt, aber die Autofahrer sind so beeindruckt von dem Schnee neben der Straße, dass sie fahren, als würde er auf der Straße liegen. Sie könnten mit hundert Stundenkilometern dahinsausen, fahren aber nur fünfzig. Und wir gehorsam hinter ihnen drein.

Woher kommen Sie?, fragte Spatz. Aus den Bergen, erwiderte der Fahrer. Ich bleibe auch nicht ewig in Wien, höchstens bis zu meinem Tod. Ich wäre gern zu Ihrem Begräbnis gekommen, sagte Spatz, aber Sie sind noch sehr jung. Sie werden nicht kommen, antwortete der Fahrer, Sie kümmern sich um die Probleme des Hauses und fahren wieder weg.

Es gibt keine Probleme, sagte Spatz. Der Großvater muss gewusst haben, was auf das Haus zukommt, und hat einen Anwalt genommen, der die Sache mit Kenntnis, aber auch mit Leidenschaft betreibt. Bis jetzt hat er jeden Prozess gewonnen. Er sendet mir alle Unterlagen über den jeweiligen Prozessverlauf, ich habe sie mit Anteilnahme, ja mit Begeisterung gelesen, wobei ich mir vorstellte, selbst der Anwalt zu sein und die Schriftsätze zu formulieren. Ich bedauerte dann, nicht Jus studiert zu haben.

Das ist, sagte der Taxifahrer, das Einzige, was für mich nicht in Frage kam. Ich studierte Hoch- und Tiefbau, eine halbwegs neutrale Sache. Neutral?, fragte Spatz. Das Ingenieurswesen, sagte der Fahrer, so hatte ich als Student gedacht, sei nicht politisch. Heute weiß ich: Das stimmt nicht. Alles ist politisch. Aber nicht im selben Ausmaß. Die Justiz ist eine Klassenjustiz. Sind Sie Kommunist?, fragte Spatz. Die übliche Frage, antwortete der Fahrer. Sie missverstehen mich, sagte Spatz, ich meine das nicht abwertend. Wenn jemand von Klassengesellschaft spricht, von Klassenkampf, von Klassenjustiz, ist er Kommunist.

Das war so, antwortete der Fahrer. Die Kommunisten wussten, was wirklich geschah auf der Welt, und hatten Wörter dafür: Klassengesellschaft, Ausbeutung, Unterdrückung. Heute weiß das jeder, nicht durch Lektüre und Aufklärung, sondern aus Erfahrung. Wenn heute jeder weiß, wandte Spatz ein, dass er ausgebeutet wird, ist jeder ein Kommunist. So ist es, sagte der Fahrer, die meisten Leute sind Kommunisten, aber sie wissen es nicht, denn sie haben keine kommunistische Partei, keine Gruppe von Berufsrevolutionären. Warum ist das so?, fragte Spatz. Das ist eben so, war die Antwort.

Und warum, fragte Spatz, sind Sie nicht Ingenieur geworden? Ich war zu arm und zu dumm, antwortete der Fahrer. Die Mutter Putzfrau, der Vater Arbeiter in einem Salzbergwerk. Sie hätten gehungert, damit ich studieren kann. Das wollte ich nicht. So arbeitete ich neben dem Studium, kam mit dem Studium nicht weiter, wurde Taxifahrer und hatte das Glück, für jemanden zu fahren, der mir, als er in Pension ging, seine Lizenz schenkte. Und so bin ich Taxiunternehmer und mein einziger Angestellter.

Könnten Sie die Heizung einschalten?, fragte Spatz. Die ist kaputt, antwortete der Fahrer. Für einen Amerikaner, fuhr er fort, sprechen Sie gut Deutsch. Ich habe zwei Jahre in Wien studiert. Was haben Sie studiert?, fragte der Taxifahrer. – Bildhauerei. – Ich wusste nicht, sagte der Taxifahrer, dass man das studieren kann. Ich wusste es auch nicht, erwiderte Spatz. Ich hatte in New York an einer Kunstschule Fotografie gelernt. Künstlerische Fotografie hieß das Fach. Das war eine falsche Entscheidung. Kunst und Fotografie haben nichts miteinander zu tun, auch wenn es mittlerweile schon Hunderttausende Bücher gibt, in denen das Gegenteil behauptet wird. Malerei interessierte mich nicht, warum, weiß ich nicht. Aber Bildhauerei. Die Darstellung der Wirklichkeit als Skulptur.

Also ging ich nach Wien, auf gut Glück. Handwerklich lernte ich einiges, künstlerisch nichts. Ich kam als guter Bildhauer zurück, bekam eine Professur, habe mehr Studenten als alle meine Performance-Kollegen zusammen, ich bin also an der Kunstuniversität ein Geschäftsfaktor, weshalb mir sogar eine Freistellung für ein Jahr gewährt wurde, und das verbringe ich in Wien.

Wir sind in der Grünangergasse, sagte der Taxifahrer. Ich würde das Gespräch mit Ihnen gern fortsetzen, erwiderte Spatz. Brauchen Sie eine Rechnung?, fragte der Fahrer, hob das Gepäck aus dem Kofferraum, stellte es auf den Gehsteig, sagte Auf Wiedersehn und fuhr weiter. Spatz ärgerte sich, dass er sich angebiedert hatte und abgeblitzt war.

Er drückte auf den Klingelknopf, ging ins Haus, oben im ersten Stock stand Frau Ehrenreich in einem langen grünen Rock und einer roten Bluse. Spatz umarmte sie. Sie sind jünger geworden, sagte er. In meinem Alter, antwortete sie, stirbt man, oder man wird jünger. Spatz schätzte, dass sie weit über neunzig war. Sie gingen in die Wohnung. Es ist angenehm warm hier, sagte er, im Taxi war die Heizung kaputt. Kann man auch sagen, fragte er: *wohlig* warm? Ich würde das vorziehen, antwortete die Frau. *Angenehm* ist nichtssagend.

Ich habe, fuhr Frau Ehrenreich fort, das ganze Stockwerk geheizt. Endlich ist es hier wieder wohnlich. Und sie geleitete Spatz in seine Wohnung, in den sogenannten linken Trakt. Maximilians Großvater, dem es gelungen war, nach und nach das ganze erste Stockwerk zu mieten, das aus drei Wohnungen bestand, hatte durch einen kleinen Umbau erreicht, dass die drei Wohnungen einen gemeinsamen Eingang hatten.

Die Bewohner waren eine Gemeinschaft gewesen, Maximilians Großvater, dessen Freundin und Frau Ehrenreich, die Haushälterin, welche das mittlere, etwas kleinere Apartment bewohnte, Großvaters Freundin hatte den rechten Trakt bewohnt. Womit beginnen wir, sagte Frau Ehrenreich, mit Kaffee und Grappa? Womit sonst?, antwortete Spatz.

Er setzte sich an den offenen Kamin, sie legte ein Holzscheit auf die Glut, stellte Kaffee und Schnaps auf den Tisch, prostete ihm zu, ehe sie den Grappa in den Kaffee goss, und da er nicht reagierte, sondern ein gerahmtes Plakat an der Wand betrachtete, erklärte sie ihm, dass sein Vater vergangenen Herbst in Wien gewesen war und hier gewohnt hatte.

Der Anlass, sagte sie, war ein Konzert des Belcea-Quartetts, in dem ein Werk von Michelangelo Spatz gespielt wurde, wie Sie auf dem Plakat lesen können, das *Quartett Nummer acht in c-moll*. Meine Nichte – sie hatte mit mir Ihren Vater in das Konzert begleitet – ließ das Plakat rahmen und hängte es in dieses Zimmer.

Ich kenne das *Quartett Nummer acht* nicht, sagte Spatz. Es ist ein wunderbares Werk, erwiderte Frau Ehrenreich. Lesen Sie weiter: Es folgte die *Lyrische Suite* von Alban Berg, nach der Pause kam ein Mozart-Quartett, man hat ein schwaches Werk gewählt, wahrscheinlich, damit gegen das übergroße Genie die Musik der Moderne, schon gar die zeitgenössische, leichter bestehen kann. Das wäre nicht nötig gewesen. Wir wissen, dass für Ihren Vater Alban Berg der Meister ist, dem er nacheifert, ohne ihn zu imitieren. In seinem achten Quartett ist ihm das unübertrefflich gelungen. Das Feuer von Berg, dem Beginn der Moderne, wo man noch auf eine bessere Welt gehofft hatte, ehe der Faschismus zuschlug, lodert fort in dem Quartett Ihres Vaters, heiß, unbändig. Es wird nicht vom Wasser der Wirklichkeit gelöscht und damit vernichtet, es lodert auch nicht auf, aber es lodert fort.

Ich habe Sie, sagte Spatz, noch nie so sprechen gehört. Ihr Vater war drei Wochen hier, antwortete sie, und hat jeden Tag die Proben des Quartetts besucht. Ich habe gehofft, dass hin und wieder am Abend Gäste kommen, ich kannte Michelangelo als einen geselligen Menschen, der gern kochte und seine Gäste bewirtete, ich freute mich darauf, mit ihm in der Küche zu stehen und Fisch zuzubereiten mit Ingwer, Knoblauch, Apfel- und Birnenspalten, wie wir das früher getan hatten. Aber er hatte keine Freunde mehr. Mit seinen ehemaligen Wiener Lehrern hatte er gebrochen, auch mit seinen österreichischen Kollegen, sie seien, sagte er zu mir, nicht nur zu billigen Kompromissen in ihrer Arbeit bereit gewesen, sie hätten kapituliert. Sie seien hinuntergekrochen auf das niedrigste Niveau der Musik des 20. Jahrhunderts, zu Richard Strauss.

Und so saß Ihr Vater, fuhr Frau Ehrenreich fort, an vielen Abenden allein vor dem Kamin, nachdem wir beide, manchmal auch mit meiner Nichte, gekocht hatten, nicht selten setzten wir uns zu ihm, wir tranken Wein, und er las uns vor. Sie haben gesagt, Sie hätten mich noch nie so sprechen gehört. Ich rede anders, seit Ihr Vater uns damals einen Text vorgelesen hat. Er handelte vom Alterswerk Beethovens und Schuberts, er stammte von Adorno, dessen Name selbstverständlich oft fiel, wenn von Neuer Musik geredet wurde. Dieser Text war vom jungen Adorno. Es ging darin um Vulkanausbrüche, sogar um kosmische Erschütterungen. Ihr Großvater spielte in diesem Zimmer, auf dem Klavier dort, späte Sonaten von Schubert und Beethoven, nun wurde mir darüber vorgelesen, und ich wusste sogleich, wovon die Rede war und dass man nur in maßlosen Bildern von dieser maßlosen Musik sprechen konnte.

Es duftet nach Rosmarin, sagte Maximilian Spatz, wenn

ich mir diese Bemerkung erlauben darf. Anna bereitet ein Essen für uns zu, antwortete Frau Ehrenreich, zu Ihrer Begrüßung, Lamm und Kartoffeln, wie immer, wahrscheinlich kann sie nichts anderes, das Beste daran ist der Rosmarinduft.

Darf ich fragen, sagte Spatz, wer Anna ist? Anna, war die Antwort, ist eine weitschichtige Verwandte. Über wie viele Schichten wir verbunden oder getrennt sind, weiß ich nicht. Verwandtschaftsverhältnisse interessieren mich so wenig, dass ich sie, sooft man mich darüber auch unterrichtet, auf der Stelle vergesse. Ich hatte einen Bruder, der längst gestorben ist, der hatte einen Sohn, welcher eine Tochter hatte, die heiratete einen Mann namens Berg, und aus dieser Ehe – wie sagt man? – entsprang? Warum nicht, erwiderte Spatz. Aus dieser Ehe, sagte sie, ent--stammt Anna Berg. Sie hat an einer Modeschule studiert, nebenbei gearbeitet, sie hat Kleidung für emanzipierte Menschen entworfen, sie ist gescheitert – und arbeitet nun als Verkäuferin in einem Großkaufhaus. Aber heute arbeitet sie nicht, sagte Spatz. Sie ist krank, erwiderte Frau Ehrenreich. Am Morgen hatte sie das Gefühl, gelähmt zu sein, sie schleppte sich zum Hausarzt, der überwies sie zu einem Psychiater, der ihr Medikamente verordnete, eine Woche Krankenstand und viel Ruhe. Danach fuhr sie zu mir, und wir entschieden, für Sie ein Essen zu geben.

Anna kam ins Zimmer, sie lenkte einen Servierwagen, schritt aus, als wäre sie ein Gardesoldat, steif und abgezirkelt, und hüpfte dabei, um ihren Auftritt komisch wirken zu lassen, wobei ihr Haar, gerade geschnitten oberhalb der Schultern und der Augen, sich hob und wieder herabfiel, was Spatz als derart anmutig empfand, dass er am liebsten auf die junge Frau zugelaufen wäre und sie umarmt hätte.

Sie drehte sich den beiden zu und verbeugte sich. Frau Ehrenreich rief: Bravo! Mein Deutsch ist eingerostet, sagte er, ich finde keine passenden – Sie fiel ihm ins Wort: Darf ich die Herrschaften zu Tisch bitten? Anna gab Spatz die Hand und nannte ihren Namen. Er verbeugte sich stumm. Die drei nahmen an dem Tisch Platz, einer runden Marmorplatte auf einem quadratischen Holzgestell, schön gedeckt mit Stoffservietten und Rotweingläsern, Anna schaufelte aus den beiden Pfannen, die auf dem Servierwagen standen, Erdäpfel und Lamm auf die Teller, und zu Spatz sagte sie: Das ist meine Lieblingsspeise, auch wenn das Lamm, wie ich es zubereite, ungenießbar ist – wie Tante Ehrenreich behauptet.

Er kostete ein Stück Lammkotelett, kaute eine Zeitlang darauf herum und legte es auf den Teller zurück. Die Bratkartoffeln, sagte Spatz, schmecken hervorragend, eine gute Idee, sie mit Rosmarin zuzubereiten. Dankbar lächelte Anna ihm zu. Spatz wich ihrem Blick aus. Er war von ihrer Freundlichkeit überwältigt. Die Freundlichkeit, dachte er, macht die Schönheit dieser Frau aus. Diese Freundlichkeit kommt nicht von innen, sie ist körperlich. Ein runder Kopf, ein breites Gesicht, einer Sonne gleich, schmale Augen, die einen verschmitzt mustern, mit freundlichem, mildem Spott, der einen nicht herabsetzt, aber auf Distanz hält.

Das Geheimnis dieser Freundlichkeit, dachte Spatz, ist Annas Mund. Breit in einem breiten Gesicht. Dieser Mund lächelt, ohne dass Anna lächeln muss. Ein Geschenk der Natur. Ihr Vater, sagte Anna und wandte sich an Spatz, ist der lustigste Mensch, den ich kenne. Mein Vater lustig?, erwiderte Spatz. Als er zuletzt in Wien war und hier wohnte, sagte Anna, hat er mich öfter eingeladen als früher, wir haben dann zu dritt gegessen, Tante Ehrenreich, Ihr Vater und ich. Gekocht haben wir zu zweit. Ihr Vater ist ein hervorragender Koch. Ist mir ebenfalls neu, erwiderte Spatz. Er hat, sagte Anna, wie viele Menschen mehrere Begabungen. Danke, antwortete Spatz, ich werde mir das merken.

Anna errötete. Ich habe zugeschaut, sagte sie, und nur Hilfsdienste geleistet. Beim Zuschauen lernt man nichts, jedenfalls nicht von Ihrem Vater. Denn er hat während des Kochens sich und mich unterhalten. Er besaß ein Aufnahmegerät, mit dem er die Proben des Quartetts aufzeichnete. Aber auch Radiosendungen, mit Vorliebe Berichte des Kultursenders Österreich 1.

An einem Abend, fuhr Anna Berg fort, war ich von Ihrem Vater eingeladen worden, mit ihm eine Muschelsuppe zuzubereiten, es hat drei Stunden gedauert, bis sie fertig war, bis das Gemüse in winzige Stücke geschnitten, die Muscheln gewaschen, die Flaschen mit Martini, Pernod und weiß der Teufel was sonst alles bereitgestellt waren. Gern hätte ich diese Suppe heute nachgekocht, aber ich kann mich nur an Bruchstücke dessen erinnern, was Ihr Vater hinzauberte, ohne sich dabei konzentrieren zu müssen, ja gerade an jenem Abend spielte er mir auf seinem Aufnahmegerät eine Sendung vor, die er oft stoppte und kommentierte.

Hören Sie das, hat Ihr Vater zu mir gesagt, wie er lacht, dieses Arschloch. Das ist ein Interview im Radio zu seinem achtzigsten Geburtstag. Ich habe ihn kennengelernt, als ich vor fünfzig Jahren in Wien studierte, er hat mit einem Zweiten ein Ensemble für Neue Musik gegründet, um nach dem Krieg die von den Nazis ausgelöschte Musik von Schönberg, Webern und Berg aufzuführen.

Ich spiele Ihnen nochmals vor, hat Ihr Vater gesagt, wie dieser Mann lacht. Hören Sie: Es ist ein dreckiges, sattes, schmieriges Lachen. Völlig unvermittelt bricht während des Interviews dieses Lachen aus dem Mann heraus. Er erzählt, dass er sich von der Neuen Musik abgewandt hat. Und lacht. Womit er sagen will: Wie konnte ich nur so verblendet sein, solche Musik zu spielen und zu komponieren? Fand sie doch keinen Zuspruch, weder nach 1900 noch in der Ersten Republik. Dann das Verbot durch die Nazis, an das man sich auch in der Zweiten Republik hielt.

Also, berichtet unser Mann, wende ich mich von der Atonalität und Zwölftontechnik ab und der tonalen Musik zu. Die Musiker sind erleichtert und das Publikum ist erfreut. Was für eine Lüge, hat Ihr Vater gesagt, so laut, dass ich erschrak. Entschuldigen Sie, hat er gesagt, dass ich so herumbrülle. Aber was dieser Mann sagt, ist keine gewöhnliche, es ist eine exemplarische Lüge. Er hat nur schlechte Musik komponiert, und das versucht er zu kaschieren. Er hat die Zwölftontechnik als bloße Technik missbraucht, seine Musik klang wie schlechter Schönberg. Dann hat er die Tonalität missbraucht, seine Musik klang wie Richard Strauss. Die Lüge besteht darin, Atonalität gegen Tonalität auszuspielen. Auch nach Schönberg wurde und wird tonal komponiert, wobei großartige Werke der Moderne entstehen.

Eines noch, hat Ihr Vater gesagt: Unser Arschloch ist kein Einzelfall, im Gegenteil, sein Verrat an der Moderne machte Schule. Die anderen, in Wien, in Österreich und darüber hinaus, begehen den Verrat heimlich, das Arschloch hängt ihn an die große Glocke. Ihnen gemeinsam ist der Verweis aufs Altbekannte. Man kopiert nicht das Alte, man zitiert es. Man zitiert den Walzer, den Jazz, die ungarische Folklore, die alpenländische Volksmusik, man quält sich von Zitat zu Zitat. Musik ist nicht mehr Klang, sondern Anklang.

Ich beneide Sie um diese Gespräche mit meinem Vater, sagte Spatz. Anna stand auf, abrupt, sie hatte einen Hang zum Theatralischen, und schaufelte aus der noch warmen Pfanne Bratkartoffeln auf den Teller von Maximilian, der, während er die Kartoffeln genoss, dachte: Diese junge Frau hat ein unbeschwertes Gemüt. Ich gäbe alles, um ihre Zuneigung zu gewinnen. Alles? Würde ich mich auf das Fensterbrett stellen und rufen: Erhören Sie mich, oder ich stürze mich in die Tiefe? Sie würde antworten: In die Tiefe? Wir sind hier im ersten Stock. Sie würden mit einem gebrochenen Bein auf dem Gehsteig liegen, ich würde die Rettung rufen und Sie zum Teufel wünschen.

Spatz machte Frau Ehrenreich darauf aufmerksam, dass man zu dritt eine Flasche Wein getrunken hatte, einen Blauen Portugieser, den leichten, roten Tischwein, den Maximilians Großvater von einem Weinbauern aus dem Weinviertel bezogen hatte und der immer noch zum Essen getrunken wurde. Eine Flasche zu dritt, wiederholte er, da bleibt für einen so wenig, dass ich gern noch eine Flasche öffnen würde.

Anna ging Richtung Küche, Spatz rief sie zurück und bat Frau Ehrenreich, einen anderen Wein zu bringen, einen kräftigeren, einen Blauburgunder oder einen Sankt Laurent. Diese zwei Sorten, sagte er, lagerten früher ebenfalls im Haus, Frau Berg weiß vielleicht nicht, wo. So ist es, sagte Frau Ehrenreich und erhob sich. Aus der Küche rief sie: Anna, hilf mir. Also folgte Anna ihr, zum Verdruss von Spatz, der gern einen Augenblick mit ihr allein gewesen wäre.

Zwei Flaschen Blauburgunder standen auf dem Tisch, Spatz fühlte sich nach jedem Glas wohler, Anna hatte für jeden von ihnen Kaffee gebracht, und er war nach einer großen Tasse Mocca so wach, dass er fragte, ob er rauchen dürfe. Maximilian, antwortete Frau Ehrenreich, Sie befinden sich in *Ihrer* Wohnung. Der starke Kaffee hatte auch sie belebt, und sie machte keine Anstalten, zu Bett zu gehen, was Spatz im Augenblick nicht störte, er wollte, ehe der Abend zu Ende ging, den beiden Frauen mitteilen, was ihm auf der Seele lag.

Er legte ein Holzscheit auf das klein gewordene Feuer und zündete sich einen Zigarillo an. Wie kommt das, sagte er: Im Wiener Flughafen verwickelt ein Zollbeamter mich in ein Gespräch, er sieht in meinem Pass, dass ich einen Doktortitel habe, ich sage, ich sei Rechtsanwalt; ich bliebe ein Jahr, vornehmlich zur Erholung, ich hätte aber auch vor, mich beruflich umzutun. Woraufhin der Beamte mir ein Visum in den Pass stempelt, das mir erlaubt, ein Jahr lang in Österreich zu bleiben und zu arbeiten. Überwältigt von diesem Zuvorkommen, will ich mit dem Mann in Verbindung bleiben und ihn zum Essen einladen. Doch er macht sich unter einem Vorwand davon.

Anna zeigte sich entzückt. Solche Märchen, sagte sie, habe ich mir als Kind ausgedacht. Spatz schaute zu Frau Ehrenreich, die nickte sehr langsam und sagte, nach einem kurzen Blick auf Anna: So war sie immer. Wie lange, fragte Spatz, kennen Sie Frau Berg? Sie ist dreißig, war die Antwort, also ihr halbes Leben. Herr Doktor, sagte Anna, wie ging es mit Ihrem Zollbeamten weiter? Ich bin Professor, antwortete Spatz. Frau Ehrenreich: Seit wann? Seit heute, sagte Spatz. Mir war klar, dass der Zollbeamte für mich verloren war. Ich stieg in ein Taxi und kam mit dem Fahrer ins Gespräch. Der sagte mir auf den Kopf zu, ich sei Rechtsanwalt. Nein, habe ich geantwortet, Bildhauer.

Das sind Sie ja auch, erwiderte Frau Ehrenreich, Sie haben in Wien Bildhauerei studiert. Ich habe zu dem Taxifahrer gesagt, fuhr Spatz fort, ich sei Professor für Bildhauerei an einer Kunsthochschule in New York. Ich hätte ihm gern meine Telefonnummer gegeben, damit wir unser Gespräch in einem Kaffeehaus fortsetzen können. Doch er fuhr grußlos davon. Das war in Wien früher anders. Der Wiener wirkte ausgeglichen und gesellig, weil er allein, aber nicht einsam war. Das scheint sich geändert zu haben.

Frau Ehrenreich und Anna schauten einander hilfesuchend an. Wahrscheinlich haben Sie recht, sagte Frau Ehrenreich. Ich kann nicht mitreden, meinte Anna. Heutzutage telefoniert jeder mit jedem, aber man trifft einander nicht. Doch man ist darüber nicht froh. Man lebt in ständiger Furcht, man könnte einander treffen. Man wäre gewiss mit einem Hilfesuchenden konfrontiert und ist doch selbst jemand, der Hilfe sucht, der Arbeit sucht, eine Wohnung sucht. Wenn der Zollbeamte Ihnen einen Dienst erwiesen hat, will er Sie nicht privat treffen, aus Angst, Sie würden ihn um einen weiteren Dienst bitten. Wenn der Taxifahrer für Sie ein interessanter Gesprächspartner war, will er Sie nicht in seiner Freizeit treffen, aus Furcht, noch einmal interessant sein zu müssen, wozu er aber nicht imstande wäre. Jeder hofft, es möge ihm in Zukunft nicht schlechter gehen, als es ihm heute geht. Ich sage in meinen Vorträgen den Zuhörern auf den Kopf zu, dass sie vermutlich auch bereits zu denen gehören, die hoffen, *keine* Zukunft zu haben. Denn die droht mit dem Schlimmsten, dem Verlust der Arbeit, der Beziehung, der Wohnung, der Existenz.

Sie halten Vorträge?, fragte Spatz. Ich bin Betriebsrätin in einem Großkaufhaus, wo ich als Verkäuferin arbeite, antwortete Anna. Ich habe nicht für eine Partei, sondern auf einer Namensliste kandidiert, und, zum Zorn der Geschäftsführung, mit Erfolg. Von den zirka zweihundert Beschäftigten hat ein Drittel mich gewählt. Das war im Herbst vorigen Jahres. Bis heute haben mir fünf Kolleginnen hinter vorgehaltener Hand gesagt, dass sie zu mir stehen. Die Wahl ist geheim. Sich aber zu mir, zu meinen Forderungen gegenüber der Geschäftsführung zu bekennen, ist riskant.

Sind, fragte Spatz, Ihre Forderungen derart revolutionär? Ja, sagte Anna. Ich fordere die Einhaltung der Gesetze. Das ist heutzutage revolutionär. Traurig, ich weiß. Aber zumindest fünf Frauen, erwiderte Spatz, stehen zu Ihnen. Nein, sagte Anna, wir treffen uns einmal im Monat heimlich in einem Café und reden über die Probleme in der Firma. Manchmal hole ich aus und rede ein paar Minuten. Das nenne ich dann Vortrag.

Sie sind zusammen sechs Personen, sagte Spatz, das ist nicht wenig. Ich sehe das auch so, erwiderte Anna. Wenn ich meinem Freund erzähle, dass die Massen der Angestellten mir zuströmen, tue ich so, als meinte ich das ironisch. Zu einem Teil aber meine ich es ernst.

Sie haben einen Freund?, fragte Spatz. Anna erhob ihre Stimme. Stellen Sie sich vor, sagte sie, ich bin erst dreißig und habe schon einen Freund. Entschuldigen Sie, antwortete er. Wir wollten doch darüber reden, sagte sie, dass Sie in Wien ankommen und jedem, der Ihnen begegnet, etwas anderes über sich erzählen. Dass Sie Anwalt sind, dass Sie Bildhauer sind. Ich schließe daraus, dass Sie gern jemand anderer wären, als Sie sind.

Diesem Schluss, sagte Frau Ehrenreich, schließe ich mich an. Ich wäre gern jemand, der nicht mehr hier sitzt, sondern bereits im Bett liegt. Sie schenkte sich noch einen Grappa ein, erhob das Glas auf die beiden, stand auf und sagte: Ich wünsche den Herrschaften eine gute Nacht. Die beiden riefen ihr nach, sie möge gut schlafen.

Sie haben, sagte Anna, an diesem ersten Tag in Wien keine guten Erfahrungen gemacht. Nicht mit mir, fuhr Spatz dazwischen. Ich frage mich, warum ich ohne erkennbaren Grund als Beruf einmal Rechtsanwalt, einmal Professor für Bildhauerei angegeben habe. Weil Sie, sagte Anna, ein Jahr bezahlten Urlaub von Ihrer Klinik bekommen haben. Sie arbeiten nicht, und das heißt, Sie tragen keine Verantwortung, Sie experimentieren mit sich.

Das ist ein schöner Gedanke, antwortete Spatz, ich werde aber das Gefühl nicht los, dass ich, der deutschen Sprache entwöhnt, nicht geistesgegenwärtig genug bin. Ich suche den passenden Augenblick, um Ihnen zu sagen, dass Sie in meiner Wohnung übernachten können, und finde ihn nicht. Und haben ihn doch eben gefunden, erwiderte Anna. Möglich, dass Sie nicht geistesgegenwärtig sind, aber Ihre Wünsche auszusprechen, dazu reichen Ihre Deutschkenntnisse durchaus.

Sie haben zum Teil recht, sagte Spatz. Es handelt sich ja nur um einen einzigen Wunsch. Der ist allerdings nicht leicht zu formulieren. Versuchen Sie es dennoch, erwiderte Anna. Gut, sagte Spatz: Sollten Sie wie ich den Wunsch haben, dass wir miteinander schlafen, sollten wir das auch tun.

Dann brauchen wir später nicht zu bereuen, es nicht getan zu haben.

Da Anna auch dieser Ansicht war, erfüllten sie sich den Wunsch. Spatz erwachte am Morgen um neun Uhr, Anna schlief bis Mittag. Er hatte Zeit genug, um außer Haus zu gehen, damit er sie, als sie erwachte, mit einem Strauß Rosen begrüßen konnte.

– 7 –

Maximilian Spatz hatte in einer Blumenhandlung hundert Rosen und im übernächsten Geschäft eine große Vase gekauft. Anna schlang den linken Arm um die Vase, mit der Rechten goss sie Kaffee in eine Tasse und legte dann Schinken aufs Brot. Spatz hatte für das Frühstück nicht nur Rosen, sondern auch Brot und Schinken gekauft. Ab fünfzig, hatte er gedacht, darf man außer an die Liebe auch ans Essen denken.

Er hätte gern Frau Ehrenreich zu dem späten Frühstück eingeladen, doch die war bereits außer Haus. Tante Ehrenreich, sagte Anna, verbringt die meiste Zeit dort, wo Flüchtlinge untergebracht sind, wo sie Asylanträge stellen und viele Jahre auf einen Entscheid warten. Was macht sie dort?, fragte Spatz. Sie hilft, antwortete Anna. Tante Ehrenreich hat zu mir gesagt: Ich bin sehr alt. Die Welt, wie sie vor mir liegt, ist jung. Ich versuche in aller Eile, sie kennenzulernen, ehe ich mich von ihr verabschiede. Diese junge, neue Welt ist in vielem ähnlich der alten. In vielem anders: Sie glitzert. Die Anzahl der Menschen, denen diese neue Welt gehört, wird immer kleiner. Und immer mehr besitzen immer weniger. Ich bemitleide sie nicht. Kraft ihrer Zahl hätten sie die Möglichkeit, die Macht der Wenigen zu brechen, aber sie tun es nicht. Sie behaupten, die Wenigen hätten zu ihrem Schutz einen gewaltigen Militär- und Polizeiapparat aufgebaut.

Lächerlich, hat Tante Ehrenreich gesagt. Das war immer so. Aber heute glitzert es auch noch überall. Die Zentren, wo die Wenigen leben, sind Tag und Nacht beleuchtet, die Fassaden angestrahlt, die Geschäfte und Büros lichtüberflutet, und eine Kuppel von Licht ruht nächtens über den Städten. Die Helligkeit lässt an den Rändern nach, und außerhalb der Lichtkuppel ist es finster. Dort stehen der Mond und die Sterne, damit die Hungerleider nicht ganz ohne Licht auskommen müssen.

Tante Ehrenreich, erzählte Anna Berg, lernt die gegenwärtige Welt kennen durch die Flüchtlinge. Aus welchen Ländern kommen sie?, fragt sie. Und warum? Weil Hungersnot herrscht? Weil ein Krieg tobt? Das aber, sagt Tante Ehrenreich, ist Nebensache. Hauptsache ist, dass der Flüchtling nicht das Recht hat, in dem westlichen Staat, in den er kommt, heimisch zu werden. Und dass er nicht heimisch wird, macht man ihm zum Vorwurf. Diese bürgerlichen Staaten, entstanden durch Befreiung vom Feudalismus und von dessen Folter, etablieren sich als moderne Folterkammern.

Unter den Leuten, hat Tante Ehrenreich gesagt, die dem Flüchtling das Existenzrecht absprechen, tun sich vor allem diejenigen hervor, die im eigenen Land unterdrückt und ausgebeutet werden. Die Ärmsten, die Ausländer, werden von den armen Inländern bekämpft. Sie könnten sich zusammentun. Solidarität statt Hass. Die Entscheidung ist offen. Behält der Hass die Oberhand, hat sie gesagt, fahren wieder die Faschisten die Ernte ein. Ich würde das zum dritten Mal erleben, nach dem Austrofaschismus und dem Nationalsozialismus nun, am Beginn des 21. Jahrhunderts, noch einmal. Ich will es aber nicht mehr erleben. Ich möchte den blödsinnigen Gang der Geschichte anhalten, und sei es nur für einen Tag.

Anna Berg wirkte nach der langen Rede erschöpft. Frau Ehrenreich, sagte Spatz, scheint eine große Bedeutung für dich zu haben. Nein, erwiderte Anna, ich wäre froh, wenn ich ohne sie auskommen könnte. Willst du noch Kaffee?, fragte er. Warum, fragte sie zurück, sagt man in Österreich: Willst du noch *einen* Kaffee? Mein Großvater, sagte Spatz, musste immer wieder meine Lieblingsspeise kochen: Spaghetti mit Paradeissauce und Parmesan. Ich liebte Parmesan und sagte: Kann ich noch einen Käse haben? Großvater fragte: Einen oder zwei? Ich müsste dich also fragen: Willst du einen Kaffee oder zwei? Weder noch, sagte Anna, es ist Zeit für einen Campari. Und für mich, erwiderte Spatz, ist Sherry-Time.

Während sie tranken, merkte Spatz, wie ihm für einen Moment die Augen zufielen. Nun erst machte ihm die Zeitverschiebung zwischen New York und Wien zu schaffen. Es wird Zeit, dachte er, dass ich in der österreichischen Realität ankomme. Und er fragte sich, ob er in den nächsten Tagen Frau Ehrenreich auf ihren Wegen zu den Flüchtlingen begleiten solle. Und fragte Anna, ob sie das für eine gute Idee halte.

Kann ich nicht sagen, war die Antwort. Ich war in letzter Zeit zu sehr mit meinen Angelegenheiten beschäftigt. Es ist auch nicht so, dass Tante Ehrenreich jeden Tag Flüchtlinge aufsucht. Sie hat, behauptet sie jedenfalls, tausend andere Dinge zu tun. Wenn sie zu Flüchtlingen geht, hilft sie materiell, mit Geld, mit Lebensmitteln, entweder direkt oder über Organisationen. Das Wichtigste aber, sagt sie, sind für sie die beiden Transparente, die sie mit einem Freund und einer Freundin angefertigt hat.

Ich habe es selbst gesehen: Tante Ehrenreich sitzt auf einem Klappsessel und hält die Transparente in die Höhe, jedes abgefasst in zehn Sprachen. Auf einem steht: Ich bitte um Verzeihung für alles, was Ihnen in Europa angetan wird. Auf dem zweiten Transparent ist zu lesen: Die Arbeiterinnen und Arbeiter von Wien heißen Sie willkommen. Was, fragte Spatz, will Frau Ehrenreich damit sagen? Diese Frage, erwiderte Anna, hört sie gern. Und sie beantwortet sie sofort. Die Arbeiterinnen und Arbeiter hier, sagt sie, sind der letzte Dreck. Die Flüchtlinge von dort sind der allerletzte Dreck. Arbeiter und Flüchtlinge müssen zusammenhalten. Sonst flüchten die Arbeiter zu den Faschisten, und die Faschisten erschlagen die Flüchtlinge.

Versteht das jemand?, fragte Spatz. Es scheint so zu ein, antwortete Anna. Von meinem Arbeitsplatz in der Mariahilfer Straße bis zum Bahnhof, wo Tante Ehrenreich gern hingeht, ist es nicht weit, ich laufe in der Mittagspause dorthin, ja, ich laufe, um mich zu bewegen, denn als Verkäuferin in einem Großkaufhaus steht man die meiste Zeit blöd herum und redet mit Kunden, denen man, weil man schlecht bezahlt wird, falsche Auskünfte gibt.

Sie streichelte Spatz' Unterarm und sagte: Du hast schöne Hände. In ein paar Tagen, antwortete er, werde ich die Kraft haben, dir zu sagen, wie schön du bist. Dazu brauchst du Kraft?, fragte sie. Ich weiß es nicht, erwiderte er, vielleicht Kraft, vielleicht aber Mut, oder Unbefangenheit. Ich kann den Zustand nicht benennen, den ich herbeiwünsche. Jedenfalls werde ich Frau Ehrenreich begleiten.

Sie hält am Bahnhof Vorträge, sagte Anna. Ich verkörpere, hat sie gesagt, das Rote Wien. Die Zeit von 1918 bis 1933. Das Rote Wien hat die Wohnverhältnisse so sehr verbessert, wie das nirgendwo sonst auf der Welt gelungen ist. Das genügt nicht, wie sich gezeigt hat, aber es war viel, was erreicht worden ist. Und ich war dabei, als Arbeiterin. Sie ist dagesessen, in den Händen die Holzstangen mit den Transparenten, bekleidet mit eleganten hellbraunen Stiefeln, einem knöchellangen braunen Mantel, mit Lammfell gefüttert, und in Kontrast zu dieser städtischen Eleganz mit einem grauen Filzhut, wie ihn Leute auf dem Land tragen.

Ihr, hat sie gesagt, die ihr hierhergekommen seid, um den Flüchtlingen zu helfen, ihr seid Revolutionäre, ohne es zu wissen. Ihr müsst zusammenstehen. Mein Eindruck ist, fuhr Anna fort, dass diejenigen, die zum Bahnhof gehen, um Flüchtlinge, die dort ankommen, zu unterstützen, das deshalb tun, weil sie sehen, dass die Politik nicht helfen will oder nicht helfen kann. Sie handeln politisch, behaupten aber, dass sie mit Politik nichts zu tun haben wollen.

Das ist erfrischend, sagte Spatz, aber auch gefährlich. Man überlässt den Faschisten das Feld. Dabei gehen, erwiderte Anna, Ideologie und Kultur und Kunst voran. Hier ist noch viel zu verwüsten, ehe das System zusammenkracht. Dein Vater hat mir erklärt, was auf der Welt vor sich geht. Ich habe bemerkt, dass du nicht begeistert bist, wenn Tante Ehrenreich und ich von deinem Vater erzählen. Keineswegs, erwiderte Spatz, ich bin nur konsterniert. Ich komme nach Wien, lerne eine junge Frau kennen, verliebe mich in sie, habe das Empfinden, dass sie diese Liebe erwidert – und diese Frau erzählt mir von aufwühlenden Gesprächen mit meinem Vater, mit dem ich nie ein Gespräch geführt habe.

Warum, fragte Anna, haben du und dein Vater derart komplizierte Vornamen? Ich weiß es nicht, sagte Spatz. Meines Wissens nennen den Vater alle seine Freunde bei seinem Vornamen: Michelangelo. Seine Frau aber, meine Mutter, eine New Yorkerin, nennt ihn Michi, in klarem Deutsch, obwohl sie nicht Deutsch kann. Mit mir hält sie es ähnlich, ich bin für sie der Maxi. Ansonsten sagt man zu mir Maximilian oder Max. Einfache Leute wie mein Freund Freddy, der Besitzer einer Bar, in der ich fast jeden Tag esse und trinke, sagen Maximilian zu mir. Auch meine Putzfrau, die – wenn ich das einflechten darf – seit Jahren meine Geliebte ist. Auch mein Trainer in der Boxschule nennt mich Maximilian. Und auch meine Frau, die es vorzieht, in Italien statt an meiner Seite zu leben. In der Klinik bin ich der Max, ausnahmslos. Die Leute der Unterschicht haben noch Zeit, ein langes Wort wie Maximilian auszusprechen, die unter Zeitdruck stehende Mittelschicht kann sich diesen Luxus nicht leisten.

Ich auch nicht, sagte Anna. Für mich klingt Maximilian gespreizt. Maximilian der Erste, König von Stammersdorf, Maximilian der Zweite, Kaiser vom Zillertal. Eine Möglichkeit wäre, dich Maximilian den Dritten zu nennen, Fürsterzbischof der Grünangergasse.

Wie kommst du auf Fürsterzbischof?, fragte Maximilian. Ich kenne deinen Namen von deinen Büchern, sagte Anna. Maximilian Spatz: Das Ende der alten Psychiatrie. Maximilian Spatz: Die seelische Erkrankung ist eine geistige Erkrankung und umgekehrt. Das sind Verkündigungen eines Fürsterzbischofs. Spatz empfand diese Worte als Ausdruck der Bewunderung, aber auch als Kritik. Vielleicht, sagte er, schreibe ich zu großkotzig. Wenn man aber eine große Veränderung anstrebt, muss man zu großen Worten greifen.

Ich, fuhr sie fort, müsste riesengroße Worte in den Mund nehmen, nein, in die Hand, denn selbst wenn ich die stärksten Wörter in den stärksten Lautsprecher schrie, niemand würde sie hören. Ich müsste sie in die Hand nehmen und wie Steine, nein, wie Handgranaten werfen, um mir Gehör zu verschaffen. Denn ich stehe im Keller eines riesigen Kaufhauses, in einem großen Raum, den die Firma mir zur Verfügung stellt, zur Verfügung stellen muss, ich bin Betriebsrätin und habe das Recht, die Belegschaft zusammenzurufen, und dafür brauche ich einen entsprechenden Raum. Gewöhnlich wird nach Dienstschluss die Belegschaft hierhergerufen, wenn die Geschäftsführung uns mitteilt, dass der Umsatz zurückgeht, beginnend mit den Worten: In Zeiten der Krise. In Zeiten der Krise, sagte Anna, das ist die Phrase dieser Epoche. Der Kapitalist jammert, dass er kein Geschäft macht. Eigentlich müsste er das Unternehmen schließen, dann aber hätten die Leute keine Arbeit. Das würde er sehr bedauern. Er bietet ihnen an, auf einen Teil des Lohns zu verzichten. So würde die Firma erhalten bleiben und auch die Arbeitsplätze; wenn auch nicht alle. Das nennt man Reform. Reform, das hieß einmal Verbesserung einer Situation, heute bedeutet es Verschlechterung.

Also beschließe ich, fuhr Anna fort, der Verschlechterung des Lebens ein Ende zu setzen. Ich werde Betriebsrätin. Und zwar in dem Großkaufhaus, in dem ich als Verkäuferin arbeite, bei Klippenbock & Brunsbüttel in der Mariahilfer Straße. Ein bemerkenswerter Neubau. Drei Häuser sind in dieser größten Geschäftsstraße Wiens geschleift worden, damit das neue Haus entstehen konnte. Ein Bau von einem englischen Stararchitekten, der in allen Städten das Gleiche baut: glatte, dicke Mauern, in die große Fenster eingeschnitten sind, um einen Meter zurückversetzt, finstere Löcher, die wirken wie Schießscharten – eine mittelalterliche Kampfansage an die Moderne, wo doch Wien, was die Moderne betrifft, eine große Tradition hat.

Manchmal, sagte Anna, neige ich dazu, gut über Wien zu sprechen. Es ist die zerrissene Hauptstadt eines zerklüfteten Landes. Bleiben wir bei der Architektur. Der bürgerliche Otto Wagner und der antibürgerliche Adolf Loos schaffen eine Moderne, wie die Welt sie noch nicht gesehen hat. Sie bauen am Ende der Monarchie und nach dem Ersten Weltkrieg in der kleinen Republik Österreich. Die Schüler von Loos und die zahlreichen Mitarbeiter von Wagner bauen den Karl-Marx-Hof, ein Fanal sowohl der Moderne als auch des sozialen Wohnbaus.

Ich habe mich gefragt, sagte Anna, was mich das angeht. Einerseits: nichts. Andrerseits – diese große moderne Architektur, die vor hundert Jahren entstanden ist, ich begegne ihr in dieser Stadt auf Schritt und Tritt. Und als Studentin suchte ich nach jemandem, der sich damit beschäftigt, wie Dinge aussehen sollen, Sessel, Unterwäsche, Hüte, Tische, Kleider, Häuser. Ich fand Adolf Loos. Es war keine schwierige Suche, denn es gab außer ihm niemanden, der sich mit diesen Fragen beschäftigte, praktisch – mit Entwürfen und Bauten, theoretisch – in zahllosen Schriften, verständlich, amüsant, aber auch schwierig bis an die Grenze des Unverständlichen. Ein Genie. Mehr noch: ein einsames Genie. Er schuf die Moderne aus dem Nichts. Ich wäre auch gern ein einsames Genie gewesen, sagte Anna, doch ich war nicht einsam, ich hatte die Tante Ehrenreich, die wiederum hatte den alten Spatz, deinen Großvater. Nun bin ich eine einsame Verkäuferin in einem Großkaufhaus.

Ehe wir auf deine Einsamkeit mit einem Glas Prosecco anstoßen, sagte Spatz – weißt du, wie Frau Ehrenreich und mein Großvater zueinander gefunden haben? Tante Ehrenreich, antwortete Anna, musste als Kind ihrem Vater bei der Arbeit helfen. Der war in der Wiener Vorstadt Hufschmied. Er hatte keinen Lehrling, keinen Gesellen. Niemand war länger als eine Woche geblieben, die grobe Art des Hufschmieds, der noch dazu ein unmäßiger Trinker war, hatte sie vertrieben. Also musste die Tochter zupacken. Sie war keine vierzehn, ging noch zur Schule. Die Mutter war gestorben, aber selbst wenn sie noch gelebt hätte, wäre sie für die Tochter kein Schutz gewesen. Vor diesem Mann hätte man sich nur schützen können, indem man ihn erschlug. Als er krank wurde, konnte die Tochter es nicht erwarten, dass er starb.

In der Ottakringer Vorstadt, wo die Hufschmiede stand und nun geschlossen wurde, gab es seit Jahrzehnten etliche metallverarbeitende Betriebe, darunter eine stadtbekannte Gießerei, die mitten im sechzehnten Bezirk so viel Lärm, Staub und Rauch verbreitete, dass auch angrenzende Bezirke daran teilhatten, aber auch eine kleinere Fabrik mit einer Schmiede. Dort sprach die junge Tante Ehrenreich vor. Der Prokurist wunderte sich, weil in der Schmiede noch nie eine Frau gearbeitet hatte, die Tante aber, damals schon wortgewandt, konnte ihn dazu bringen, dass sie eine Probe ihres Könnens ablegen durfte. Sie bestand mit Bravour.

Zu ihrem Erstaunen ging es in der Schmiede der Metallfabrik schlimmer zu als in der Hufschmiede des Vaters. In der Fabrik gab es zwar keinen betrunkenen Tyrannen, dafür statt *eines* Ambosses zehn, statt *einer* Esse drei offene glühende Öfen, aus denen die Eisenteile, kaum hatte der Schmied eines zugerichtet, zu den Ambossen gebracht wurden, einer nach dem anderen. Man kam nicht einmal zum Atemholen. Unerträgliche Hitze in der Halle, unerträgliches Arbeitstempo, unerträglicher Lärm, Arbeitskollegen um die dreißig, die aussahen wie verkrüppelte Greise, schwerhörig, mit schmerzender Schulter und kaputtem Rücken.

Tante Ehrenreich schrieb in den fünfziger Jahren Artikel, zuerst für die sozialdemokratische Arbeiter-Zeitung, deren Redaktion begeistert war, weil eine Arbeiterin so gut schreiben konnte, und die die junge Frau ins journalistische Schaufenster stellte, was ihr sehr zugutekam, denn die Leitung der Fabrik, die sich an den Pranger gestellt sah, hätte sie entlassen, wäre sie nicht unter dem Schutz einer Zeitung gestanden, die immerhin die Parteizeitung der Sozialdemokraten war.

Zum Bruch mit der Arbeiter-Zeitung kam es, weil man begann, in die Artikel der jungen Arbeiterin einzugreifen, stets in der Absicht, die Fabriksrealität, die sie beschrieb, zu verharmlosen, denn die Fabrikanten hießen im Nachkriegsösterreich Sozialpartner, sie waren also Partner der Arbeiterinnen und Arbeiter und sollten nicht als die Menschenschinder dargestellt werden, die sie waren. Also schickte die junge Arbeiterin ihre Artikel der Volksstimme. Die Kommunisten änderten kein Wort. Aber sie kommentierten die Artikel; schilderten, wie die junge Arbeiterin von der Arbeiter-Zeitung behandelt worden war, im Grunde genauso skandalös wie vom Fabrikanten. Und da die Kommunisten eine kleine Partei ohne Macht waren, stand Tante Ehrenreich schutzlos da. Ihre Rettung war, dass der alte Spatz, dein Großvater, die Bekanntschaft der jungen Frau suchte. Er hatte alle ihre Artikel gelesen, als Sozialdemokrat war er Abonnent der Arbeiter-Zeitung, ihn interessierten aber nicht nur die Sozialdemokraten, die vom Sozialismus bloß redeten, sondern auch die Kommunisten, die ihn realisieren wollten. Er vermutete, dass die Frau, deren ungeschminkte Darstellungen der Arbeitsbedingungen ihn ansprachen, ihren Arbeitsplatz bald verlieren, also aus der Fabrik hinausgeschmissen werden würde. Deshalb beeilte er sich, mit ihr in Kontakt zu kommen, und bat sie beim ersten Zusammentreffen, sich in der Fabrik nicht einschüchtern zu lassen.

Der alte Spatz, fuhr Anna Berg fort, bot ihr für den Fall, dass sie entlassen würde, Arbeit an, und zwar jene, die sie heute noch hat, die Wohnung, also ein ganzes Stockwerk, zu verwalten, zu betreuen, zu renovieren, notfalls umzugestalten, da der alte Spatz damals beruflich die meiste Zeit an New York gebunden war. Es kam, wie er vermutet hatte: Die junge Frau wurde entlassen und nahm sein Angebot an. So kamen die beiden zusammen.

Was für eine Geschichte, rief Spatz – in dieser Stadt. Hätte ich nicht das Empfinden, sagte Anna Berg, dass Wien ein Vulkan ist, der jederzeit ausbrechen kann, ich hätte diese Stadt längst verlassen. Die Moderne, in Wien zur glühenden Lava geworden, ist weit davon entfernt, zu erkalten. Bei niemandem ist dieses Wissen lebendiger als bei den Gegnern der Moderne. Weshalb sie in dem Wahn leben, den Vulkan zum Erlöschen bringen zu müssen, indem sie den Müll, den sie geistig, künstlerisch und politisch schaffen, in den Krater schütten, unermüdlich, bis zur Erschöpfung, bis zur totalen Verblödung. Der Fortschritt hat eine große Zeit gehabt. Würde ich seine Geschichte nicht kennen, hätte ich schon resigniert.

Spatz starrte Anna an. Ich bin fassungslos, sagte er. Was heißt das?, fragte sie. Das heißt –. Er dachte nach. Das heißt, dass ich ein Gefäß bin, das nicht groß genug ist, um alles zu fassen, was du sagst. Du bist lieb, antwortete sie, damit habe ich nicht gerechnet. Als Tante Ehrenreich mir gestern gesagt hat, dass du kommst, habe ich nochmals in deinen Büchern gelesen, mir Fotos von dir angeschaut und mir gedacht, mit dem gehe ich ins Bett. In der Regel, fuhr Anna fort, ist ein

Psychiater jemand, der sich nur für sich interessiert. Er gräbt nach seinen seelischen und geistigen Leiden, um sie dann in den Patienten wiederzufinden. Wenn er einem Patienten hilft, hilft er zugleich sich selbst. Daher also, sagte Spatz, meine dumpfe Robustheit. Das habe ich bei dir gelesen, fuhr Anna dazwischen. Interessant, antwortete Spatz.

Ich bin das Gegenteil von dir, sagte Anna. Würde ich in mir herumgraben, wäre ich verloren. Wenn einem die Wirklichkeit feindlich entgegentritt, muss man rau und hart werden. Und dennoch, erwiderte Spatz, kannst du die Zärtlichkeit, die in dir lebt, nicht abtöten. Das liegt an dir, antwortete sie. Und damit du so bleibst, wie du bist, darfst du mit meiner Wirklichkeit nicht in Berührung kommen. Ich darf mir aber, wandte Spatz ein, ein Bild von ihr machen?

Ein Bild? Anna dachte nach. Was du von mir bekommst, ist ein Zerrbild. Das Geschäft in dem riesengroßen Kaufhaus geht schlecht. Der Konzern hat das Richtige getan, aber zu spät. Er hat Mode für die Mittelschicht geschaffen. Die war aber selber nur eine kurzlebige Mode. Der Facharbeiter und der Geschäftsführer waren die Vorzeigefiguren in einer Konjunktur, die vorgaukelte, sie würde ewig währen in einem kapitalistischen Paradies. Aus dem ist mittlerweile die Hölle geworden, aus der Konjunktur die Krise, die Mittelschicht ist verschwunden, ebenso verschwindet die Mode für die Mittelschicht, wenn auch die Regale noch voll davon sind.

Lassen wir das, sagte Anna, es ist langweilig. Ist es nicht, antwortete Spatz. Du hast recht, fuhr sie fort. Ich würde, wenn ich Zeit und Geld hätte, eine Wissenschaft von der Kleidung ins Leben rufen. Warum gleich eine Wissenschaft?, fragte Spatz. Ich würde, sagte Anna, alles, was ich weiß, und alles, was ich noch nicht weiß, zusammentragen. Das wäre doch eine Wissenschaft? Nein, antwortete Spatz. Das gesammelte Wissen, und sei es auch nur das eines einzigen Menschen, ist zwar die schönste Form einer Wissenschaft, wird aber nicht als solche anerkannt. Die Wissenschaft ist die Gegnerin des Wissens, sie schätzt die Methode, die Ordnung, die innerhalb des Wissens herrscht. Vielleicht, antwortete Anna, kannst du als Gelehrter in das Wenige, das ich über die Mode weiß, eine Methode bringen, und ich werde als Wissenschaftlerin berühmt. Vorher aber, sagte Spatz, erklärst du mir, was die Mode der Mittelschicht ist.

Die Mittelschicht, erwiderte Anna, hatte Freizeit und brauchte Freizeitkleidung. Da die Industrie nie in der Lage war, Neues zu schaffen, erschuf sie das Alte neu. Den Sportler. Die Angehörigen der Mittelschicht wurden angezogen als Läufer, als Tennisspieler, als Bergsteiger, und entsprechend mussten sie ihre Freizeit verbringen. Neben dem Sportler erschuf sie den Bohemien, den Künstler. Mit Bärten, weiten Jacken, engen Hosen und Sandalen drang er in das Kaffeehaus ein und vertrieb den letzten Künstler, der als Kaffeehausliterat die Stellung gehalten hatte. Auf die Freizeitmode folgt die Einheitskleidung. Deren geistige Grundlage ist die Einheitsmeinung, dass alle zusammenstehen müssen, um die Krise, in der wir stecken, zu meistern.

Die ganze Gesellschaft, fuhr Anna fort, Arm und Reich, tritt an zum Überlebenskampf. Die Industrie liefert die Bekleidung, einen Kampfanzug für Frauen und Männer, wie es ihn noch nicht gegeben hat. Jacke und Hose sind übersät mit Taschen, großen und kleinen, die Überlebenskämpferin, der Überlebenskämpfer tragen alles Wichtige mit sich, Mobiltelefon, Kleincomputer, Kompass, Kreditkarten, Kundenkarten von Supermärkten, von Modeketten und Fluggesellschaften, denn der Überlebenskämpfer, wissend, dass die Krise aus dem Ausland kommt, fährt dorthin, mit dem Billigflug in das Billigland, wo die Krise anders heißt, nämlich Armut. Dort frisst und säuft man unter dem Kampfruf *all inclusive* das arme Land leer, welches dadurch angeblich nicht ärmer, sondern reicher wird.

Die Firma Kloppenbügel & Brunsbüttel, sagte Anna, versucht nun, auf die Mode der Überlebenskämpfer umzusteigen, aber zu zaghaft und zu spät. Das Geschäft geht schlecht. Der Neubau muss bezahlt werden, die Aktionäre wollen Geld sehen, also werden die Löhne gekürzt. Wem das nicht passt, der kann gehen. Oder aber, dazu habe ich mich entschieden, man tritt der Gewerkschaft bei. Ich schließe mich nicht den großen Fraktionen an, der Sozialdemokratie, der Volkspartei, den Freiheitlichen, die sich der Argumentation der Geschäftsführung angeschlossen haben, sondern, das erlaubt das Statut, kandidiere als Namensliste, mit einem Programm, das zuerst nur aus meinem Namen besteht. Um mich bei den Kollegen bekannt zu machen, verteilte ich Zettel, auf denen nur steht, dass ich gegen eine Lohnkürzung bin, denn ich kann jetzt schon von meinem Lohn nicht leben und muss mir Monat für Monat von meiner Tante Geld borgen. Außerdem will ich nicht für die Fehler der Geschäftsführung bezahlen. Zu meiner Überraschung habe ich bei der Betriebsratswahl mehr Stimmen bekommen als die großen Fraktionen. Ein Schock für alle, für die Geschäftsführung, für die etablierten Gewerkschafter, aber auch für mich.

Langweile ich dich?, fragte Anna. Ich folge dir so atemlos, antwortete Spatz, dass ich nicht in der Lage bin, dich mit einer Frage zu unterbrechen. Die Geschichte ist schon zu Ende, sagte sie. Ich beantrage bei der Geschäftsführung einen Raum, um eine Betriebsversammlung abzuhalten. Man stellt mir einen Raum zur Verfügung, in dem Schaufensterpuppen gelagert werden. Ich schreibe Zettel und verteile sie an alle, darauf stehen Ort und Zeit der Versammlung. Thema: Keine weiteren Lohnkürzungen. Da mich ein Drittel der Beschäftigten gewählt haben, rechne ich damit, dass einige kommen. Niemand kommt. Die Geschäftsführung hat jedem und jeder mit Maßnahmen, also mit Kündigung gedroht.

Ich werde dir helfen, sagte Spatz. Du kannst mir nur helfen, indem du mich mit meinem Problem allein lässt. Schließlich bist du nach Wien gekommen, um dich von deinen Problemen zu erholen. Im Weggehen sagte Anna: Ich hoffe, wir sehen uns bald. In einer Woche? Spatz wollte dagegen protestieren, eine Woche, das schien ihm endlos lang zu sein. Anna kam ihm zuvor. Du brauchst Zeit, um dich einzuleben, sagte sie.

Spatz fielen, noch während Anna die Wohnung verließ, die Augen zu, und er schlief bis zum nächsten Vormittag. Siebzehn Stunden geschlafen zu haben ist ein gutes Zeichen, sagte er zu sich. Er fühlte sich stark und war zuversichtlich. Keine Anna neben ihm, keine Frau Ehrenreich in der Wohnung. Allein in Wien.

– 8 –

Die Kaffeemaschine hätte automatisch arbeiten sollen. In ihr befanden sich ein Behälter für Kaffeebohnen und einer mit Wasser. Maximilian Spatz verstand, wie die Maschine funktionieren sollte, sie funktionierte aber nicht. Er untersuchte die Maschine von allen Seiten. Endlich fand er einen kleinen Schalter, betätigte ihn, der leuchtete auf, Spatz drückte eine Taste, es ratterte und zischte, und Espresso rann aus einem Röhrchen. Spatz schaltete die Maschine ab, ließ den Kaffee stehen und ging aus dem Haus.

Von der Grünangergasse war es nur ein Katzensprung bis zum Graben: Keine Straße, dazu war er zu breit, aber auch kein Platz, dazu war er zu lang. Er bildete das Innerste der Inneren Stadt. Spatz umkreiste diesen noblen Ort. Er grenzte an einen Platz, den Stephansplatz, auf dem der Dom stand, das Wahrzeichen Wiens. Spatz betrat die gotische Kirche, setzte sich auf eine Bank und versuchte sich zu erinnern, wann es gewesen war, dass er hier eine gute Stunde zugebracht hatte. Vor zwanzig Jahren?

Er war in der Mitte gesessen, flankiert von zwei Männern, sie waren älter als er, den einen, Heinrich Freudensprung, hatte er durch dessen Bücher kennengelernt, den anderen, Georg Loser, durch die Bauten, die dieser errichtet hatte. Beide waren Österreicher, waren miteinander befreundet, und er, Spatz, war zum Freund der beiden geworden. Er hätte viel dafür gegeben, sie regelmäßig zu treffen, er hätte Urlaub genommen und wäre nach Wien geflogen. Doch der Schriftsteller Freudensprung war nach Ägypten gegangen, wo er mit einem ägyptischen Freund in der Wüste eine Farm gegründet hatte, welche die beiden zu einer sozialistischen Genossenschaft ausbauten, und Loser war mit seinem Architekturbüro zuerst nach Paris, dann nach Berlin übersiedelt. Sie haben, dachte Spatz und lächelte, auf mich keine Rücksicht genommen.

Wir sind hier gesessen, und Loser hat mir die Bauweise des Doms erklärt: warum die Seitenschiffe nur wenig niedriger sind als das Hauptschiff, wodurch eine riesige Halle entsteht. Die Außenwände werden nicht wie bei den Kathedralen in Frankreich von außen durch gewaltige Rundbögen gesichert. Loser hat aus seiner Umhängetasche einen Zeichenblock geholt und seine Erklärungen mit Skizzen unterstützt.

Während er zeichnete, hat Freudensprung versucht, mir einen Eindruck zu vermitteln, wie die Bauhütte, die den Dom errichtete, mit Hilfe von Spezialisten aus ganz Europa das Bauwerk hochzog. Mit einer Umsicht, sagte er, die technisch und organisatorisch alles in den Schatten stellte, was heute einer Großbaustelle abverlangt wird, und das im 12. und 13. Jahrhundert, einer Zeit, die man, weil man sie nicht begreifen kann, finsteres Mittelalter nennt. Die nächste Epoche, die Renaissance, orientierte sich an der Antike. Die Gotik aber war aus dem Nichts entstanden.

Mittlerweile hatte Loser auf einem Blatt den Aufriss des Stephansdoms und auf einem anderen den einer französischen Kathedrale gezeichnet. Die Baumeister in der Normandie, erklärte er mir, waren Wikinger, die in strengen Wintern, um im Norden nicht zu verhungern, in den Süden wanderten. Sie waren Meister des Schiffbaus. Ihre Kathedralen sind Schiffsrümpfe, so konstruiert, dass sie dem Druck des Wassers standhalten. Die Kathedralen stehen aber nicht im Wasser, die Rundbögen an den Außenwänden simulieren das Meer. Sie haben keine statische Funktion.

Spatz erinnerte sich, dass diese Erklärung für ihn sehr überraschend gewesen war und dass er hatte nachfragen wollen. Doch Freudensprung war ihm zuvorgekommen. Ein schöner Gedanke, hatte er gesagt und gelacht. Was willst du damit sagen?, hatte Spatz gefragt. An einem schönen Gedanken, hatte Freudensprung geantwortet, ist immer etwas Wahres dran.

Spatz verließ den Dom und dachte: Wären die beiden noch in Wien, ich würde mich auf sie stürzen, und wir würden die Gespräche dort fortsetzen, wo wir sie abgebrochen haben. Gut, dass sie nicht mehr in Wien leben. Ich möchte in der Gegenwart Fuß fassen. Vielleicht gelingt mir das mit Hilfe von Anna.

Am Graben, der an den Stephansplatz anschloss, obgleich es zwischen dem kirchlichen Platz und dem noblen Ort eine unsichtbare Schranke gab, fand Spatz zu seiner Freude kein Kaffeehaus, jedenfalls keines der sogenannten typischen Wiener Kaffeehäuser. Vielleicht, dachte er, hat es hier nie so etwas gegeben, weil diese Mischung aus Platz und Straße immer schon versucht hat, international und nicht wienerisch zu sein.

In einem Lokal, wie man es auch in Hamburg, Athen, Chicago hätte finden können, nahm er an einem kleinen, runden Tisch Platz, hatte Aussicht auf den Graben und bekam ein hervorragendes Frühstück. Es war ein warmer Februartag, vom Schnee sah man nur Reste, die langsam zerflossen, und die Leute waren leichter bekleidet als vor zwei Tagen. Spatz war mit der gefütterten Lederjacke und dem dicken Pullover zu warm angezogen und hatte sich, als er aus dem Dom getreten war, die Jacke um die Schultern gehängt.

Ich werde, dachte er, in Wien nicht in dieser Kluft herumlaufen. Hier bin ich ein freier Mensch, frei von Arbeit, und werde bald herausgefunden haben, wie ein freier Mensch sich in Wien kleidet. Maximilian Spatz hatte Ham and Eggs gegessen, serviert in einer Pfanne, garniert mit Jungzwiebeln, einer Zehe Knoblauch und einer Birnenspalte, hatte dazu ein Glas Bier getrunken und bestellte nun einen großen Mocca und eine halbe Portion Apfelstrudel – ein ganzes Stück, wie jemand am Nebentisch eines aß, war ihm zu viel. Ohne Murren nahm der Kellner, der ein schönes Deutsch mit leichtem tschechischen Akzent sprach, die Bestellung auf, als sei es alltäglich, dass jemand ein halbes Stück Strudel verlangt.

Nicht dass ich den alten Zeiten nachtrauere, sagte Spatz zu sich und beobachtete die Menschen, die draußen vorbeigingen, dass aber die Eleganz aus Wien verschwunden ist, damit habe ich nicht gerechnet. Spatz, der früher erfahrungshungrig durch Europa gereist war, hatte in Freddys Bar von den berühmten großen Städten des kleinen Kontinents bramarbasiert und seinen Freunden und Bekannten von Wiens Eleganz vorgeschwärmt. Eleganz, hatte er behauptet, ist eine Domäne Wiens. Andere Städte gelten als Zentren der Mode, zu ihnen hat Wien nie gehört. Sie sind schließlich der Mode zum Opfer gefallen. Die ist bombastisch inszeniert worden, war aber nur der Oberschicht zugedacht. Am schlimmsten in Paris. Die dort dekretierte Mode bleibt folgenlos für das Bild der Stadt. Mode und Eleganz, bei weitem nicht dasselbe, aber doch verwandt, driften in Paris derart auseinander, dass beide zugrunde gehen. In Italien ist es nicht so schlimm, dort repräsentieren die Arbeiterinnen und Arbeiter Eleganz und verhindern so, dass die Oberschicht modisch verkommt.

Einzig Wien, hatte Spatz behauptet, hat noch ein elegantes, die Stadt prägendes Bürgertum, gestützt auf eine Arbeiterklasse, die sich auf ihre Weise elegant, aber nicht modisch kleidet. Nun schaute er seit zwei Stunden hinaus auf den Graben und sah von alldem nichts. Doch, er bemerkte winzige Spuren, eine Frau mit einem imposanten Hut, einen Mann in einem langen Stoffmantel, wo doch die Anweisung lautete, man habe praktische Jacken zu tragen, eine junge Frau in Stiefeletten mit hohen Absätzen, die so abgetreten waren, dass die Frau o-beinig daherging, einen alten Mann, der eine Aktentasche unter dem Arm trug, mit einer Würde, als enthalte die Tasche die Gründungsurkunde für ein künftiges Wien.

Spatz bat den Kellner um ein Blatt Papier und einen Kugelschreiber. Da er Spuren der Wiener Eleganz entdeckt habe, dachte er, werde er daran anknüpfen, er werde sich aber zuerst ein Bild machen, wie er gekleidet sein wollte, und nicht dem Angebot der Geschäfte trauen. Er begann mit der Kopfbedeckung. Hut, notierte er, schwarz. Gibt es, fragte er sich, noch ein Kleidungsstück in Schwarz? Schuhe, notierte er, schwarz. Stiefeletten, sagte er zu sich, für die kalte Jahreszeit, Halbschuhe mit einer Gummisohle für Frühling und Herbst, leichte Schuhe mit Ledersohle für den Sommer. Keine Sandalen.

Mantel, notierte er, blau, eher hell- als dunkelblau. Die Hose dunkelblau. Sie kann, dachte er, den Schnitt von Jeans haben, eine Bundfaltenhose ist mir zu weit. Sakko, notierte er, grau. Der Stoff darf nicht glatt sein. Grau, dachte er, und glatt, das ist so feindselig, wie gebrochenes Grau freundlich sein kann. Er zahlte, fand am Graben ein kleines, vornehmes Geschäft, das mit der Aufschrift protzte: Wien, Paris, New York. Spatz fragte den Verkäufer, wo in New York sich die Filiale dieses Geschäfts befinde. In der Fifth Avenue, war die Antwort, in der Nähe des Washington Square. Spatz schüttelte den Kopf. Ich wohne um die Ecke, sagte er, wollte aber den Verkäufer nicht in Verlegenheit bringen und trug ihm vor, warum er hier sei.

Der blaue Mantel, der ihm gezeigt wurde, gefiel ihm, doch der Preis von tausendzweihundert Euro schreckte ihn, und so schlug er vor, Schuhe zu probieren. Sie passten, und sowohl die Stiefeletten als auch die festen Halbschuhe und die Sommerschuhe schienen ihm erschwinglich zu sein. Ein Sakko, das in Frage gekommen wäre, fanden weder Spatz noch der Verkäufer. Der aber hatte einen Tipp: ein Geschäft nicht weit von hier bei der Dominikanerbastei.

Dort sah Spatz schon im Schaufenster das ideale Sakko. Der Verkäufer erschien erst, nachdem Spatz einige Male Guten Tag gerufen hatte. Sie müssen entschuldigen, sagte der Mann, ich war in die Buchhaltung vertieft. Es stellte sich heraus, dass er der Besitzer war, der sich, wenn kein Kunde sich im Geschäft befand, mit der Buchhaltung plagte, weil er sich einen Steuerberater nicht mehr leisten konnte. Das Geschäft werfe immer weniger ab.

Der Mann machte es sich auf einem Sessel bequem. Wollen Sie einen Kaffee?, fragte er. Nein, sagte Spatz, ein Sakko. Der Mann entschuldigte sich, Spatz keinen Platz angeboten zu haben, der aber winkte ab und ging zu einem Kleiderständer, an dem einige Sakkos hingen. Der Mann folgte ihm. Spatz gestand, dass er das Sakko seiner Wahl bereits im Schaufenster gesehen hatte, das graue Sakko links, es hänge auf einem Kleiderbügel. Nein, entgegnete der Mann, es hängt auf einem stummen Diener, das ist ein Gestell wie ein Notenständer, nur ist oben keine Fläche für ein Notenblatt, sondern ein Kleiderbügel und unter diesem ein Bügel für eine Hose. Früher hatte ich mehrere Schaufensterpuppen in der Auslage, jetzt nur mehr eine in der Mitte, daneben stumme Diener. Ich kann mir einen Schaufensterdekorateur nicht mehr leisten. Er holte das Sakko aus dem Schaufenster, es passte. Spatz fragte nach einer dunkelblauen Hose in Jeansschnitt, es gab eine, auch sie passte.

Er bezahlte, und abermals kam die Frage, ob Spatz einen Kaffee wolle, der sagte: Gern. Der Mann ging in den hinteren Raum und schaltete die Neonröhre am Plafond ein, sie bestrahlte das Schmuckstück, das in der Mitte des fensterlosen Zimmers stand: eine italienische Espressomaschine aus verchromtem Stahlblech, elegante dünne Rohre für Dampf und heißes Wasser, schwarze Drehknöpfe. Der Mann machte sich an einem anderen Gerät zu schaffen, das den Kaffee mahlte und in ein kleines Metallsieb rieseln ließ.

Maximilian Spatz hatte noch nie einen so guten Espresso getrunken. Er nahm Platz. Sie haben, sagte er, die beste Espressomaschine von Wien. Ich weiß, antwortete der Mann. Die hat Ihnen die Steuer noch nicht weggefressen? – Ich will ihr zuvorkommen und die Maschine verkaufen, antwortete der Mann. Ich finde aber keinen Käufer. Außergewöhnliche Dinge werden in Wien nicht gekauft. Niemand will hervorstechen. Der Stoff Ihres Sakkos kommt aus Italien, wo man noch Stoffe herstellt von einer vielstimmigen Schönheit, wie es den Engländern nie gelungen ist. Der Engländer schätzt die edle Monotonie, die dem Österreicher entgegenkommt. Warum, fragte Spatz, führen Sie nicht englische Kleidung? Bei mir bekommen Sie nur das Beste, war die Antwort, und das, da mein Geschäft abseits liegt, zum bestmöglichen Preis. Ich kann es nicht erwarten, in Pension zu gehen. Ein Bedürfnis, das ich mit neunundneunzig Prozent der Landsleute teile.

Aufbruchsstimmung, sagte Spatz, scheint nicht zu herrschen. Doch, erwiderte der Mann, ganz Europa befindet sich im Aufbruch. Europa wird Amerika. Ich kann das Gejammer nicht mehr hören: In Amerika, heißt es, werden die Reichen weniger und immer reicher, und die Armen werden mehr und immer ärmer. Niemand fragt sich, warum das so ist und wohin das führt. Das ist so, weil der Reiche weiß, dass er, wenn er sich den Konkurrenten nicht einverleibt, selber auf der Strecke bleibt. Eine kleine Oberschicht besitzt die wirtschaftliche, militärische und politische Macht, das Ergebnis ist eine neue Form der Gewaltherrschaft, eine bürgerliche Diktatur.

Das weiß, fuhr der Mann fort, jeder. Heutzutage weiß jeder alles. Im 19. Jahrhundert mussten Revolutionäre den Arbeitern klarmachen, dass diese ausgebeutet wurden. Dass es nicht gottgegeben ist, schwer zu arbeiten und dabei zu hungern. Früher hat die Herrschaft sich auf Gott berufen. Das war ein Fehler. Gott kann man abschaffen. Die Götzen, die an seine Stelle treten, der Wirtschaftsstandort, die Globalisierung, die ewige Wirtschaftskrise, gelten als heilig. Die Menschen leiden nicht mehr unter der Arbeit, sie opfern sich der Arbeit auf. Arbeit zu haben, arbeiten zu dürfen, ist eine Gnade. Jeder weiß das, auch wenn es ihm nicht bewusst ist.

Für mich, sagte Spatz, sieht Europa, das alte Westeuropa, anders aus, jedenfalls von 1945 bis zum Jahr 2000. Hier gab es außerhalb der sozialistischen Staaten eine Linke, groß und mächtig wie nirgendwo sonst auf der Welt, denken Sie nur an die kommunistischen Parteien in Italien und Frankreich. Der Mann schlug die Hände über dem Kopf zusammen. Nein, sagte er, daran will ich nicht denken. Sie haben recht. Europa ist nicht nur ein faschistischer Kontinent, sondern auch ein linker. Die Linken haben verloren, sie sind im Kampf untergegangen. Oder sie haben mit Wahlen versucht, an die Macht zu kommen, zum Gaudium der Mächtigen. Wenn diese Menschen, es sind viele Millionen, an ihre Vergangenheit anknüpfen, und das werden sie eines Tages tun, dann werden sie von Anfang an den revolutionären Kampf suchen.

Wer, fragte Spatz, wird siegen? Die Linke, sagte der Mann. Und ich, wäre ich dann noch am Leben, würde zu ihr überlaufen. Jede Revolution braucht Hilfe von der anderen Seite.

Ein junger Mann trat ins Geschäft, Spatz meinte ihn schon einmal gesehen zu haben, er hatte dunkelbraune Gesichtsfarbe, schwarze Haare, war hager und trug Arbeitskleidung, eine grüne Jacke, eine ebensolche Hose. Spatz meinte den Mann im Washington Square, einem Park in der Nähe seiner New Yorker Wohnung, als Gärtner gesehen zu haben, mit anderen, die ähnlich aussahen. Bemerkenswert, wie die Männer, nachdem sie einen Flecken Boden umgegraben und die Erde zerkleinert hatten, Blumenzwiebeln ins Erdreich steckten, mit einer Fürsorge, als müssten sie der Welt eine wichtige Botschaft hinterlassen. Der junge Mann fragte, ob er störe.

Nein, antwortete der Geschäftsmann, er sitze mit einem Kunden beim Kaffee.

Der junge Mann ging hinaus und kam mit einem zweiten wieder, ebenfalls im grünen Arbeitsgewand, jeder trug einen großen Karton, sie stellten die Schachteln ab und eilten hinaus. Neue Hosen, sagte der Geschäftsmann, neue Sakkos. Die beste Ware, die zurzeit in Wien zu finden ist. Schauen Sie sich diese Kartons an. Aufgerissen, beschädigt. Der Hersteller in Italien vertraut sie einer Spedition an, die Olivenöl nach Wien bringt. Dazwischen werden diese Kartons gepfercht. Wir haben nur ein Thema: billiger. Niedrige Transportkosten machen es mir möglich, billiger zu verkaufen.

Die jungen Männer schoben einen Plateauwagen ins Geschäft, auf dem übereinandergestapelt Holzbeete, gefüllt mit Erde, lagen. In der Mitte des Geschäfts machten sie sich auf dem Fußboden zu schaffen, hoben Bretter weg – Spatz war aufgestanden und schaute zu –, aus dem Keller kam gleißendes Licht, eine Leiter führte nach unten. Der eine Mann kletterte die Leiter hinunter, der andere legte darauf ein Holzbeet nach dem anderen, und auf der Leiter glitten die Holzkisten voll Erde hinunter, gebremst von dem Mann im Keller. Der Mann oben schob den Plateauwagen in eine Ecke des Geschäfts, wo dieser nicht auffiel, stieg auf die Leiter, und im Nu hatte er über seinem Kopf die Bretter des Fußbodens zusammengefügt.

Spatz setzte sich zu seinem Gastgeber und wartete auf eine Erklärung. Wir, sagte der Mann, genauer, meine Frau züchtet im Keller Champignons. Die beiden Libyer helfen ihr dabei. Sie sind Gärtner. Und unsere Hausarbeiter. Und leben in unserem Haus. Es geht nicht anders. Sie leben illegal hier. Ihr Asylantrag wurde abgelehnt, weil Libyen als sicheres Land gilt. Das zerbombte Libyen mit mehreren Regierungen, die blühendes Land zurückverwandeln in eine Wüste. Die beiden Gärtner haben für den früheren Staat gearbeitet, riesige

Gebiete wurden begrünt und landwirtschaftlich genutzt. Die beiden könnten auf dem Dach dieses Hauses eine Erdbeerplantage anlegen. Sie können alles, das haben sie in der Wüste gelernt. Also züchten sie im Keller Champignons. Eine eigene Sorte. Sie ist sehr beliebt. Wir beliefern nicht nur den Naschmarkt, sondern alle Wiener Märkte. Alles im Schwarzhandel.

Der Mann schaute auf die Uhr. Spatz fragte, ob es zu früh sei für einen Sherry. Der Mann holte von dem Regal hinter der Kaffeemaschine eine Flasche und zwei Gläser. Was für ein Glück, sagte der Mann, mit einem Ausländer reden zu können. Unterhalte ich mich mit einem von den Kaufleuten der Umgebung, tauschen wir nur Lügen aus. Das Geschäft gehe nicht gut, alles in allem sei die Lage aber nicht schlimm – mehr haben wir uns nicht zu sagen. Tatsächlich rechnet jeder damit, dass er diesen Monat nicht überlebt.

Das verstehe ich nicht, sagte Spatz. Dann verstehen Sie das System nicht. In jeder Epoche wird mit etwas anderem das große Geld gemacht. Mit der Herstellung von Waren ist nichts mehr zu verdienen. Man muss Handelsketten gründen, wo eine Ware millionenfach verkauft wird, da kommt noch einiges Geld zusammen. Oder aber, und das ist für mich neu, ein Haus wie dieses, in dem sich mein Geschäft befindet, wechselt fortwährend den Besitzer. Im Vorjahr viermal. Und jedes Mal wird dabei Geld gemacht, ich weiß nicht, wie. Und eines Tages gilt mein Mietvertrag nicht mehr, man verlangt eine Miete, von der man weiß, dass ich sie nicht bezahlen kann, und ich muss hinaus. Ich bin alt, ich will nicht mehr, ich erwarte das Schlimmste bereits für morgen. Bis dahin, sagte der Mann, verkaufe ich meine Ware. Ich dränge sie aber niemandem auf. Der Kunde ist längst kein Kundiger mehr. Ich habe zwei Möglichkeiten: Ich nütze seine Ahnungslosigkeit und schwatze ihm etwas auf. Oder aber ich erziehe ihn zu einem Kundigen. Das Geschäftslokal als moralische Anstalt, sagte Spatz. Sie haben es erkannt, antwortete der Mann. Das Theater ist nach Brecht keine moralische Anstalt mehr, mein Geschäft bei der Dominikanerbastei hält die Stellung.

Seit wir hier sitzen, sagte Spatz, ist kein Kunde gekommen. Das ist um diese Zeit immer so, erwiderte der Mann. Die Leute sind in der Arbeit. Zwischen vier und sechs kommen jeden Tag welche, manchmal zwei, mitunter fünf. Dann muss ich einen Gärtner aus dem Keller zu Hilfe holen. Sprechen die Gärtner Deutsch?, fragte Spatz. Besser als ich, war die Antwort. Sie sind in einem sozialistischen Land aufgewachsen, Bildung war dort das höchste Gut. Der Mann stand auf, machte eine kleine Verbeugung und sagte, er müsse sich der Buchhaltung widmen.

Für Spatz kam diese brüske Verabschiedung unerwartet. Er ging geradewegs zum Graben, probierte in dem Geschäft den Mantel, der ihm zu teuer erschienen war, kaufte ihn, begab sich in eine Umkleidekabine, zog Hose und Sakko an, die er bei der Dominikanerbastei gekauft hatte, die neuen Schuhe trug er bereits, zog den Mantel an, setzte den Hut auf, schaute in den Spiegel, musste lachen und sagte zu sich: Das hast du gut gemacht. Die alten Klamotten wurden, sorgsam gefaltet, auf zwei edle Papiersäcke verteilt und blieben im Geschäft.

Eine Stunde noch, dachte Spatz, dann geht die Sonne unter. Es wäre schön, an diesem milden Februartag die Sonne genießen zu können. Und so eilte er in den Stadtpark, wo die Bänke, auf welche die Sonne noch schien, besetzt waren, vor allem von Obdachlosen. Auf einer Bank aber saß ein eleganter Mann. Mit dem, dachte Spatz, könne er nicht mithalten, er sei bestenfalls gut, nicht aber elegant gekleidet. Er sah an sich hinunter – nein, eine Hose mit Bügelfalte wie der Mann auf der Bank hatte er nicht.

Auf derselben Bank saß eine alte obdachlose Frau, sie trug mehrere Hosen und Jacken übereinander, war also gerüstet für kalte Nächte, vor sich hatte sie einen Einkaufswagen stehen, in dem sich, eingeschnürt in Plastiksäcke, ihre Habseligkeiten befanden. Vornübergebeugt lag sie, obzwar sie auf der Bank saß, auf dem Einkaufswagen, den Kopf auf einen Plastiksack gebettet, ihre Haube war nach vorne gerutscht, so dass die letzten Sonnenstrahlen dieses Tages ihren Hinterkopf wärmten.

Zwischen ihr und dem eleganten Mann konnte sich jemand, wenn er unbedingt wollte, hinsetzen. Darf ich, fragte Spatz den Mann, hier Platz nehmen? Selbstverständlich, antwortete der Mann und fragte, woher Spatz komme. Aus den USA, war die Antwort. Ich dachte es mir, erwiderte der Mann. Wegen meines Akzents?, fragte Spatz. Nicht nur, sagte der Mann, auch wegen der Förmlichkeit Ihrer Rede. Sie haben gesagt: Darf ich Platz nehmen? Man sagt heutzutage: Ist hier frei?, und deutet dorthin, wo niemand sitzt. Ein sinnloses Gequatsche. Ihre Frage hingegen ist korrekt und wird deshalb als förmlich empfunden. Auch von Ihnen?, fragte Spatz. Auch von mir, war die Antwort, ich lebe hier und passe mich an.

Spatz spürte plötzlich eine große Müdigkeit und nickte ein.

Als er ein Klingeln hörte, schreckte er auf und war der Meinung, der Wecker neben dem Bett schrille. Er griff nach links, um ihn abzustellen, seine Hand fand aber keinen Wecker, sondern die Daunenjacke der Obdachlosen. Er schaute um sich, es klingelte immer noch, das Geräusch kam von nebenan, von seinem Nachbarn, der in die Manteltasche griff und das Klingeln abstellte. Entschuldigen Sie, sagte er zu Spatz, ich muss aufbrechen, doch statt aufzustehen, lehnte er sich wieder zurück.

Ein junger Mann, der auf der Bank nebenan gesessen war, einer Bank, auf der nur Obdachlose saßen, stand nun vor ihnen und schrie den eleganten Mann an: Gib mir dein Handy! Der elegante Mann nickte, als würde er der Aufforderung nachkommen wollen, sagte aber: Ich habe kein Handy. Und was, fragte der junge Mann, scheppert in deiner Manteltasche? Her damit! Der elegante Mann entgegnete: Was in meiner Tasche geläutet hat, ist kein Handy, sondern eine Eieruhr. Der junge Mann nickte anerkennend. Ich habe schon viele dumme Antworten gehört, sagte er, aber deine ist die dümmste. Her damit. Der elegante Mann griff in die Manteltasche, zog eine Eieruhr hervor und zeigte sie dem jungen Mann. Der nahm sie, schüttelte den Kopf, warf sie auf den Boden und trat sie in Trümmer. Eine Eieruhr, sagte er, eine Eieruhr. Willst du mich verarschen?

Er ging auf den Mann zu und hob die Faust. Spatz stellte sich ihm entgegen. Du Würstel, sagte der junge Mann, misch dich nicht ein, und er holte mit der Hand aus. Doch bevor er zuschlagen konnte, traf ein Faustschlag von Spatz sein Brustbein. Der junge Mann stolperte nach hinten, fiel auf den Boden und rappelte sich auf. Weg von hier, sagte der elegante Mann, zog Spatz mit sich und rannte mit ihm über die Ringstraße. Im Café Sessel nahmen sie Platz.

Ich war, sagte der elegante Mann, bis vor kurzem stellvertretender Generaldirektor des Statistischen Zentralamtes, heutzutage Statistik Austria genannt. Nun bin ich im vorzeitigen Ruhestand. Er atmete tief und wirkte erschöpft. Ich frage mich, sagte Spatz, und ich bitte Sie, mir diese Frage zu verzeihen – ich frage mich, ob es einen Zusammenhang gibt zwischen Ihrem Beruf und dem Umstand, dass Sie eine Eieruhr bei sich tragen. Selbstverständlich, fuhr der Mann fort, alles steht mit allem in Zusammenhang. Vor allem für mich, fuhr der Mann fort. Als Kind schon hatte ich – früher sagte man: einen Dachschaden, heutzutage sagt man: eine einseitige Begabung. Stand ich an einer Kreuzung, genügte ein Blick, und ich wusste: Hier befinden sich zwölf Autos. Sonntags speiste die Familie, wir waren wohlhabend, stets auswärts. Ich betrat das Restaurant und wusste: Hier sitzen neunzehn Leute. Im Alter von vier hatte ich mit dieser Gabe geprotzt, bald aber, als ich merkte, dass ich den Leuten damit auf die Nerven ging, behielt ich mein Wissen, das niemandem, auch mir nicht diente, für mich.

Ich habe immer schon eine Neigung zum Rechnen gehabt, sagte der Mann, er sprach lebhafter als vorher, in der Volksschule hieß das: Rechnen, im Gymnasium: Mathematik. Meine Begabung war darauf beschränkt, ein Phänomen zahlenmäßig zu erfassen. Die Mathematik aber arbeitet mit Zahlen. Die Fähigkeit dazu war bei mir mittelmäßig wie bei den meisten anderen Kindern. Im Alter von zwölf schwebte mir noch eine Karriere als Mathematiker vor. Es reichte nur zu einem Jusstudium. Danach verschaffte mein Vater mir einen Posten im Staatsdienst. Ich war dort unzufrieden. Auch in der Ehe. Ich habe dreimal geheiratet, jede der Ehen hielt zwei Jahre. Ich glaubte eine Gesetzmäßigkeit zu erkennen und heiratete nicht mehr. Dann lernte mein Vater in seinem Tennisclub einen Mitarbeiter des Statistischen Zentralamts kennen, und er hatte die Idee, dass ich vielleicht dort, wo die Wirklichkeit des gesamten Staates in Zahlen gegossen wird, eine mich zufriedenstellende Arbeit finden könnte. So war es auch.

Zwanzig Jahre lang ging es im Staat bergauf. Vor mir lagen die Zahlen aus allen Arbeits- und Lebensbereichen. Ich berauschte mich an ihnen. Die meisten Leute hatten Arbeit. Ich wusste, wer wie viel verdiente. Ich freute mich, dass derjenige von dem Lohn leben konnte. Ebenso freute ich mich, dass er Sozialversicherung zahlte, also die Pensionskasse voll war; dass die Krankenversicherung mehr einnahm, als sie ausgab. Und dann der Umsturz. Zuerst glaubte ich die Lüge, es handle sich um eine vorübergehende Krise.

In Wahrheit, sagte der elegante Mann, erweist sich der heutige Zustand dieser Gesellschafts- und Wirtschaftsordnung als permanente Krise. Das liegt, wandte Spatz ein, in der Natur des Kapitalismus. Nein, erwiderte der elegante

Mann und schaute Spatz streng an. Wer die Schuld beim Kapitalismus sucht, sagte er, will einem den Kommunismus einreden. So ist es, erwiderte Spatz. Sie sind der Erste, sagte der Mann, der das zugibt. Sind Sie Kommunist? Dazu mangelt es mir an Format, antwortete Spatz. Im Übrigen fürchte ich, dass ich Sie vom Thema abgebracht habe.

Der Mann lehnte sich zurück, schloss die Augen, schien gegen Tränen anzukämpfen, er fasste sich und sagte: Nach dem Umsturz – ich habe nicht herausgefunden, wer dafür verantwortlich ist, alle Begründungen, die ich kenne, sind irreführend –, nach dem Umsturz verschlechterten sich die Zahlen. Sie landeten nicht mehr auf meinem Schreibtisch, sie schlugen dort ein. Ich habe mich in meiner statistischen Arbeit vor allem mit dem Arbeiter beschäftigt. Denn meine Feinde, die Kommunisten, behaupteten, der Arbeiter werde ausgebeutet, unterdrückt, geschunden. Ich warf ihnen meine Zahlen an den Kopf, welche das Gegenteil bewiesen. Und dann diese Katastrophe. Der Arbeiter wird arbeitslos. Er zahlt wesentlich weniger in die Pensions- und in die Krankenkasse. Mit dem Arbeiter verarmt der Sozialstaat. Außerdem produziert jeder Arbeitslose eine Kette von Unglück. Er wird an Leib und Seele krank, die Frau lässt sich scheiden, die Kinder verwahrlosen.

Ich habe das als sozialen Krieg empfunden, sagte der elegante Mann, und als Spatz ihn auf ein Glas Wein einlud, bedankte er sich dreimal. Diesem Krieg mit seinen Angriffswellen aus Zahlen war ich nicht gewachsen. Ich fiel im Arbeitszimmer vom Sessel, wurde nach einem Nervenzusammenbruch ins Spital gebracht und für dienstunfähig erklärt. Ich stand ohnedies kurz vor der Pensionierung. Ich hatte nichts mehr zu tun und wurde doch von dem Gedanken beherrscht, etwas tun zu müssen. Also ging ich hinaus in die Welt, das heißt von meiner Wohnung im ersten Bezirk über die Ringstraße in den Stadtpark. Dort sah ich, dass das Elend viel größer war, als ich es mir vorgestellt hatte. Ich war mit Arbeitslosen beschäftigt, hier stand ich Obdachlosen gegenüber. Ich fasste einen Plan: Ich würde die Leute ansprechen, sie organisieren und eine Armee formen. Ich erinnerte mich an die Bauernkriege. Geschundene Bauern hatten sich um einen Anführer geschart. Ich werde der Anführer der Obdachlosen sein und endlich zu etwas taugen.

Um mit den Obdachlosen ins Gespräch zu kommen, sagte der Mann, erfand ich den Trick mit der Eieruhr. Ich hatte beobachtet, dass vor allem junge Obdachlose älteren Leuten, die auf einer Parkbank saßen und telefonierten, das Handy entrissen und wegliefen, wahrscheinlich um es zu verkaufen. Das sind, so ist meine Überlegung gewesen, die Aktiven, die muss ich gewinnen. Ich steckte eine Eieruhr in die Manteltasche. Waren junge Obdachlose in der Nähe, ließ ich die Uhr ablaufen. Und einige Obdachlose sprachen mich tatsächlich an. Warum ich das Handy in der Manteltasche klingeln lasse, anstatt zu telefonieren, war die gängige Frage. Ich holte die Eieruhr aus der Manteltasche, zeigte sie her und erklärte, deren Klingeln erinnere mich, dass ich einen Termin wahrzunehmen hätte. Das erstaunte und belustigte die Obdachlosen, und auf diese Weise kam ich mit ihnen ins Gespräch. Ich gab ihnen meine Visitenkarte, versprach jedem, ihn zum Essen einzuladen, bat um einen Anruf, doch niemand meldete sich. Und heute ist ein Obdachloser sogar aggressiv geworden. Sie haben mich gerettet. Betreiben Sie Kampfsport? Nein, antwortete Spatz, ich bin, besser gesagt, ich war Boxer. Das hat man gesehen, sagte der elegante Mann, stand auf und sprach den Wunsch aus, den Amerikaner wiederzusehen. Geben Sie mir Ihre Telefonnummer?, fragte Spatz. Nicht nötig, sagte der Mann, ich sitze jeden Morgen ab neun hier beim Frühstück.

– 9 –

Am nächsten Tag um neun Uhr früh ging Maximilian Spatz ins Café Sessel. Er stand bei der Garderobe, zog aber den Mantel nicht aus. Der elegante Mann war nicht da.

Spatz vertraute sich einem Kellner an, beschrieb den Mann, den er suchte und der das Café bereits verlassen haben konnte, hob hervor, es handle sich um einen Stammgast. Der Kellner verneinte entschieden: Er arbeite seit fünf Jahren hier, jemanden, auf den die Beschreibung zutreffe, habe er in diesem Café noch nie gesehen. Seit fünf Jahren?, fragte Spatz, Sie sind noch sehr jung.

Ich bin mit zwanzig nach Wien gekommen, war die Antwort. Woher? – Aus Rumänien, sagte der Kellner. Sie sprechen sehr gut Deutsch. – Aus Rumänien, fuhr der Kellner fort, kommen Taschendiebe und Einbrecher. Um normale Arbeit zu bekommen, muss man besseres Deutsch sprechen als die Einheimischen. Sie scheinen akzeptiert zu werden, sagte Spatz. So ist es, war die Antwort, ich aber akzeptiere die Wiener nicht. Ich habe in Bukarest Kellner gelernt. Konfrontiert mit dem Benehmen der Gäste, erwarb ich Geschicklichkeit im Auftreten. In Wien, der Stadt der Manieren, dachte ich, würde ich mich weiterentwickeln. Irrtum. Von Manieren keine Spur. Spatz stimmte dem Kellner zu und wollte die Rede auf die Eleganz bringen, die ebenfalls verlorengegangen sei. Doch der Kellner eilte zu einem Gast, der »Zahlen!« gebrüllt hatte.

Spatz stand bei der Garderobe und zögerte, den Mantel, den er nun über dem Arm trug, auf einen Kleiderbügel zu hängen. Vielleicht, dachte er, kommt der Mann noch. Spatz hatte sich die Begegnung einige Male durch den Kopf gehen lassen: Der Mann wies skurrile Züge auf, gewiss, insgesamt wirkte er aber trotz Eieruhr vernünftig. Den Gedanken, der Mann könnte ihn gefoppt und für heute Morgen hierherbestellt haben in der festen Absicht, selbst nicht zu kommen, hatte Spatz ausgeschlossen.

Statt hier zu stehen, dachte er, wäre es bequemer, sich an einen Tisch zu setzen. Es war aber keiner frei. Ganz Wien, dachte er, scheint hier zu frühstücken. Ein einziger Sessel war nicht besetzt, an diesem Tisch aber saß ein Mann, der offenbar auf jemanden wartete. Ein schöner Mann, dachte Spatz, der wartet auf eine schöne Frau. Mitte vierzig, schlank, er hat nur ein Glas Wasser und eine Kaffeetasse vor sich stehen. Mittelscheitel, schulterlanges, dunkles Haar, Prototyp des italienischen Dirigenten, jedoch sehr lässig gekleidet, das weiße Hemd wurde offen getragen, der Anzug aus hellgrauem Schnürlsamt war viel zu groß und hing, ohne sich um eine Fasson zu bemühen, lose am Körper, was gut aussah.

Spatz ging hin und fragte, ob er Platz nehmen dürfe. Gerne, sagte der Mann, aber auf Ihre Verantwortung. Spatz setzte sich. Liegt eine Bombe unter dem Sessel?, fragte er. Viel schlimmer, sagte der Mann und lächelte derart einnehmend, dass Spatz meinte, diesen Mann würde er gern zum Bekannten gewinnen. Mein Körper, sagte der Mann, ist imprägniert mit Chemikalien. Das riecht man. Ich rieche es nicht, sagte Spatz. Ich auch nicht, antwortete der Mann. Sensiblere Menschen aber rümpfen die Nase.

Sind Sie Chemiker?, fragte Spatz. – Nein, Biologe. Also Biochemiker, sagte Spatz. Der Mann lachte. Sie haben, erwiderte er, als Erster meinen Beruf richtig bezeichnet. Ich habe in New York einen Freund, sagte Spatz, der ist Psychiater. Er hat eine Patientin, die ihren Mann liebt, ihn aber, wörtlich genommen, nicht riechen kann. Seine Hände, seine Arme sind mit Maschinenöl getränkt. Er repariert Lifte in Hochhäusern.

Er verdient gut, hat als Facharbeiter einen guten Ruf in der Branche und kann deshalb den Beruf nicht wechseln. Er hat zwei Kinder, die er in gute Schulen schickt. Das kostet Geld. Er will sich von der Frau nicht trennen, sie nicht von ihm. Ein Problem, für das es keine Lösung gibt.

Meine Geschichte, sagte der Mann, ist nicht so schön. Ich bin ein triviales Problem, für das es mehrere Lösungen gibt. Sie scheinen auch so ein Fall zu sein. Sie leben in New York, halten sich aber zurzeit in Wien auf. Ein New Yorker, der für einige Zeit nach Wien kommt, kleidet sich neu ein, elegant, so wie Sie. Wenn ich früher in New York zu tun hatte, trug ich eine Lederjacke wie ein Boxer oder ein Rocker. Der Intellektuelle in der Lederjacke – ein Signal.

Das war einmal, fuhr der Mann fort, heute trage ich, wie Sie sehen, den deutschen Freizeitanzug. Ich muss widersprechen, sagte Spatz. Sie verwechseln, erwiderte der Mann, die deutsche Freizeitmode mit dem Freizeitanzug. Deutschland überflügelt die anderen europäischen Länder auch in der Mode. Doch was durch Macht erzwungen wird, wirkt früher oder später lächerlich – später, wenn es um materielle Macht geht; früher, wenn nur Kunstgewerbe, Mode im Spiel ist. Die deutsche Freizeitmode ist für die Massen, nicht mehr nur für die deutschen, sondern die europäischen. Der deutsche Freizeitanzug ist für die europäischen Intellektuellen: lässiger Stoff, schlampige Fasson.

Spatz bestellte einen Espresso und bat um die Speisekarte. Ich trage diesen Anzug, fuhr der Mann fort, als Trauerkleidung. Um wen trauern Sie? – Um mich, antwortete er. Warum? – Ich bestand zu einem Teil aus einem Revolutionär. Der ist verstorben, sagte der Mann. Woran? – Organversagen, war die Antwort. Kein frischer Wind, der in die stickigen Verhältnisse hineingeblasen hätte, daran ging die Lunge zugrunde. Keine aufrüttelnden Reden, in die ich hätte einstimmen können, weshalb das Gehirn austrocknete. Kein aus

Fässern strömender Wein, der die Gedanken mit sich fortgerissen hätte zu revolutionärer Tat, weshalb die Nieren und die Leber den Dienst versagten.

Also sind Sie, sagte Spatz, halb tot. Im Gegenteil, erwiderte der Mann, die Erinnerung an meine gescheiterte revolutionäre Existenz ist mitunter lebendiger als mein wirkliches Leben. In diesem, sagte Spatz, sind Sie Biochemiker. Der Mann lachte. Das haben Sie erfunden, erwiderte er. Ich bin zwar Biologe, habe mich aber aus kommerziellen Gründen auf die Präparation von Tieren spezialisiert.

Ich betreibe zwei Firmen, fuhr er fort. Das Hauptgeschäft befindet sich im Naturhistorischen Museum. Außer mir arbeiten dort fünf Frauen und drei Männer, alles promovierte Biologen, meine Angestellten. Stirbt in einem europäischen Tiergarten ein Elefant, wird er von uns abgeholt, in einen Hof des Naturhistorischen Museums geworfen und dort bearbeitet, bis wir die völlig sauberen und gut haltbaren Knochen vor uns haben. Warum ausgerechnet Elefanten?, fragte Spatz.

Weil, sagte der Mann, in allen Naturhistorischen Museen der Welt die Skelette von Elefanten als die attraktivsten Ausstellungsstücke gelten. In den Nationalparks und in den Tiergärten werden die Elefanten aus sicherer Distanz ängstlich beäugt. Sie sind keine Raubtiere, bei denen der Mensch überhaupt keine Chance zu überleben hat, aber sie sind riesig und unberechenbar. Der Tierwärter wirft Zuckerstücke in die Luft, der Elefant fängt sie mit dem Rüssel auf, das Publikum applaudiert den beiden, und im nächsten Augenblick schiebt der Elefant den Tierwärter gegen eine Wand, zerquetscht ihn, lässt ihn tot liegen und wendet sich dem Fressen zu.

Ich betrachte Elefanten, sagte Spatz, als diejenigen Lebewesen, die dem Menschen überlegen sind, weil sie – und das sind gewiss keine naturwissenschaftlichen Argumente – lange vor ihm auf der Welt waren und weil sie riesengroß sind. Zudem haben sie, anders als die dünnhäutigen Menschen, eine sehr dicke Haut. Sie haben nicht unrecht, erwiderte der Mann, der Elefant gehört zwar der Vorzeit an, lebt aber immer noch.

Und er hat das Glück, fuhr der Mann fort, dass er von der Krone der Schöpfung zwar gefürchtet, aber auch bewundert wird. Er wird also nicht vollends ausgerottet. Er bekommt sogar in jedem Naturhistorischen Museum in Form eines Skeletts einen Sonderplatz. Und wenn irgendwo auf der Welt ein solches Skelett Schaden nimmt, wendet man sich an uns, an meine Firma, und wir liefern vom Mittelfußknochen über die Rippe bis zum Kiefer alles. Darf ich Sie, fragte der Mann, auf ein Glas Sekt einladen? Gern, antwortete Spatz, vorausgesetzt, Sie nehmen dann meine Einladung auf ein Glas Champagner an. Ich sollte aber vorher etwas essen. Lassen Sie mich das machen, sagte der Mann, er winkte den Kellner herbei und bestellte zwei Butterbrote mit Schnittlauch. Nichts passe besser zu Sekt und Champagner, versicherte er Spatz.

Sie aßen und tranken. Es kam auch noch der Espresso, den Spatz bestellt hatte. Das Geschäft mit den Skeletten, sagte der Mann, geht von Jahr zu Jahr besser. Zurzeit werden viele neue Naturhistorische Museen gebaut, auch in Ländern, in denen Not herrscht. Diese Länder erhalten von der UNO oder von sonst wem Geld für Bildungseinrichtungen, und sie bauen damit Naturhistorische Museen, mit der Begründung, ein solches Museum sei von allen Bildungseinrichtungen die wichtigste.

Das ist doch Unsinn, sagte Spatz. Im Gegenteil, antwortete der Mann. Der unterdrückte Mensch, verachtet von den Herrschern, sucht nach etwas, das er verachten kann, weil es tiefer steht als er selbst. Die Tiere. So ist auch der elendste Mensch ein Anhänger des Humanismus, der den Menschen ins Zentrum der Welt stellt. Im Naturhistorischen Museum sieht er anhand der Skelette, dass er das höchstentwickelte

Lebewesen ist. Wäre sein Blick nicht durch humanistische Propaganda verdorben, sähe er, dass die Menschheitsgeschichte ein Teil der Naturgeschichte ist. Das aber erkannten nur wenige Denker, Karl Marx und Karl Kraus.

Karl Kraus, fragte Spatz, ist für Sie ein Philosoph? In Österreich, antwortete der Mann, ist jahrhundertelang keine Philosophie hervorgebracht worden. Das hat sich bis heute nicht geändert. Das Habsburgerregime war despotisch, es erlaubte als geistige Hervorbringung ausschließlich Musik, in der falschen Annahme, die könne nicht sprechen. Da man aber nichts vollkommen unterdrücken kann, ist die Philosophie in der Literatur durchgebrochen, zuerst bei Nestroy, dann bei Karl Kraus, der sogar in Deutschland einen Schüler hatte, Adorno.

Den kenne ich als Philosophen der Neuen Musik, sagte Spatz. Der Mann lachte. Ausgerechnet Sie, ein Amerikaner, sagte der Mann. Ihr Land ist von der Neuen Musik bestenfalls gestreift worden. Keineswegs, erwiderte Spatz, mein Vater, er ist über siebzig, lebt als Komponist in New York. Vor einem Jahr ist sein neues Streichquartett in Wien uraufgeführt worden. Das begeisterte Publikum war der Meinung, in der Stadt, in der die musikalische Moderne entstand, gebe es doch noch radikale moderne Musik. Sogar die Kritik ließ sich von dieser Stimmung mitreißen.

Sie heißen also Spatz, sagte der Mann. Ja. – Ich würde, fuhr der Mann fort, am liebsten sagen: Wie klein ist die Welt. Sie hätten damit recht, antwortete Spatz, die Welt war und ist klein. Nein: Sie ist überschaubar. Die Welt, in welcher der Einzelne lebt und arbeitet, egal, wo auf der Erde, ist die Welt, in der er seine Erfahrungen macht und über diese nachdenkt. Deshalb ist die Welt des Menschen immer klein, überschaubar, erfahrbar. Wer, wo auch immer, sich für Neue Musik interessiert, schaut sich um in der kleinen Welt dieser Musik und stößt unweigerlich auf meinen Vater.

Ich sehe das anders, erwiderte der Mann. Diese kleine Gemeinde, die Neue Musik hört, lebt auf der Höhe der Zeit, hört Musik, die heute entsteht, so wie man selbst im Heute und nicht im Gestern lebt. Was ist mit den anderen, der Mehrheit, die nichts zu tun haben will mit Neuer Musik? Die Mehrheit, antwortete Spatz, zerfällt wieder in unzählige Gemeinden, bevölkert von Menschen, die in der Sklaverei der Lohnarbeit gefangen sind und von der Musikindustrie beliefert werden, wobei jede Gemeinde in jeder Saison ihre eigene neue Musik bekommt.

Ehe ich aufbreche – was führt Sie nach Wien?, fragte der Mann. Nun ja, sagte Spatz – und er dachte: Nein, das sage ich jetzt nicht, es muss einmal Schluss sein mit diesem närrischen Spiel; doch da sagte er es schon – nun ja, ich bin Schaufensterdekorateur, ich besuche einige Städte, um zu sehen, wie dort Schaufenster gestaltet werden. Nun bin ich in Wien, aber erst seit kurzem, ich hatte noch keine Zeit, mir Schaufenster anzusehen. Hier ist meine Karte, sagte der Mann, wir sehen einander, wenn es nach mir geht, gewiss wieder. Er bezahlte alles und ging.

Spatz saß allein vor dem halbvollen Glas Champagner. Er hatte, seit er am Morgen erwacht war, nur an Anna gedacht, hatte während des Gesprächs mit dem Mann vom Naturhistorischen Museum die Gedanken an Anna nicht wegschieben wollen, nun aber, da er allein war, wurde die Sehnsucht nach dieser Frau so stark, dass kein anderes Gefühl, kein anderer Gedanke daneben Platz hatte.

Eine Liebesnacht, dachte er, in der die Liebe zu dieser Frau für ewig gefestigt wurde. Doch von Ewigkeit kann keine Rede sein. Nicht einmal von einer Gegenwart. Anna hat für mich keine Zeit. Sie arbeitet. Und nach der Arbeit? Ich weiß nicht, was sie da tut. Ist sie erschöpft? Arbeitet sie an ihrem Gewerkschaftsprojekt? Ich könnte in das Kaufhaus gehen und zu ihr sagen: Gib mir die Hand, wir gehen von hier weg, wirf die Arbeit hin, wir lassen es uns gutgehen. Wie lange, wird sie fragen, du gehst nach einem Jahr zurück nach New York. Was wird dann aus mir? Ich würde es nicht wagen, ihr den Vorschlag zu machen, alles hinzuwerfen und mit mir, dem Tagedieb, eine schöne Zeit zu verbringen.

Liebe bedeutet, dachte Spatz, dass man jemanden nimmt, wie er ist. Ich musste fünfzig werden, um auf diese Weise lieben zu können. Anna. Ich sage diesen Namen vor mich her, das genügt. Auf dem Weg zum Kaufhaus sagte Spatz zu sich: Es fällt mir leicht, diese Frau zu akzeptieren, wie sie ist, weil ich die Art und Weise, wie sie ist, liebe. Alles sei einfach und leicht. Das nenne er Glück.

Die Architektur des Kaufhauses, vor dem er nun stand, empfand er als Angriff auf seine Person. In monotoner Abfolge waren große Fenster in die monotone Außenwand eingelassen, tief hineinversetzt in die Wand, so dass die Fenster tatsächlich wirkten wie die Schießscharten einer Trutzburg. Wer, fragte sich Spatz, sind die Feinde, vor denen ein Kaufhaus sich schützen, auf die es schießen muss?

Er ging dieser Frage nicht nach, nicht weil er sie für belanglos hielt, sondern weil er, nachdem er über dem Eingang den Namen des Kaufhauses vergeblich gesucht hatte, aufmerksam das Schaufenster neben dem Eingang betrachtete: Schaufensterpuppen, die Frauen darstellten und Männer. Ein Mann mit Hitlerbärtchen hält ein Schmetterlingsnetz in die Höhe. Eine Frau ist bereit, einen überdimensionalen Kompass Richtung Schmetterlingsnetz zu werfen. Ein junger Mann zieht aus einem Seesack ein Seil. Eine Frau betrachtet liebevoll eine Axt. Ein Mann trägt eine Armbrust. Eine Frau hat Holz für ein Lagerfeuer vor sich aufgestapelt.

Dieses Kaufhaus, dachte Spatz, bietet ein Bild des Verfalls. Und Anna schuftet in dieser Ruine, nicht nur als Verkäuferin, sondern auch als Gewerkschafterin. Ich werde, beschloss Spatz, in diese Ruine eindringen. Nicht als Käufer.

Ich gehe zum Geschäftsführer und sage ihm, dass ich dieses Modehaus vor dem Zusammenbruch retten kann.

Der Geschäftsführer kam aus dem Staunen nicht heraus. Sie sind aus New York? – Auch Spatz war überrascht, sich einem alten, dürren Mann gegenüberzusehen mit dichtem grauen Haar, das seitlich streng gescheitelt war, der eine Zigarette ausdämpfte, sogleich die nächste anzündete und aus der Flasche, die vor ihm stand, Whisky in ein Glas goss. Ich habe gelesen, sagte Spatz, dass das Unternehmen, dessen Wiener Filiale Sie leiten, nicht floriert. Auch nicht die Filialen in Deutschland und Skandinavien.

Schmutzpropaganda, sagte der Geschäftsführer. Trinken Sie ein Glas Whisky mit mir? Spatz nickte. Der Mann schob ihm die Zigarettenschachtel hin. Danke, sagte Spatz, ich rauche Zigarillos, und er zündete sich einen an. So redet es sich leichter, sagte der Mann. Worüber?, fragte Spatz. Wir sitzen hier im Flaggschiff eines großen Unternehmens, sagte der Mann, und ein Flaggschiff darf nicht untergehen. Meinen Sie damit dieses Gebäude?, fragte Spatz. Richtig, war die Antwort, wir haben in einer der attraktivsten Geschäftsstraßen der Welt mit einem der berühmtesten Architekten der Welt das teuerste Modehaus der Welt errichtet. Ich habe dieses Unternehmen mitbegründet, ich habe diesen Bau verantwortet und das ultimative Konzept eines Modehauses entworfen: beste Qualität für möglichst viele. Das Konzept ging auf.

Aber nur für kurze Zeit, wandte Spatz ein. Nein, war die Antwort, für immer. Dass das Geschäft nicht gut geht, steht dazu nicht in Widerspruch. Im Geschäftsleben gibt es ein Auf und Ab. Ich stehe das Tief, in dem wir uns nun befinden, durch. Das ist in Österreich nicht leicht. Hier gibt es noch ein Arbeitsrecht und gewerkschaftliche Möglichkeiten, die es in anderen Ländern nicht mehr gibt. Dagegen gehe ich drakonisch vor. Ich senke die Kosten, die Löhne, die Zahl der Mitarbeiter. Mit dem Ergebnis, dass zwar der Umsatz zurückgeht, aber auch die Löhne, so dass der Gewinn fast so groß ist wie in den Zeiten, als das Geschäft florierte. Damals zahlten wir höhere Löhne. Was ein Fehler war. Mein Fehler. Wir haben die Leute verwöhnt, mit der Folge, dass sie raffgierig geworden sind. Ich kürze die Löhne, und die Leute sträuben sich dagegen.

Wenn ich, antwortete Spatz, vor Ihrem Modehaus stehe und die Schaufenster betrachte, sehe ich sofort, was in diesem Betrieb falsch gemacht wird. Die Kleidung, die Sie anbieten, die Produkte von einem Dutzend berühmter Modeschöpfer, ist wertlos. Nein, rief der alte Mann, im Gegenteil. Wir haben in diesem Haus das beste Angebot an Kleidung, das es auf der Welt gibt. Irrtum, erwiderte Spatz, jeder bedeutende Modeschöpfer steht für sich, im besten Fall hat er in jeder Metropole der Welt ein eigenes Geschäft. Der Mantel, den er schneidert, wird von einem Verehrer dieses Modeschöpfers geschätzt. Diesen Mantel in ein beliebiges Modehaus zu hängen und daneben die Mäntel anderer Modeschöpfer, ist der Tod der Mode.

Das Gegenteil ist der Fall, sagte der Mann. Dieses Getue der Modeschöpfer ist unerträglich. Bei uns hängen ihre Produkte nebeneinander. Und niemand, sagte Spatz, kauft sie. Das war vor einigen Jahren anders, erwiderte der Mann, da wurde unser Konzept als das beste gefeiert. Zurzeit sind wir in einem Tief, da haben Sie recht. Wir weichen aber von unserem Konzept nicht ab. Ein Zurück ist außerdem nicht möglich.

Ich danke Ihnen, sagte Spatz, dass Sie sich für dieses Gespräch Zeit genommen haben. Sie sind doch, erwiderte der Mann, mit einer bestimmten Absicht zu mir gekommen. Diese Absicht, antwortete Spatz, habe ich während des Gesprächs aufgegeben. Ich wollte Ihnen erklären, wie man durch eine andere Gestaltung der Auslagen, die ich bewerkstelligen würde, das Geschäft ankurbeln könnte. Ich würde dafür nichts verlangen. Sie kommen nur für die geringen Materialkosten auf und stellen mir ein paar Hilfskräfte zur Verfügung. Sie sind aber an meinem Vorschlag nicht interessiert.

Sie irren sich, erwiderte der alte Mann. Mein Unternehmen braucht dringend geschäftlichen Erfolg. Es würde aber auch ohne diesen Erfolg nicht zugrunde gehen. Man hat mich trotz meines hohen Alters hierhergeholt, weil ich nicht nur ein erfahrener Geschäftsmann bin, sondern, vor allem, der Philosoph des Unternehmens. Wir leben in einem Widerspruch, einerseits funktioniert der Kapitalismus nicht mehr, andererseits gibt es zu ihm keine Alternative.

Sie fahren, sagte Spatz, mit einem kaputten Auto, kommen kaum von der Stelle, weigern sich aber, es mit einem neuen Auto zu versuchen. Das ist ein verbotener Gedanke, antwortete der alte Mann, und er lächelte unbefangen und herzlich, als hätte er Spatz mit einer guten Nachricht überrascht. Sie kennen die alte Leier, fuhr der Mann fort: Wenige Prozent der Weltbevölkerung besitzen achtzig oder neunzig Prozent des gesellschaftlichen Reichtums. Das ist ein Spitzenwert, den hat in den vergangenen tausend Jahren kein König, kein Diktator, kein Kaiser erreicht.

Und diesen Standard, fragte Spatz, wollen Sie halten? Den müssen wir halten, war die Antwort. Wir sind die letzte Ordnungsmacht, auf uns folgt das Chaos. Um die Ordnung aufrechtzuerhalten, bedarf es ungeheurer Mittel. Für die Leute bleibt nicht viel, aber sie verstehen den Zusammenhang. Denn uns gehören auch die Medien. Die Nazis würden uns beneiden. Sie haben es mit Gewalt versucht und sind gescheitert. Außerdem haben sie ein tausendjähriges Reich angepeilt. Wir sind froh, wenn wir es noch ein paar hundert Jahre schaffen.

– 10 –

Der Alte zündete sich die nächste Zigarette an. Spatz stand auf, um das Gespräch zu beenden. Sie denken in Jahrhunderten, sagte er, ich weiß nicht einmal, was der morgige Tag bringt. Deshalb ergänzen wir einander, behauptete der Mann. Vielleicht in hundert Jahren, erwiderte Spatz. Ich habe schon lange kein so gutes Gespräch geführt wie mit Ihnen, sagte der Mann. Ich werde Sie an dieses Haus binden. Sie wollen das Geschäft in Gang bringen durch eine attraktive Auslagengestaltung. Machen Sie einen Vorschlag – und dann machen Sie sich an die Arbeit.

Mein Vorschlag, sagte Spatz – er setzte sich wieder, zündete sich einen Zigarillo an, schenkte sich einen Whisky ein und konnte es nicht fassen, diese Auseinandersetzung mit dem alten Mann gewonnen zu haben, denn konnte er in diesem Haus arbeiten, war er Anna nahe, und nur darum ging es ihm –, mein Vorschlag ist ein Gegenkonzept. Alles, was man in den Schaufenstern sieht, ist verlogen. Die Schaufensterpuppen repräsentieren eine strahlende Mittelschicht, die im Verschwinden begriffen ist. Wenn die Leute davorstehen und erkennen, was sie einmal waren und nun nicht mehr sind, gehen sie enttäuscht weiter und beschließen, das Modehaus nie wieder zu betreten.

Ich gewinne die Leute zurück, fuhr er fort, indem ich sie als Verlierer zeige. Sie waren ausgezogen, um die Welt zu erobern. Die Mittelschicht als Herr über die Natur. Sie tritt an zur Entscheidungsschlacht gegen das Tier. Sie fühlt sich als Gott: Sie hat alle Vernichtungsmittel in der Hand, das Tier ist hilflos. Doch dann stagniert das Wirtschaftssystem, das die Mittelschicht ins Zentrum gestellt hat. Gestern noch Herr der Welt, ist die Mittelschicht heute das Ergebnis einer Sparmaßnahme, also Dreck. In den Schaufenstern wird man sehen, wie die Tiere, eben noch von der Ausrottung bedroht, die Menschen vertreiben und verspotten.

Die Tiere im Schaufenster, fuhr Spatz fort, sind Elefanten in Form von Skeletten. Wer bezahlt das?, fragte der alte Mann. Ich, antwortete Spatz; es kostet Sie nichts. Ein Elefant ist angezogen als Hüttenwirt, ein anderer als Hotelier. Sie vertreiben die mit gehobener Freizeitmode gekleideten Menschen aus dem Ferienparadies. Die Vertriebenen landen im zweiten Schaufenster: in der neuen Wirklichkeit. Sie sind heruntergekommen zu kleinen Arbeitern und Angestellten, ihre schicke Kleidung wurde umgenäht zur Arbeitskluft. Sollte das die Leute, womit ich rechne, ins Kaufhaus locken, müssen sie, wenn schon nicht eine andere, billige Mode, wenigstens andere Preise vorfinden. Sie müssen, sagte Spatz zu dem Alten, parallel zu meiner Aktion die Preise um die Hälfte senken. Wir werden sehen, was dabei herauskommt.

Ich gebe Ihnen vier Wochen Zeit, sagte der Mann. Ich brauche nur eine Woche, antwortete Spatz, dann ist die Sache gelungen oder gescheitert. Sie sind ein interessanter Kerl, erwiderte der alte Mann. Spatz zwang sich, das Kompliment nicht zurückzugeben, schaute den Alten eine Zeitlang an, dachte sich, so ein Drecksack, verabschiedete sich mit einer knappen Verbeugung, hielt aber an der Tür noch einmal kurz inne und sagte: Es könnte sein, dass ich Ihre Telefonnummer brauche. Der alte Mann nahm eine der Visitenkarten, die in einer bunten Glasschale lagen, stand auf und überreichte sie Spatz.

Beim Hinausgehen las Spatz: Dr. Friedrich Kreuzteufel, und wäre beinahe an der Frau, die im Vorzimmer wartete, vorbeigegangen, hätte sie nicht gesagt: Ich bin sprachlos. Er schaute auf. Es war Anna Berg. Ich auch, sagte er und fuhr fort: Diese Sprachlosigkeit müssen wir nützen. Ohne anzuklopfen, riss er die Tür zum Büro des obersten Chefs auf und rief: Herr Dr. Kreuzteufel, wir schaffen das in einer Woche. Ich habe hier Frau Berg getroffen, Anna Berg, der Himmel schickt sie mir. Ich kenne sie aus New York, sie war dort eine bedeutende Modeschöpferin, und wir arbeiteten gut zusammen. Das werden wir hier fortsetzen. Sie haben sicher nichts dagegen, Herr Doktor.

Der alte Mann kam zur Tür, machte sich ein Bild von der Lage und überlegte. Ich habe, sagte er, Frau Berg zu einer Aussprache gebeten. Es ist besser, wenn sie mit Ihnen zusammenarbeitet, als mit mir ein sinnloses Gespräch zu führen. Frau Berg ist hier, was Sie nicht wissen können, nicht als Modeschöpferin beschäftigt, sondern als Gewerkschafterin. Und als solche arbeitet sie am Niedergang des Unternehmens.

Ich kann, fragte Anna ihren Chef, eine Woche lang mit Herrn Spatz zusammenarbeiten? Sie sind freigestellt, sagte der Mann. Das wissen aber nur Sie, antwortete Anna. Der Mann hob die Stimme. Sie sind freigestellt, wiederholte er. Wenn ich das sage, wird es wohl genügen. Nein, antwortete Anna. Ich rufe sofort Ihren Abteilungsleiter an, sagte der Mann, wie heißt er? Ruckenschnabel, antwortete Anna. Ruckenschnabel, sagte der Mann, den habe ich vor ein paar Wochen gekündigt.

Ich habe, sagte Anna, gegen die Kündigung Einspruch erhoben. Sie haben Ruckenschnabel eingesetzt als Verkaufsgenie und Leuteschinder. Er war weder das eine noch das andere. Das ist kein Kündigungsgrund. Sie sehen, sagte der alte Mann zu Spatz, diese Art von Demokratie richtet uns zugrunde. Ich gebe zu, Ruckenschnabel war der falsche Mann. Also musste ich ihn entlassen. Wenn nicht einmal das mehr möglich ist, ist nichts mehr möglich.

Bis dahin, sagte Spatz, geben Sie mir eine Woche Zeit, um Ihren Laden zu sanieren. Sie sind ein Traumtänzer, antwortete der alte Mann, nur ein Amerikaner kann so unbefangen und naiv sein – und besserwisserisch. Ich mag Amerika nicht. Es lässt uns Europäern keine Chance. Es ist der Zuchtmeister der Welt.

Sie vergessen, erwiderte Spatz, dass der Amerikaner anders als Sie nicht in der Lage ist, einen Plan zu fassen, der über ein Woche hinausreicht. Diese Schwäche wird durch militärische Stärke ausgeglichen. Machen Sie sich an die Arbeit, sagte der Alte. Grußlos und erschöpft ging er in sein Büro und schloss leise die Tür hinter sich. Spatz wollte Anna in die Arme nehmen, doch sie wies ihn, mit einem Blick auf die Sekretärin, die im Vorzimmer so tat, als wäre sie in Arbeit vertieft, zurück. Sie verließen das Kaufhaus.

Auf der Straße fiel Anna ihm um den Hals, sie küsste ihn, er küsste sie, sie küsste ihn, und er sagte, er bekomme keine Luft. Sie lachte laut und brach dann in Tränen aus. Sie hing an seinem Hals, es schüttelte sie am ganzen Körper, minutenlang. Er hielt mit beiden Händen ihren Kopf, um sie zu beruhigen, dann streichelte er sie, in der Hoffnung, sie möge beim Weinen nicht nur Schmerz empfinden.

Kopf an Kopf standen sie da, Spatz einen halben Kopf kleiner als Anna. Er betrachtete die Leute ringsum, niemand, der sich für die weinende Frau und den zärtlichen Mann interessierte. Spatz empfand das als gleichermaßen angenehm und erschreckend. Man wird in Ruhe gelassen, dachte er, um den Preis, dass man nicht wahrgenommen wird. Das Schluchzen endete abrupt, und Anna fragte: Gehen wir nach Hause? Nein, antwortete Spatz. Er legte den Arm um sie, sie gingen Richtung Museumsquartier. Ich muss telefonieren, sagte er, in der Nähe gibt es sicher eine Telefonzelle.

Anna bot ihm ihr Handy an. Ich habe, sagte sie, auf Anweisung von Tante Ehrenreich für dich ein Mobiltelefon besorgt, es liegt in deinem Arbeitszimmer neben dem Computer, den wir für dich haben installieren lassen, mit all dem Kram, der dazugehört. Innerhalb eines Tages?, fragte Spatz. Innerhalb von zwei Stunden, antwortete Anna. Handy und Computer müssen sofort installiert werden, damit ihre Benutzer sofort verfügbar sind.

Die beiden waren inzwischen vor einer Verkehrsampel stehen geblieben. Gar nicht wenige meiner Kolleginnen und Kollegen, sagte Anna, pendeln zwischen der Arbeit im Kaufhaus und der Behandlung beim Psychiater hin und her. Sie hängen im Kaufhaus am Handy und werden einmal dahin, einmal dorthin beordert, damit sie nur ja nicht eine Viertelstunde untätig herumstehen. Werden sie einmal eine Stunde lang nicht angerufen, bekommen sie eine Nervenkrise, weil sie fürchten, überflüssig geworden zu sein.

Dich, fragte Spatz, berührt das alles nicht? Nein, sagte sie. Mich haben die Leute zu ihrer Betriebsrätin gewählt. Sie kommen als Opfer zu mir und erwarten Hilfe. Soll ich ihnen zur Antwort geben, dass auch ich ein Opfer bin? Es ist für mich selbstverständlich gewesen, mich der Wahl zu stellen. Gewählt worden zu sein war ungewohnt. Nun als Gewählte empfinde ich, dass ich anders bin als die, die mich gewählt haben. Ist das nicht interessant?, fragte sie. Das ist normal, antwortete er. Nein, sagte sie. Wir Angestellte haben alle die gleichen Probleme. Ich bin nun aber diejenige, welche die Probleme lösen soll. Das führt zu einem ständigen Kampf mit dem Direktor. Mit dem Kreuzteufel?, fragte Spatz. Sie nickte.

Deshalb, fuhr er fort, muss ich telefonieren. Sie reichte ihm ihr Handy, er gab es ihr zurück, suchte in seinem Notizbuch die Telefonnummer von Franz Montefiori, bat Anna, die Nummer, die er ihr vorlas, zu wählen, sie stellte die Verbindung her und gab ihm das Telefon. Spatz erzählte Montefiori, worum es ging: dass er sich in Wien in eine junge Frau verliebt habe, dass die in einem Großkaufhaus arbeite, noch dazu Betriebsrätin sei, dass sie sich mit der Geschäftsführung in einer Auseinandersetzung befinde, in der sie die Schwächere sei, dass er in diesem Betrieb als Auslagengestalter arbeiten werde, die Billigung der Geschäftsführung habe er bereits, dass er seiner Freundin vielleicht helfen könne, dass er für die Auslagengestaltung den Plan habe, mit den Elefantenknochen von Montefiori eine Tierwelt herzustellen, die Jagd mache auf die Menschenwelt, dass er Montefiori nun frage, ob der ihm die Knochen leihen würde.

Großartig, sagte Montefiori. Spatz war in der Handhabung von Mobiltelefonen so weit bewandert, dass er wusste, wie man den Lautsprecher einschaltet, so dass Anna mithören konnte. Ich schenke dir die Knochen, fuhr Montefiori fort, und ich transportiere sie mit meinem Lieferwagen zum Kaufhaus. Ich werde dir zeigen, wie man die Knochen mit Drähten zusammenfügt, um tierähnliche Gebilde herzustellen. Ich bin in einer Viertelstunde bei dir, sagte Spatz.

Ich wusste nicht, sagte Anna, dass du in Wien einen Freund hast. Ich habe, antwortete er, Montefiori heute Vormittag kennengelernt, und er bat Anna, die Telefonnummer, die er aus seinem Notizbuch vorlas, einzutippen, die Nummer von Direktor Kreuzteufel. Ich bringe heute noch, sagte Spatz zum Direktor, Material ins Kaufhaus. Wo kann ich es lagern? Im Keller, antwortete Kreuzteufel. Ich schicke Ihnen vier Sicherheitsleute. Im Keller gibt es einen saalähnlichen Raum, sie sollen eine Ecke für Sie freimachen. Und Ihnen helfen. Genügen Ihnen vier? Mehr als genug, sagte Spatz und ging mit Anna zum Naturhistorischen Museum.

Montefiori empfing sie im Foyer. Die Knochen und alles andere Material, sagte er, sind bereits auf dem Lastwagen. Er umarmte Spatz. Er verbeugte sich vor Anna, dann umarmte er auch sie. Wir werden Sie in Ihrem Kampf unterstützen, sagte er – so unpathetisch, dass Anna nicht wusste, ob er es ernst meinte oder sich lustig machte. Habt ihr es eilig?, fragte er. Haben wir es eilig?, sagte Spatz zu sich. Er dachte nach, seufzte und sagte: Leider. Ich kann es nicht erwarten, mit der Arbeit zu beginnen, weil ich nicht weiß, wie die Sache sich entwickeln wird. Und wie die Leute darauf reagieren werden. Zum ersten Mal in meinem Leben bin ich von der Gunst eines Publikums abhängig. Wenn meine Auslagengestaltung die Leute nicht animiert, das Kaufhaus zu besuchen, habe ich verloren. Ich darf aber nicht verlieren. Andrerseits: Ich kann ohnehin erst morgen mit der Arbeit beginnen.

Ich zeige euch mein Unternehmen, sagte Montefiori. Vorher aber werfen wir einen Blick ins Museum. Sie gingen vom Foyer ins Innere. Ihr seht, sagte Montefiori, eine Prunktreppe hier, eine dort. Und in der Mitte eine gewaltige Kuppel. Nur die Hälfte des Gebäudes dient Museumszwecken, der gloriose Hauptteil steht da in eherner Sinnlosigkeit. Der Kaiser hat dem Bürgertum erlaubt, ein Naturhistorisches Museum zu bauen, um den Preis, dass er es eröffnet. Das Gebäude wird konzipiert für den einen Tag, an dem der Kaiser es betritt. Das gewaltige Zentrum des Museums ist Pomp: Feststiegen, Säulen, Marmor. Der Rest des Gebäudes dient der Naturgeschichte.

Bauwerke wie dieses, fuhr Montefiori fort, formen den österreichischen Nationalcharakter, jenen satten, selbstzufriedenen Chauvinismus, der sich dem ehrgeizigen deutschen Nationalismus auch dann überlegen fühlt, wenn er ihm unterlegen ist. Der elendste Österreicher zehrt von der Selbstherrlichkeit des Kaisers und dem Prunk der Kaiserstadt. Dass Österreich zum Kleinstaat geworden ist, macht das Land größer, als es war. Der Chauvinist, sagte Montefiori, erlebt das Heute als gestern. Die Leistung, Größe und Bedeutung zu erlangen, ist schon erbracht, er sonnt sich in dem, was war. Ich bin das leuchtende Beispiel dafür, ich werde nicht müde, vom Kampf der Kommunisten gegen die Nazis zu erzählen.

Anna hatte ungeduldig zugehört. Herr Montefiori, sagte

sie, Sie betreiben hier kein kommunistisches Parteilokal, sondern eine offenbar gutgehende Firma. Beides, antwortete er. Die Welt ist voll von Leuten wie mir. Der Arbeiter, der in der Fabrik kommunistisch agitiert, kann gefeuert werden. Wir nicht – wir mit unseren Betrieben, die so klein sind, dass die Großen uns nicht wahrnehmen und nicht als Konkurrenten vernichten. Wir, denke ich manchmal, könnten eine Gefahr für die Herrschenden werden. Ich glaube es aber nicht.

Und nun, fuhr er fort, zeige ich euch meinen Arbeitsbereich. Im großen Hof des Museums herrschten Lärm und ein beißender Geruch. Montefiori reichte seinen Begleitern Papiertaschentücher, sie hatten es eilig, ihre Münder und Nasen zu schützen. Fünf Personen in Arbeitskleidung – wer darin steckte, Frau oder Mann, war nicht zu erkennen – trugen Mundschutz, eine Person auch einen Ohrenschutz. Sie schnitt mit einer Kettensäge große Haut- und Fleischstücke von einem toten Elefanten. Das ist die schwierigste Arbeit, rief Montefiori, den Lärm übertönend, den beiden zu. Denn man braucht die schwere Säge, darf aber das Skelett auf keinen Fall verletzen. Er schützte weder Mund noch Nase, er hatte sich an den Gestank offenbar gewöhnt.

Eine Person trennte die Knochen voneinander, indem sie die Sehnen durchschnitt. Zwei Personen reinigten mit verschieden großen Skalpellen die Knochen von Haut- und Fleischresten. Die fünfte Person tauchte den gereinigten Knochen in ein Fass, schwenkte ihn in einer Flüssigkeit, zog ihn heraus und kontrollierte den Zustand des Knochens. Aus diesem Fass drang der scharfe Geruch. Hier, schrie Montefiori, arbeiten nur hervorragende Wissenschaftler. Ich, schrie Anna zurück, würde lieber an einer Universität arbeiten. Montefiori zog die beiden weiter Richtung Keller.

An der Universität, sagte Montefiori, müssen die Leute Jahrzehnte warten, bis sie zum Professor aufsteigen. Sie buckeln und kriechen vor denen, die bereits Professoren sind, das Buckeln und Kriechen hinter sich haben und alles tun, damit ihresgleichen heranwächst: geistig, seelisch und letztlich auch körperlich verunstaltete Menschen. Es ist für mich also nicht schwierig, fuhr Montefiori fort, gute junge Wissenschaftler zu bekommen. Außerdem zahle ich besser als die Universitäten. Wir werden die Firma zu einem Ort der Forschung machen und diese aus eigenen Mitteln finanzieren, aber nicht hier. Dieses Museum untersteht dem Staat, und der bestimmt, was hier zu geschehen hat. Jedenfalls keine Forschung. Deshalb wandere ich aus. Das Naturhistorische Museum in New York wird ab dem nächsten Jahr der zentrale Ort für Elefantenknochen, meine Firma findet in dem Museum Platz, und es gibt auch Räume für die Forschung, die in New York höchst willkommen ist.

Gehst du, fragte Spatz, tatsächlich nach New York? Im Jänner, antwortete Montefiori. Und ich, sagte Spatz, beginne im Februar wieder in New York zu arbeiten. Und ich?, fragte Anna, belustigt darüber, dass Spatz in Gedanken offenbar schon wieder in New York war. Du, erwiderte Montefiori, und er geleitete die beiden zurück ins Foyer und hinaus aus dem Museum, du wirst Geschäftsführerin meines Betriebs in New York. Leider, sagte Anna, habe ich hier noch einiges zu erledigen. Ich führe in einem Großkaufhaus einen Arbeitskampf. Wann ich ihn endgültig verliere, ist nicht abzusehen. Du wirst ihn nicht verlieren, sagte Spatz. Auch ich stehe dir zur Seite, fügte Montefiori hinzu. Anna lachte. Dann kann ja nichts mehr schiefgehen, sagte sie.

Sie waren bei dem kleinen Lastwagen angekommen, der mit Elefantenknochen beladen war, sie stiegen ein, der Chauffeur fuhr los. Spatz bat Anna, die Telefonnummer von Kreuzteufel zu wählen. Er teilte dem Direktor mit, der Lastwagen mit dem Material werde in einer Viertelstunde eintreffen. Ein Parkplatz, antwortete Kreuzteufel, wird für Sie freigehalten. So war es auch. Vier Sicherheitsleute standen an der

Rückseite des Kaufhauses, wiesen den Laster ein und halfen, die Knochen in den Keller zu tragen.

Der Keller war ein riesiger, langgezogener, von Betonpfeilern gestützter, durch keine Mauern geteilter Raum. An einem Ende befand sich, wie die zahllosen Kartons vermuten ließen, ein Warenlager, davor, kreuz und quer hingeworfen, Schaufensterpuppen, Kinder, Frauen, Männer – dieser Anblick ließ Spatz das Herz höher schlagen. So viele Schaufensterpuppen! Welche Möglichkeiten! Am anderen Ende lehnten Klappsessel an den Wänden, und es war genug Platz, um die Sessel vor einem Tisch aufstellen zu können.

Dieses Rattenloch, sagte Anna, hat die Geschäftsleitung mir zugewiesen. Hier darf ich Betriebsversammlungen abhalten. Einmal habe ich es schon versucht. Nicht einmal die Leute, die mich gewählt haben, sind gekommen. Die Geschäftsführung lässt jeden anrufen, und jedem wird empfohlen, die Versammlung nicht zu besuchen. Was das bedeutet, weiß jeder. Morgen wird es genauso sein. Das ist kein Rattenloch, wandte Spatz ein, das ist ein wunderbarer Raum. Ein wunderbares Rattenloch, sagte Anna, wo die letzten Reste betrieblicher Mitbestimmung aufgefressen werden.

Worum geht es?, fragte Montefiori. Die Kantine wurde geschlossen, antwortete Anna, außerdem haben zwanzig Kolleginnen von der Geschäftsleitung Briefe bekommen, in denen den Leuten vorgeschlagen wird, ihr Schicksal, ja, so steht es in dem Schreiben, ihr Schicksal selbst in die Hand zu nehmen. Sie können Ihren Arbeitsplatz sichern, wenn Sie bereit sind, statt der üblichen vierzig Stunden achtundvierzig Stunden zu arbeiten und auf die Bezahlung der acht Überstunden zu verzichten.

Wir leben, fuhr Anna Berg fort, in der Epoche der Einsparung. Damit die Arbeitsplätze in einem Unternehmen erhalten bleiben, muss ein Viertel der Arbeitsplätze eingespart werden. Damit ich einen Arbeitsplatz habe, muss jemand anderer den Arbeitsplatz verlieren. Das ist ein Regiment von ungeheurer Grausamkeit. Früher hat man der Menschheit etwas verkündet. Heute wird sie gekündigt. Denn nur so, sagt man ihr, kann sie überleben. Mit dieser Drohung wird die moderne Sklavengesellschaft geschaffen. Kennt ihr, fragte sie die beiden Männer, Oscar Wilde?

Spielst du an auf Wildes Essay *Der Sozialismus und die Seele des Menschen*?, fragte Spatz zurück. Anna nickte. Der ist für mich, sagte Spatz, das tägliche Brot. Und für mich, fügte Montefiori hinzu, wenn ich es wagen darf, dich zu übertreffen, für mich ist dieser Text die Luft, die ich zum Atmen brauche. Anna lachte. Ihr Angeber, erwiderte sie, für mich ist Oscar Wilde derjenige, der erkannt hat, dass in der antiken Sklavenhaltergesellschaft für den Sklaven immerhin gesorgt wurde; die Neuzeit aber proklamiert, es dürfe keine Sklaven geben, nur um die Sklaven, die sie hält, nicht versorgen zu müssen.

Die Dichter, sagte Montefiori, als revolutionäre Denker. Warum die Dichter?, fragte Anna. Im 19. Jahrhundert, antwortete Montefiori, war es Oscar Wilde, im 20. Bertolt Brecht. Die Klassiker der Revolution waren übermächtig, das war gut so, nun aber sollen sie den Dichtern Platz neben sich lassen. So ist es, sagte Spatz. Ich habe drei Schaufenster zur Verfügung, eines werde ich Oscar Wilde widmen. Über das ganze Schaufenster werde ich Papier kleben und zwei Sätze draufschreiben.

Montefiori wandte sich von den beiden ab und gab so zu verstehen, dass es ihm nicht gefiel, wie Spatz seine, Montefioris, Idee von den revolutionären Dichtern hinunterzog in die Trivialität der Schaufensterarbeit. Kommt mit, rief er, und die beiden folgten ihm. Dort, wo die Elefantenknochen deponiert worden waren, lag noch anderes Zeug umher. Das ist ein elektrischer Bohrer, sagte Montefiori zu Spatz, damit kannst du Löcher in die Knochen bohren. Und hier ist ein

Knäuel dünner Draht, damit kannst du die Knochen zusammenhängen. Hast du schon einen Plan, welche Figuren du bauen wirst? Nur im Kopf, antwortete Spatz. Die Ereignisse haben mich überrumpelt, ich werde aber heute Abend Skizzen anfertigen. Die Umsetzung könnte schwierig sein.

Ich helfe dir, sagte Montefiori, wann beginnen wir? Morgen um neun, sagte Spatz. Dann nützen wir jetzt den letzten arbeitsfreien Abend, erwiderte Montefiori, und trinken eine Flasche Wein. Nein, sagte Anna, jetzt nicht. Ach, antwortete Montefiori, ein frisch verliebtes Paar? Sehr frisch, sagte Anna.

Sie waren kaum in der Wohnung, lagen sie schon im Bett. Nach einer Weile fragte Anna: Hast du immer die Augen offen, wenn du mit jemandem schläfst? Nein, antwortete er und fragte: Woher weißt du das, deine Augen sind ja geschlossen. Sie sind, sagte Anna, einen Spalt geöffnet. Ich will sehen, wie du mich anschaust, möchte aber nicht, dass du dich beobachtet fühlst. Ich bin mit meinen Augen, sagte Spatz, ganz nah an deinem Gesicht und sehe nur einen Teil davon. Meine Augen wandern von deiner Stirn über die Nase und den Mund zum Kinn und über eine Wange und ein Ohr zurück zur Stirn.

Anna bewegte den Unterleib langsam auf und ab, um Maximilians Glied besser zu spüren, woraufhin er zuerst stöhnte, dann tief und langsam atmete und schließlich, ein Wort gemächlich an das andere reihend, sagte: Dein Gesicht ist ein Gemälde. Ob man ein Gemälde schön findet, entscheidet sich beim ersten Hinschauen. So ist es auch bei einem Gesicht. Die wirkliche Schönheit erschließt sich aber erst beim Betrachten der Details.

Während er sprach, hatte er das Bedürfnis, sein Glied zu bewegen, hinein und heraus. Aber wo hinein? Er hatte das österreichische Wort für Vagina vergessen und fragte Anna.

Fut, antwortete sie. Kommt das, fragte er, von Futurum? Im Gegenteil, antwortete Anna, es ist ein archaisches Wort. Sie schaute ihn an und wartete auf Antwort. Ich kann jetzt nicht sprechen, sagte er. – Ich auch nicht.

Die Wohnungstür wurde aufgesperrt, dadurch wurden die beiden geweckt. Frau Ehrenreich kam nach Hause. Maximilian schlug vor, mit Frau Ehrenreich zu Abend zu essen. Anna nickte traumverloren. Spatz zog den Bademantel an, ging zu Frau Ehrenreich und fragte sie, ob sie mit Anna und ihm zu Abend essen wolle. Nichts lieber als das, sagte sie. Nach einem Blick in den Kühlschrank schlug sie vor, Hühnerleber zu braten und Reis zu kochen, vermischt mit Ingwerstückchen. Annas Hilfe wäre ihr willkommen. Sie bat Maximilian, aus dem offenen Kamin die Asche von gestern zu entfernen und frische Buchenscheiter anzuzünden. Außerdem möge er für den Strauß Rosen, den sie mitgebrachte hatte, eine passende Vase suchen.

Spatz stellte die Vase mit den Rosen in die Mitte des Zimmers. Der zweite Strauß Rosen, was für eine Pracht. Er machte Feuer im Kamin, deckte den Tisch, wobei er, um nicht das Tischtuch wechseln zu müssen, frische Stoffservietten über die Rotweinflecken von gestern Abend legte, dann setzte er sich vor den Kamin und begann zu schreiben und zu zeichnen.

Auf das Blatt Papier schrieb er: Schaufenster eins. Und skizzierte drei Elefanten, die auf den Hinterbeinen saßen und zehn Menschen aus dem Mittelstandsparadies vertrieben. Ein Elefant hielt mit den Vorderbeinen und dem Rüssel eine Steinschleuder, der andere Pfeil und Bogen, der dritte ein Schwert. Die gehobene Mittelschicht, dachte Spatz, hat sich eingebildet, dass ihr die Welt gehört, sie ist überall zu Hause gewesen, im Wiener Burgtheater ebenso wie in den afrikanischen Nationalparks. Nun wird sie aus ihrer Welt vertrieben. In gehobener Freizeitkleidung, mit Tropenhelm, behängt mit Fotoausrüstung und Ferngläsern, ergreift sie die Flucht. Spatz war mit seiner Skizze nicht zufrieden. Sie schien ihm zu detailreich zu sein, er hatte, warf er sich vor, nicht bedacht, dass das Tableau, das er entwarf, morgen – morgen! – mit Elefantenknochen und Schaufensterpuppen umgesetzt werden musste.

Frau Ehrenreich und Anna brachten das Abendessen ins Zimmer. Hühnerleber, Reis und grüner Salat wurden serviert. Maximilian versuchte Frau Ehrenreich den Umstand, dass er mit Zeichnen beschäftigt war, zu erklären. Er erzählte, dass es ihm gelungen war, zum Geschäftsführer des Kaufhauses Piekenstange & Kloppenbeutel vorzudringen und ihm ein Projekt aufzuschwatzen, bei dem Anna, vom Geschäftsführer Kreuzteufel freigestellt, dabei sein würde.

Frau Ehrenreich reagierte nicht. Sie war ganz mit dem Essen beschäftigt, die Hühnerleber schien ihr gut zu schmecken, jedenfalls nickte sie nach jedem Bissen zufrieden. Anna wollte Tante Ehrenreich aus der Versunkenheit reißen, indem sie ihr von den Elefantenknochen erzählte. Keine Reaktion. Nach dem Essen blieb Frau Ehrenreich am Tisch sitzen, nippte am Wein, Anna und Maximilian setzten sich an den Kamin, Anna las in einer Broschüre über Arbeitsrecht, Maximilian entwarf auf einem neuen Blatt, wie Schaufenster zwei aussehen sollte.

Frau Ehrenreich erhob sich, ging zu Maximilian und schaute ihm über die Schulter. Das ist schön, sagte sie. Ein Elefant, antwortete Spatz, der Suppe an die Armen verteilt. Es ist schön, sagte Frau Ehrenreich, dass Sie immer noch Tiere zeichnen. Immer noch?, fragte er. Wenn Sie, antwortete Frau Ehrenreich, als Kind in Wien beim Großvater waren, drängten Sie darauf, mindestens einmal in der Woche in den Tiergarten Schönbrunn zu fahren. Wenn der alte Spatz keine Zeit hatte, fuhr ich mit Ihnen.

Ich habe dort Tiere gezeichnet?, fragte Maximilian. Nein, war die Antwort. Zwei Jahre lang, es war die Zeit, bevor Sie in die Volksschule kamen, interessierten Sie sich nur für Giraffen und Flusspferde. Ihr Großvater oder ich saßen auf einer Bank und beobachteten, wie Sie zwischen dem Haus der Flusspferde und dem Gehege der Giraffen hin- und herrannten. Daheim begannen Sie zu zeichnen.

Ich erinnere mich, sagte Maximilian, dass ich gern in den Tiergarten gegangen bin, an das Zeichnen erinnere ich mich nicht. Sie haben unzählige Zeichnungen angefertigt, erwiderte Frau Ehrenreich, die zeigten stets eine Giraffe und ein Flusspferd. In verschiedenen Situationen. Die Giraffe grast am Ufer eines Flusses. Die nächste Zeichnung: Die Giraffe beugt sich in den Fluss, um zu trinken. Nächste Zeichnung: Das riesengroße offene Maul des Flusspferds schießt aus dem Wasser und will den Kopf der Giraffe packen, die Giraffe reißt den Kopf in die Höhe und – nächste Zeichnung – betrachtet das zornbebende Flusspferd mit einem Lächeln. Auf dieser Zeichnung sieht man zum ersten Mal ein Tier, das lächelt.

Was Sie hier sehen, sagte Spatz zu Frau Ehrenreich und deutete auf seine Zeichnung, ist weniger interessant, nur eine Skizze für die Gestaltung eines Schaufensters. Ein Elefant sitzt auf den Hinterbeinen, hat vor sich einen Bottich mit Wasser und verteilt mit einem Blechgeschirr Wasser an die Dürstenden. Die Kleidung dieser Leute ist zerfetzt, sagte Frau Ehrenreich, die Schuhe sind durchlöchert. Was ist diesen Leuten widerfahren? Sie sind, antwortete Spatz, vertrieben worden. Sie, die sich für die Herren der Welt, also auch der Tiere hielten, wurden von den Tieren verjagt.

Aus dem Paradies?, fragte Frau Ehrenreich. Nein, antwortete Spatz, aus dem Wohlstand. Nach dem Zweiten Weltkrieg begann das Wiederaufbaugeschäft, alle hatten Arbeit, die Löhne waren höher als vor dem Krieg, die Arbeiterklasse wurde umgetauft in Mittelschicht und brauchte eine eigene Mode, die Freizeitkleidung. Nun, da die Finanzkrise Geld braucht, um die Krise zu finanzieren, fehlt es an Geld, um wie früher gute Löhne zu bezahlen. Die Mittelschicht verarmt, und bevor die Arbeiter zum Lumpenproletariat werden, liefert die Modeindustrie ihnen Hosen, in die Löcher eingearbeitet sind. Das, sagte Spatz zu Frau Ehrenreich, sehen Sie auf dieser Zeichnung, die aber noch lange nicht fertig ist.

Frau Ehrenreich zog ihren Sessel in die Nähe des Kamins und holte sich, ehe sie sich setzte, ein Glas Wein. Spatz zeichnete neben dem Elefanten, der Wasser verteilte, einen zweiten, der den Menschen Bananen zuwarf, und einen, der einer Frau einen zierlichen, kleinen Sonnenschirm schenkte, damit sie in der Gluthitze nicht umkam. Spatz nahm ein neues Blatt und schrieb darauf: Drittes Schaufenster, Oscar Wilde, legte das Blatt auf den Boden, ging zum Tisch und schenkte sich Wein nach. Er fragte Anna, ob er ihr ein Glas Wein bringen solle. Sie hörte ihn nicht, so sehr war sie in die Lektüre versunken.

Spatz hatte vor, in das dritte Schaufenster nur ein riesiges Blatt Papier zu hängen und darauf ein paar Zeilen von Oscar Wilde zu schreiben. Diese sollten, hoffte er, zum Ausdruck bringen, dass in dem Konflikt zwischen Anna und Dr. Kreuzteufel dieser zwar alle Macht und alles Unrecht verkörperte, deshalb aber nicht das Recht hatte, den Konflikt für sich zu entscheiden. Der Text, Spatz schrieb ihn auf das Blatt, lautete: Ein weiser Mann hat viele Jahrhunderte vor Christus gesagt, so etwas, wie die Menschheit in Ruhe lassen, gibt es; aber so etwas, wie die Menschheit regieren, gibt es nicht.

Frau Ehrenreich war eingeschlafen. Ihr Schnarchen wurde immer lauter. Da gingen Anna und Spatz zu Bett – vorher schob er die glosenden Reste der Holzscheiter an die Rückseite des Kamins, damit die Glut nicht auf den Holzboden fallen konnte.

– 11 –

Es scheint eine Gesetzmäßigkeit zu geben, dachte Spatz, der zufolge eine Arbeit, kaum hat man sie begonnen, eine andere nach sich zieht, welche wiederum die nächste erfordert, was sich fortsetzt, bis derjenige, der die Arbeit begonnen hat, unter ihr begraben wird. Zum Glück steckt hinter dieser Gesetzmäßigkeit kein Naturgesetz, ich kann mich also von ihr befreien. Aber wie?

Spatz saß im Kaminzimmer seiner Wohnung allein am Esstisch, vor sich einen Zettel. Man war, Frau Ehrenreich hatte gekocht, ausgiebig und gut bewirtet worden, es hatte Wiener Schnitzel mit Kartoffelsalat gegeben, dann löste sich die Tischgesellschaft auf. Frau Ehrenreich, Anna Berg und Franz Montefiori versammelten sich um den Kamin, vor sich einen Servierwagen für die Gläser und die Weinflaschen. Anna und Franz erzählten Frau Ehrenreich, dass der heutige, dieser alles entscheidende Tag, gut zu Ende gegangen sei. Das Projekt werde nicht scheitern. Alle seien mit der Gestaltung des ersten Schaufensters zufrieden. Niemand von ihnen habe damit gerechnet, dass die Arbeit so gut gelingen würde. Das ist, sagte Montefiori, vor allem Maximilian zuzuschreiben. Er war dank seiner Skizzen derart gut vorbereitet, dass wir es leicht hatten, den Plan umzusetzen.

Aber, entgegnete Anna, ohne die Handfertigkeit von Franz wären wir nicht von der Stelle gekommen. Er hat es verstanden, die Elefantenknochen, aus denen wir nicht nur die Tiere, sondern zum Teil auch Menschen im Schaufenster bauten, so geschickt mit Draht zu verbinden, dass bald eine Figur nach der anderen Gestalt annahm.

Nein, nein, widersprach Montefiori und wandte sich an Frau Ehrenreich. Ich habe nach den Skizzen von Maximilian nur das Gerüst des Figurenensembles hergestellt. Das Fleisch um das Gerippe hat Anna geschaffen. Stellen Sie sich das vor, Frau Ehrenreich, sagte er, auf dem Boden liegen einige Ballen Stoff, Anna kniet davor mit einer Schere in der Hand, überlegt kurz, schneidet einige Stücke Stoff heraus, bringt sie mit Nadel und Zwirn in eine Form, und schon hat der Elefant einen Rüssel, der Großwildjäger einen Tropenhelm.

Ich habe aber, fuhr er fort, noch nicht von Maximilian gesprochen. Er hat mir zwar erzählt, dass er vor seiner Ausbildung zum Arzt Fotografie und dann Bildhauerei studiert hat. Sie müssen sich vorstellen, Frau Ehrenreich, welches Material dem Bildhauer Maximilian zur Verfügung steht. Im Keller des Kaufhauses, wo wir unser Arbeitszeug lagern, gibt es Berge von Schaufensterpuppen aus Styropor mit beweglichen Beinen und Armen und einem beweglichen Kopf. Maximilian platziert sie im Schaufenster, nagelt die Füße auf dem Bretterboden fest, bringt die Puppe in Positur, bearbeitet den Kopf und gibt dem Gesicht den Ausdruck, den es in der Geschichte, die im Schaufenster erzählt wird, haben soll. Er macht das mit einem scharfen Messer, mit dem er, als wäre es ein Meißel und als wäre das Styropor ein Marmorblock, die Gesichtszüge herausarbeitet.

Anna bemerkte, dass Spatz, über den geredet wurde, das gar nicht wahrnahm. Er stierte weiterhin auf den Zettel. Max, rief Anna, setz dich zu uns, ein Loblied nach dem anderen wird auf dich gesungen. Ich habe mich, sagte Spatz, ohne den Blick von dem Zettel abzuwenden, auf die Arbeit in dem Kaufhaus gefreut. So könnte das morgen weitergehen. Wenn nicht dieser Zettel dazwischengekommen wäre.

Anna und Montefiori schauten ihn ratlos an. Frau Ehrenreich setzte sich an den Esstisch und nahm Spatz den Zettel aus der Hand. Das war, sagte sie, eine Invasion. Kaum hatte

Maximilian heute Morgen das Haus verlassen, klingelte die Gegensprechanlage. Ich nahm den Hörer ab. Eine männliche Stimme fragte, ob hier der Mann aus New York wohne. – Ja. – Er würde gern mit ihm reden. – Der sei nicht zu Hause. Das spiele keine Rolle, habe der andere gesagt, er wolle nur eine Nachricht hinterlassen. Ich öffnete, bat ihn herein, lud ihn auf einen Kaffee ein und hörte ihm zu. Er sei nur gekommen, um seine Telefonnummer zu hinterlassen. Er habe sich gemerkt, vor welchem Haus der Mann aus dem Taxi gestiegen sei. Er habe Glück gehabt. Nur sechs Namen stünden auf dem Klingelpaneel, er habe bei Ehrenreich geläutet, mit Erfolg. Ob er das Vergnügen habe, mit Frau Ehrenreich zu sprechen.

Der Taxifahrer, fuhr Frau Ehrenreich fort, hat zuerst Telefonnummer und Namen auf diesen Zettel geschrieben und mir dann von dem Gespräch erzählt, das er mit Maximilian während der Fahrt vom Flughafen in die Stadt geführt hatte. Jedes Wort habe sich ihm eingeprägt. Er wolle das Gespräch unbedingt fortsetzen, bitte um einen Rückruf und danke für den Kaffee.

Der Mann war noch nicht aus dem Haus, sagte Frau Ehrenreich, da klingelte es wieder, diesmal war es das Telefon. Der Anrufer fragte, ob er für Herrn Spatz aus Amerika eine Nachricht deponieren könne, bestehend aus einer Telefonnummer – die er zweimal nannte – und dem dringenden Ersuchen, zurückgerufen zu werden. Er sei der Besitzer eines Geschäfts für Herrenmode, Herr Spatz habe bei ihm eingekauft, vor allem aber hätten die beiden sich köstlich, um nicht zu sagen: aufschlussreich unterhalten. Diese Unterhaltung gelte es fortzusetzen.

Das war, fuhr Frau Ehrenreich fort, erst der Beginn der Invasion. Maximilian, Sie scheinen durch die Stadt gegangen zu sein und Ihre Telefonnummer verteilt zu haben. Nur an Leute, sagte Spatz, die mich mit ihren aufrührerischen Reden überrascht haben. Andere, fuhr er fort, habe ich merkwürdigerweise nicht getroffen. Das mag Zufall gewesen sein. Oder aber Wien ist durchsetzt von Aufständischen, die ungeduldig auf ihre Stunde warten. So ist es, sagte Frau Ehrenreich. Wäre es anders, wäre ich nicht so alt geworden.

Sie schaute auf den Zettel. Da stehen noch einige, sagte sie. Der Direktor des Statistischen Zentralamts. So ein gescheiter und nobler Mann. Beinahe hätte ich mich in ihn verliebt. Er hat an der Tür geklingelt, ich habe ihn hereingebeten, er fragte nach Maximilian Spatz, ich lud ihn auf einen Kaffee ein, er lehnte ab. Kaffee trinke er nur vormittags, mittags bevorzuge er Martini, er nehme aber auch mit einem Schluck Wasser vorlieb. Ich brachte ihm ein Glas Martini und fragte, ob er dazu einen Schuss Gin wolle. Wie ich darauf komme, rief er, das sei genau die Mischung, mit der er den Nachmittag beginne.

Frau Ehrenreich habe dem Mann erzählt, dass es die Gewohnheit des Michelangelo Spatz gewesen sei, mittags Martini mit Gin zu trinken. Die Frage des Mannes, wer dieser Michelangelo sei, habe sie mit der Bemerkung abgewehrt, wenn er an der Geschichte der Familie Spatz interessiert sei, solle er sich an Maximilian wenden. Sie brenne darauf, zu erfahren, wer er, der liebenswerte Eindringling, sei.

Ach, habe der Mann gesagt und eine wegwerfende Handbewegung gemacht, ich bin ein langweiliger Mensch, ich langweile nicht nur andere, sondern sogar mich selbst. Aber nicht weil ich in Pension bin, sondern weil ich mich während meines Arbeitslebens im Statistischen Zentralamt mit Zahlen beschäftigt habe und das weiterhin tue. Ich kann Ihnen sagen, wie viele Menschen in Wien in diesem Winter frieren. Das wird Sie nicht berühren, Zahlen lassen einen kalt. Wie viel aufregender wäre es, wenn ich einen einzigen Fall schilderte. Die junge Frau friert, das kleine Kind friert, die Wohnung ist desolat. Die Frau hat Arbeit, sie kann aber von dem, was sie verdient, nicht leben, schon gar nicht heizen. Hier wäre meine Erzählung zu Ende, denn zwanghaft müsste ich der Frage nachgehen, wie viele Menschen in Wien von ihrem Lohn leben können. Und statt zu dem nächsten Einzelfall zu springen, würde ich Ihnen eine weitere Zahl präsentieren.

Zahlen, gnädige Frau, habe der Mann gesagt, sind abstrakt, unanschaulich. Nun behaupte ich, dass auch der Einzelfall abstrakt ist. Schildere ich den Fall eines Arbeitslosen, bleibt die Schilderung blutleer, wenn ich verschweige, dass es neben diesem einen hunderttausend andere Arbeitslose gibt. Diese anderen sind es, welche dem einzelnen die Hoffnung, Arbeit zu finden, zunichtemachen.

Es gibt, habe der Mann gesagt, und damit will ich meine langweiligen Ausführungen beenden, verschiedene Betrachtungsweisen der Gesellschaft, die statistische ist die schrecklichste. Unbarmherzig hält sie in Zahlen fest, was der Fall ist. In den vergangenen Jahren wuchsen die Zahlen des Schreckens unaufhörlich, was mich so schmerzte, dass ich in Frühpension ging.

Die Zahlen, habe der Mann gesagt, werden nicht besser, ich korrigiere sie aber auf dem Papier: erhöhe die Löhne, vermindere die Verschmutzung der Luft, bringe die Welt halbwegs in Ordnung und frage mich, wer tut das, was ich auf dem Papier tue, endlich in der Wirklichkeit? Ich versuche, selber praktisch zu werden, Komplizen zu finden für einen Aufstand. Ich darf Ihnen, gnädige Frau, meine Telefonnummer hinterlassen und für den Martini tausendmal danken.

Maximilian, sagte Frau Ehrenreich, Sie üben eine Anziehungskraft aus auf bestimmte Leute, auf mehr oder weniger heimliche Rebellen. Ich treffe solche Leute nicht. Ich in New York auch nicht, antwortete Spatz. Hier in der Fremde betrachte ich alles aufmerksamer als zu Hause, auch die Menschen – offensichtlich bemerken sie das. Ich werde, sagte Frau Ehrenreich, diesen Statistiker auf jeden Fall anrufen. Seine Umgangsformen haben mich an Ihren Großvater erinnert. Der hatte Manieren zu keinem anderen Zweck, als seinem Gegenüber Gutes zu tun.

Wer steht noch auf der Liste?, fragte Spatz Nach den drei Inländern zwei Ausländer, antwortete sie. Ein Herr Intrator aus New York hat angerufen. Ich habe seinen Namen auf dem Zettel gelesen, sagte Maximilian. Alle schauten ihn an. Ich wage es nicht, sagte er, zu fragen, worum es ging. Schlechte Nachrichten vermutlich.

Im Gegenteil, sagte Frau Ehrenreich. Er hat gesagt, er sei ein Freund von Ihnen, sei nun in Pension, er werde im Lauf des Jahres nach Wien kommen, er würde gern einige Leute, die er während seiner Zeit beim Militär in Wien kennengelernt habe, wiedersehen, selbstverständlich auch Sie. Er wisse aber, dass Sie in Wien sind, um sich zu erholen, darauf werde er Rücksicht nehmen. Spatz war unendlich erleichtert. Er ist mein Patient, sagte er, ein Rückfall wäre für mich ein schwerer Schlag. Ich hätte sofort zurück nach New York reisen müssen. Steht noch jemand auf dem Zettel?, fragte Montefiori.

Die Frau von Maximilian, sagte Frau Ehrenreich. Anna sprang auf und wollte aus dem Zimmer laufen. Maximilian hetzte hinter ihr drein. Anna wurde langsamer. Er stellte sich vor sie und sagte, seine Frau habe ihn vor Jahren verlassen, nicht nur ihn, sondern auch New York. Sie lebe als Opernsängerin in Italien, sie habe ihn nie angerufen, und wenn es ihm gelungen sei, sie telefonisch zu erreichen, sei sie kurz angebunden gewesen, mehr, als dass es ihr gutgehe, war nicht zu erfahren. Warum sie sich nun melde und ihn ausgerechnet in Wien anrufe, sei ihm schleierhaft.

Liebst du sie noch?, fragte Anna. Ja, sagte Spatz. Darauf wusste niemand etwas zu sagen, bis Montefiori die Geduld verlor. Er rief: Es würde alles einfacher machen, hättest du nein gesagt. Würde ich die Liebe zu Peggy leugnen, sagte Spatz, könnte ich Anna nicht so lieben, wie ich sie liebe. Anna gab ihm einen Kuss.

Montefiori wollte offenbar das Thema wechseln. Der Mensch, sagte er, ist mir zu kompliziert. Meinst du Max?, fragte Anna. Nein, antwortete Montefiori, ich meine die Gattung Mensch. Anna lachte. Die Elefanten, fragte sie, sind dir lieber? Vor allem die Elefanten in unseren Schaufenstern, antwortete Montefiori, sie werden für Aufruhr sorgen. Für Aufsehen, erwiderte Spatz, und er nahm einen Sessel und setzte sich mit Anna und Frau Ehrenreich zu Montefiori an den Kamin, füllte ein Glas mit Rotwein, trank es leer und füllte das nächste Glas. Die Anspannung ließ nach.

Lieber Maximilian, sagte Montefiori, es stürmt so viel auf dich ein, dass du nicht in der Lage bist, zu erkennen, dass sich eine außerordentliche Situation abzeichnet. Ich gehe so weit, zu sagen, dass wir gerade einen historischen Tag erleben, in dessen Mittelpunkt wir stehen. Was wir im Kaufhaus heute begonnen haben, wird Folgen zeitigen, ich weiß nicht, welche. Ich schwärme von Aufruhr, du redest von Aufsehen. Wir haben mit den Schaufenstern noch ein oder zwei Tage zu tun. Daneben solltest du dich um die Leute kümmern, die sich heute gemeldet haben. Das geht eigentlich nicht. Und doch darf man diese Leute nicht verprellen, sie sind Aktivisten, wir werden sie brauchen, und sie werden uns brauchen.

Franz, sagte Spatz, ich kenne dich als Realisten. Ich mich auch, erwiderte Montefiori, damit ist es jetzt vorbei. Wir gehorchen bei unserer Arbeit im Kaufhaus nicht dem Realitätsprinzip, und schon diese kleinen Abweichungen, die wir uns dort erlauben, wecken mich auf. Sich an der Wirklichkeit zu orientieren ist die Aufforderung des Sklavenhalters an den Sklaven. Ich lehne mich dagegen auf. Und wie?, fragte Spatz. – Ich muss es erst lernen, so wie jede und jeder andere auch. Uns aufzulehnen, haben wir verlernt, es wurde uns ausgetrieben, und wir haben es geschehen lassen. Die große Arbeiterbewegung dieses Landes, was hat sie nicht alles erkämpft! Wir bauen nicht auf nichts auf, wenn wir uns auflehnen.

Ich wünsche mir, sagte Spatz, ich könnte so reden wie du. Aber ich bin zu müde. Und wir haben einen schweren Tag vor uns. Das glaube ich nicht, erwiderte Montefiori, morgen vertreiben die Tiere die Menschen aus dem Mittelstandsparadies. Eine einfache Geschichte. Sie muss aber, sagte Spatz, von uns dargestellt werden. Dennoch, erwiderte Montefiori, müssen wir heute noch etwas erledigen. Frau Ehrenreich mischte sich ein. Maximilian, sagte sie, alle diese Anrufe heute. Und wer weiß, wer sich morgen meldet. Und Sie sind im Kaufhaus. Ich vermute, Herr Montefiori wollte eigentlich nur einen Vorschlag machen, wie wir Sie entlasten können.

Montefiori dankte Frau Ehrenreich mit einer Verbeugung. Mein Vorschlag, sagte er, ist einfach und doch verwegen. Du musst dich nicht entschuldigen, sagte Anna. Aber mach es kurz. Ich bin auch müde. Ich bin mir sicher, sagte Montefiori, dass die Arbeit im Kaufhaus Folgen haben wird. Auch ist nicht abzusehen, ob der Kreis derer, die angerufen haben und auf einen Rückruf warten, sich erweitert. Maximilian kann das nicht allein bewältigen. Frau Ehrenreich, mein Vorschlag ist, in dieser Wohnung, in diesen zwei Wohnungen, in denen viele Zimmer leer stehen, eines als Büro einzurichten, ich nenne es Büro der Revolution.

Er wandte sich an Frau Ehrenreich. Die Leitung, sagte Montefiori, können nur Sie übernehmen. Die Arbeit wird ein Kollege von mir machen. Er bereitet die Übersiedlung meiner Firma nach New York vor, es geht um unzählige Kleinigkeiten, im Grunde hat er nicht viel zu tun. Er ist ein sehr aufgeweckter junger Mann. Er wird gut mit Ihnen zusammenarbeiten – zuerst im Namen von Maximilian die Leute anrufen, die darauf warten. Er wird das sehr diplomatisch und höflich angehen. Diese Einrichtung wird Büro der Revolution heißen, aber nur unter uns. Die Verbindung von Büro und Revolution stellt alle zufrieden, da der eine Begriff den anderen aufhebt. Er stellt mich zufrieden, weil von Revolution die Rede ist, und Maximilian, der dieses Wort für übertrieben hält, tröstet sich mit dem Wort Büro.

Das lasse ich nicht auf mir sitzen, erwiderte Spatz und lächelte müde. Ich weiß, sagte Montefiori. Du bist, antwortete Spatz, ein Meister der Dialektik, der Demagogie und der Sophistik. Mir ist jede Art des Denkens recht, erwiderte Montefiori, die mich davor bewahrt, in Resignation zu versinken. Anna gähnte. Ich bin schon nicht mehr hier, sagte sie. Frau Ehrenreich stimmte ihr zu, und man brach auf.

Am nächsten Tag ging allen die Arbeit so gut von der Hand, wie Montefiori es vorhergesagt hatte. Was gestern im Schaufenster Numero eins mühsam gestaltet worden war, die Präpotenz der Mittelschicht, die als Herrenmensch, in jene Freizeitmode gekleidet, welche speziell von diesem Kaufhaus angeboten wurde, in das Tierreich eindrang und die Kreatur schikanierte – was gestern also mühsam gestaltet worden war, löste sich heute im Schaufenster Numero zwei in Wohlgefallen auf, zugunsten der Tiere, welche die Menschen vertrieben und dabei deren lächerliche Bekleidung arg zurichteten.

Die Hosen hatten Löcher, die Jacken hatten Risse am Rücken und einen zur Hälfte abgerissenen Ärmel. Die Auslagengestalter hatten sich, dem Konzept von Spatz folgend, an der Realität orientiert, also an der Kleidung der demontierten Mittelschicht, die ihre soziale Demontage in einem Fetzenkult feierte, den die Auslagengestalter zur eigenen Freude noch übertrieben, so dass sie einen schönen Vormittag hatten. Sie waren schon zu Mittag fertig und beschlossen, die Arbeit am dritten Schaufenster, die für morgen geplant war, heute noch zu beginnen.

Anna brachte von einem Automaten, zu dem nur Angestellte Zutritt hatten, Kaffee, inzwischen waren Spatz und Montefiori in den Keller gegangen, wo sie einen kleinen Bereich als ihre Arbeitsstätte eingerichtet hatten. Sie legten mehrere Bögen Papier nebeneinander, bis eine Größe erreicht war, die der Fläche eines ganzen Schaufensters entsprach. Anna verteilte die Kaffeebecher, die drei standen um die Papierbögen herum, welche noch zusammengeklebt werden mussten, und überlegten, wie die Schrift in welcher Schriftart platziert werden sollte.

Spatz schlug die lateinische Schönschrift vor, wie Kinder sie in der Volksschule lernen. Er gab eine Probe, indem er die Wörter *Ein weiser Mann* auf ein Blatt Papier schrieb. Kann es sich nicht, fragte Anna, um eine weise Frau gehandelt haben? Spatz nickte nachdenklich. Er nahm einen neuen Bogen Papier und schrieb, links oben beginnend:

Ein weiser Mann hat viele
Jahrhunderte vor Christus gesagt,
so etwas, wie die Menschheit in Ruhe lassen,
gibt es.
Aber so etwas,
wie die Menschheit regieren,
gibt es nicht.

Oscar Wilde

Wir haben das ganze Schaufenster für uns, wohin platzieren wir den Text? Spatz stellte sich vor die Papierbögen und überlegte. Links oben, dort, wo man zu schreiben beginnt, sagte er, das wäre mir am liebsten.

Dann bleibt eine riesige leere Fläche, sagte Anna. Nein, erwiderte Spatz, wir denken uns noch ein, zwei Sätze aus. Nein, sagte Montefiori, ich weiß einen Satz von Sartre: *Vielleicht gibt es schönere Zeiten; aber diese ist die unsere.* Wunderbar, rief Anna; Sartre, das war doch der Franzose, der als Philosoph begann und als Kommunist endete. Er war ein mutiger Mann. Und, ergänzte Montefiori, er hat einen so schönen Satz geschrieben.

Niemand hatte ihm zugehört. Spatz hatte links oben begonnen, den Text von Oscar Wilde auf das riesige Plakat zu schreiben, Anna schaute ihm zu. Als er fertig war, gab er Montefiori den schwarzen Filzstift. Der schrieb rechts unten den Satz von Sartre, so gut er konnte, in einfacher Druckschrift. Zwischen den beiden Schriften, sagte Anna, liegen Jahrtausende. Aber auch, erwiderte Spatz, zwischen den Sätzen von Wilde und Sartre.

Die Männer rollten die Papierbögen zusammen, trugen sie ins Erdgeschoss und befestigten sie im Schaufenster. Anna war im Keller geblieben, um zu telefonieren. Die Arbeit war beendet, die Männer nickten einander zu, jedoch alles andere als zufrieden. Morgen um sieben Uhr früh, sagte Spatz, noch bevor das Kaufhaus öffnet, entferne ich die Vorhänge. Dann sind wir der Öffentlichkeit preisgegeben. Da bin ich dabei, sagte Montefiori. Willst du dir nicht eine Pause gönnen?, fragte Spatz. Nicht zur falschen Zeit, antwortete Montefiori.

Anna kam aus dem Keller, Spatz und Montefiori standen immer noch im Schaufenster, in dem sie den Satz eines Dichters und den eines Philosophen plakatiert hatten, und wirkten ratlos. Gefällt euch nicht, was ihr aufgeschrieben habt?, fragte sie. Spatz wartete auf eine Antwort von Montefiori. Der verließ sich auf Spatz. Es geht nicht um die beiden Sätze, sagte Spatz, sondern um uns. Wir sind begeistert von dem Text, zweifeln aber daran, ob die Leute ihn überhaupt wahrnehmen werden. Wir denken an die Wirkung. Das führt, wie mir erst jetzt bewusst wird, zur Selbstzerstörung. Wer, was er macht, nicht selbst beurteilen will oder kann, sondern das Urteil anderen anheimstellt, ist verloren.

Das Urteil der anderen wird morgen gefällt, sagte Anna, und ihr geht schon heute davon aus, dass es negativ sein wird. Montefiori lachte verlegen. Ja, sagte er, so sind wir. Und zu Anna: Zum Glück gibt es klügere Köpfe. Sie winkte ab. Ich habe, sagte sie, mit Tante Ehrenreich telefoniert. Ich wollte nicht, dass sie heute wieder für uns kocht. Ihr Vorschlag: Sie lädt uns zum Essen in ihr Stammlokal ein, ins Café Engländer. Sie geht zwar nur mehr ungern dorthin, hat aber keine Lust, ein neues Stammlokal zu suchen. Außerdem, behauptet sie, erlebe man überall das Gleiche. Man sitze neben Leuten, die bereits kaputt seien oder drauf und dran, sich kaputtzumachen, und sich dabei laut und exzentrisch aufführen.

Da passen wir gut dazu, sagte Spatz. Er wolle, fuhr er zu Anna gewandt fort, um sich zu entspannen, allein einen Spaziergang machen, durch den Volksgarten, den Burggarten, durch den Stadtpark, von dort sei es nicht weit bis zum Engländer. Ob ihr das recht sei. Anna stemmte die Hände in die Hüften und sagte, das müsse sie sich gut überlegen. Da hatte Spatz sich schon davongemacht.

– 12 –

Als Maximilian Spatz ins Café kam, erzählte Frau Ehrenreich gerade, dass an diesem Vormittag ein junger Mitarbeiter von Franz Montefiori zu ihr gekommen sei, für sie unerwartet, denn sie habe das Gerede über ein Büro der Revolution für Spintisiererei gehalten. Er habe sich mit den Worten eingeführt, es sei ihm eine Ehre, mit ihr zusammen ein Büro der Revolution einzurichten, und habe ihre Hand so energisch geschüttelt, dass sie meinte, er reiße ihr den Arm aus. Er sei in dem Zimmer, in das sie ihn geführt und wo sie ihm gesagt habe, das sei der Ausgangspunkt der Revolution, ein paarmal auf und ab gegangen, habe mit dem Zeigefinger einmal hierhin, einmal dorthin gedeutet und auf diese Weise offenbar geplant, wie das Zimmer einzurichten sei, habe dann die zwei Tische zusammengeschoben, so dass ein großer Schreibtisch entstand, habe sein Köfferchen geöffnet, zwei Telefone mit allerlei Zubehör herausgenommen, die Sachen installiert, ihr einen Schreibtisch mit Telefon zugeteilt, sich ihr gegenübergesetzt, sich zufrieden die Hände gerieben und gesagt, sein Name sei Philipp.

In diesem Augenblick, sagte Frau Ehrenreich, klingelte mein Telefon. Nicht nur ich, auch Philipp griff zum Hörer, offenbar konnte er mithören. Der Besitzer des Herrenmodegeschäftes meldete sich. Ich habe gesagt, Herr Spatz sei schon außer Haus. Philipp warf mich aus der Leitung und ergriff das Wort. Entschuldigen Sie, hat er gesagt, dass ich mich einmische. Frau Ehrenreich, mit der Sie eben gesprochen haben, und ich haben in der Wohnung von Herrn Spatz ein Büro installiert, wir nennen es, und das wird Sie freuen, Büro der Revolution. Ich arbeite außerdem, da Herr Spatz beruflich überlastet ist, als sein Sekretär. Diese Arbeit und die für das Büro der Revolution sind identisch. Mein Name ist Philipp Zappel.

Anna bestellte beim Kellner einen steirischen Backhendlsalat und als Nachspeise Palatschinken mit Marillenmarmelade. Sie war die Einzige, die einen Blick in die Speisekarte geworfen hatte, die anderen schlossen sich ihrer Bestellung an. Spatz ersuchte den Kellner, für die kleine Gesellschaft zwei Flaschen Rotwein zu bringen, einen Blaufränkischen vom Weingut Ketschkeresch. Haben wir nicht, sagte der Kellner. Spatz, bereits so gut eingebürgert, dass er wusste, wie man in Wien mit einem Kellner zu verhandeln hat, erwiderte: Vor zwei Jahren habe ich genau diesen Wein bei Ihnen getrunken. Ich erinnere mich, sagte der Kellner, der wahrscheinlich erst seit einem halben Jahr im Café Engländer arbeitete, den Wein von Ketschkeri haben wir nicht mehr, aber einen ähnlichen, wenn nicht besseren.

Philipp, sagte Frau Ehrenreich, redete mit dem Besitzer des Herrenmodegeschäfts wie mit einem alten Bekannten. Was ich an Ihnen so schätze, hat Philipp gesagt, ist Ihr unbeugsamer Charakter. Sie verkaufen nur Qualitätsware. Nun lässt aber die Nachfrage von Jahr zu Jahr mehr zu wünschen übrig. Sie denken nicht daran, das Angebot zu ändern. Man kann doch nicht, behaupten Sie, den Menschen absichtlich Schund verkaufen. Das Problem ist niemals das gute Angebot, sondern die schlechte Nachfrage. So ist es, hat der Geschäftsmann ins Telefon gerufen, Sie sind der Einzige, der die Sache so sieht wie ich. Also, hat Philipp erwidert, muss man die Nachfrage ändern. Um das zu erreichen, muss man die Gesellschaft ändern. So werden Sie zum Revolutionär. Sie übertreiben maßlos, hat der Geschäftsmann geantwortet. Nein, hat Philipp gesagt, Sie sind es, der maßlose Ansprüche stellt. Geben Sie mir bitte Ihre Telefonnummer, ich rufe Sie zurück, ich habe einen anderen Anrufer in der Leitung.

Es war, erzählte Frau Ehrenreich, der Taxifahrer. Auch dieses Gespräch konnte ich mithören. Philipp hat sich vorgestellt und erklärt, welche Aufgaben er, indem er Herrn Spatz zeitweise vertrete, wahrzunehmen habe. Was Sie vorexerzieren, hat Philipp zum Taxifahrer gesagt, ist Unabhängigkeit. Sie dulden niemanden über sich und niemanden unter sich. Das ist in dieser Gesellschaft nur möglich, wenn jeder auf sich gestellt ist, wie zum Beispiel Sie als Taxifahrer. Sie haben nicht unrecht, hat der Taxifahrer geantwortet. Ich hätte es aber nicht gewagt, mein Lebenskonzept so zu formulieren, wie Sie das getan haben. Was Sie sagen, ist einigermaßen übertrieben. Nein, hat Philipp entgegnet, was Sie tun, geht weit über die Norm hinaus. Wir müssen uns darüber unterhalten. Sie geben mir Ihre Telefonnummer, und ich rufe Sie zurück. Ich habe einen anderen Anrufer in der Leitung.

Ich habe Philipp zugerufen, sagte Frau Ehrenreich, dass das ein Freund von mir ist, und er leitete den Anruf zu mir weiter. Es ist der Statistiker gewesen. Ich habe ihn zum Kaffee eingeladen. Ihr seht, fuhr sie fort, das Büro hat mit revolutionärem Schwung zu arbeiten begonnen, wenn auch unsere Tätigkeit über ein paar Telefonate noch nicht hinausgegangen ist. Zum Glück, sagte Spatz. Ich hoffe, dass ihr mit den Menschen kein leichtfertiges Spiel treibt. Das müsste ich mir verbitten. Wenn du, erwiderte Montefiori, einen so strengen Maßstab anlegst, hättest du die Schaufenster des Kaufhauses nicht derart frivol gestalten dürfen. Spatz dachte nach; er fand keine Antwort. Dieser Philipp, sagte er, scheint ein Hasardeur zu sein.

Montefiori winkte ab. Philipp hat ein seltenes Talent, sagte er. Davon unabhängig ist er in unserem Team ein sehr guter Biologe, ein ausgezeichneter Wissenschaftler. Die Wissenschaft füllt ihn aber nicht aus. Er selbst hat den Vorschlag gemacht, dass er die Übersiedlung unseres Teams nach New York leitet. Die Konsultation eines Anwalts, wozu ich geraten habe, hat er als überflüssig erachtet. Auch hat er meine Ansicht als falsch bezeichnet, dass wir unserem New Yorker Partner, der nicht vom Staat, sondern von spendenfreudigen Kapitalisten finanziert wird, nicht unter die Nase reiben sollten, dass wir als Genossenschaft organisiert sind. Ich habe gemeint, das gehe nur uns etwas an.

Philipp hat, sagte Montefiori, eine gegenteilige Strategie verfolgt, er hat in den Verhandlungen die genossenschaftliche Konstruktion unserer Firma, Gleichberechtigung auch im Ökonomischen, betont und dazugesagt, in Wien würde man dieses Experiment nicht wagen, sehr wohl aber im freien Amerika. Und er ist bei den New Yorker Partnern auf Begeisterung gestoßen.

Philipp, fuhr Montefiori fort, hat ein Gespür für das, was die anderen hören wollen, also redet er ihnen nach dem Mund und spricht ihnen zugleich aus dem Herzen. Er ist eine Art kleiner Weltgeist, er leitet zwar nicht die Geschicke der Welt, aber die unserer Firma, und das listenreich und gut. Lieber wäre mir, auch einmal den richtigen Weltgeist kennenzulernen – falls es ihn gibt.

Selbstverständlich gibt es ihn, erwiderte Frau Ehrenreich. Der alte Spatz hat ihn immer wieder erwähnt. Wenn irgendwo auf der Welt unerwartet ein Krieg ausgebrochen ist, hat der alte Spatz gesagt: Jetzt hat der Weltgeist uns einen Streich gespielt. Haben in irgendeinem Land Revolutionäre den Sieg davongetragen, hat er gesagt: Nun hat der Weltgeist sich auf die richtige Seite geschlagen. So dass ich meinte, der Weltgeist sei ein Schelm, der, ausgestattet mit göttlicher Vollmacht, je nach Laune einmal Gutes, einmal Schlechtes bewirke.

Ob meine Vermutung richtig sei, habe ich den alten Spatz gefragt. Sie ist nicht falsch, hat er geantwortet. Der Philosoph Hegel, Entdecker des Weltgeists, schreibt oft über diesen merkwürdigen Geist, aber nur an einer Stelle wird er deutlich. Er sagt, dass es zwei Arten von Vernunft gibt, eine praktische und eine theoretische. Die praktische Vernunft, könnte sie sich ungehemmt entfalten, würde im Verbrechen enden, die theoretische im Irrsinn. Deshalb existiere zwischen den beiden Arten der Vernunft eine vermittelnde Instanz, der Weltgeist. Also, hat der alte Spatz gesagt, eine handfeste Sache, weshalb Interpreten dazu neigen, statt Weltgeist Lauf der Geschichte zu sagen oder die Macht der Wirklichkeit. Das ist falsch.

Gnädige Frau, sagte Montefiori, Sie haben mir eine Spur gewiesen, die ich verfolgen werde. Vielen Dank. Frau Ehrenreich war dieses Lob peinlich, sie suchte ein anderes Thema. Ihre Frau hat wieder angerufen, sagte sie zu Maximilian. Philipp hat das Gespräch zwar an sich gerissen, er redete mit ihr zuerst englisch, dann italienisch, es war ihm aber nicht möglich, sie in ein Gespräch zu verwickeln. Sie bestand darauf, mit Maximilian zu sprechen, was Philipp verärgerte. Er legte auf.

Was will Peggy von mir, sagte Spatz, warum ruft sie an? Du bist in Wien, antwortete Montefiori, und nicht in New York, sie lebt in Modena. Also in der Nähe. Nein, sagte Spatz, das ist kein Grund. Man kann auch zwischen Modena und New York telefonieren. Sie hat es nicht getan. Und meine Versuche hat sie abgeblockt. Franz hat recht, erwiderte Anna, Modena ist nicht weit von Wien entfernt. Und zu Maximilian: Sie will dich sehen. Sie will nicht telefonieren. Und wenn, dann nur, um sich mit dir zu verabreden.

Kommt nicht in Frage, sagte Spatz. Alle warteten, was Anna antworten würde. Quatsch, sagte sie zu Maximilian. Es geht Peggy so, wie es mir gehen wird. Du wirst in einem Jahr in New York sein, in deiner Klinik, und wirst wie früher keine Zeit haben, zu reisen. Ich werde in Wien als Betriebsrätin meinen ebenso notwendigen wie aussichtslosen Kampf gegen Kreuzteufel führen. Auch werde ich monatelang jeden

Cent zur Seite legen, um mir einen Flug nach New York leisten zu können. Um dich zu sehen. So wie Peggy dich nun in Wien sehen will. Darf ich jetzt schlafen gehen?, fragte Spatz. Das darfst du, sagte Anna, aber mit mir.

Am nächsten Morgen stand Montefiori eine halbe Stunde zu früh vor dem Kaufhaus. Es hatte einige Grad über dem Gefrierpunkt, für einen Februartag ein milder Morgen. Montefiori war in einen bodenlangen Daunenmantel gehüllt und trug eine Wollmütze. In Erwartung eines ungewissen Tages hatte er schlecht geschlafen und es vorgezogen, statt sich im Bett hin und her zu wälzen, seine Wohnung im zweiten Bezirk zu verlassen und vorzeitig am Schauplatz zu sein. Da um halb sieben kein Lokal geöffnet hatte, setzte er sich in der Fußgängerzone auf eine Bank und genoss es, dass er nicht fror.

Pünktlich um sieben kam Spatz. Er wusste, dass die Sicherheitsbeamten ihn erst um diese Zeit ins Kaufhaus lassen würden. Er und Montefiori entfernten die Tücher von den Schaufenstern, gingen hinaus vor das Kaufhaus und betrachteten zum ersten Mal ihr Werk aus der Sicht des Passanten. Ich bin mir nicht sicher, ob das jemanden interessiert, sagte Spatz. Ich bin mir völlig sicher, antwortete Montefiori. Dir fehlt die Distanz – es ist deine Idee, es sind deine Skizzen, die wir umgesetzt haben. Wir müssen nicht hier warten, um zu erfahren, wer von uns beiden recht hat, dort drüben hat eine Espresso-Bar geöffnet.

Immer mehr Menschen eilten draußen auf der Straße dahin, und immer mehr blieben vor den Schaufenstern des Kaufhauses stehen. Um acht Uhr, eine Stunde bevor das Geschäft öffnete, bildeten sich mehrere Menschenknäuel. Die Leute vor den Elefantenfiguren wirkten belustigt. Sie gingen nicht gleich weiter, sondern entdeckten in dem Zusammenspiel von Tier und Mensch die eine und andere komische Situation.

Einen solchen Andrang habe ich nicht erwartet, sagte

Montefiori und klopfte Spatz auf die Schulter. Der blickte fassungslos zu dem Schaufenster, in dem die Sätze von Oscar Wilde und Jean-Paul Sartre plakatiert worden waren. Dort hatte sich die größte Menschenansammlung gebildet.

Spatz sprang auf und umarmte den Freund. Ich habe die Sache mit den Schaufenstern begonnen, sagte er, um mit Anna auch tagsüber zusammen zu sein. Wie geht das weiter, nach diesem Publikumserfolg? Wir müssen, erwiderte Montefiori, daraus einen Verkaufserfolg machen. Das würde Annas Stellung als Betriebsrätin stärken. Bist du auch in Anna verliebt?, fragte Spatz. Nein, sagte Montefiori, ich habe mich in deine Frau verliebt. Ich kann es nicht erwarten, dass sie nach Wien kommt. Vorher müssen wir die Direktion des Kaufhauses stürmen. Zuerst aber eilen wir in den Keller.

Auf dem Weg dorthin erklärte Montefiori sein Vorhaben: Wir fertigen Tafeln an in der Größe von einem mal einem Meter und schreiben darauf, dass alle Waren um neunzig Prozent verbilligt sind. Den Sicherheitsleuten sagen wir, dass sie im Auftrag von Kreuzteufel mit diesen Tafeln vor dem Kaufhaus auf und ab gehen sollen.

Als diese Arbeit erledigt war und die Sicherheitsleute verlegen mit den Tafeln vor dem Eingang standen, zum Erstaunen der Leute, die nicht fassen konnten, dass dieses noble Kaufhaus einen derartigen Rabatt gewährte, und die Sicherheitsleute darauf ansprachen, nicht wissend, dass es zu deren Beruf gehörte, sich grundsätzlich mit niemandem auf einen Disput einzulassen, weshalb sie, von den Passanten gefragt, nur auf die Tafeln deuteten – als diese Arbeit also erledigt war, sagte Montefiori, es sei äußerst wichtig, sofort mit dem Direktor zu sprechen.

Spatz wusste nicht, was sein Freund vorhatte, der wiederum hatte es so eilig und wirkte von seinem Tun so überzeugt, dass Spatz keine Frage stellte, sondern hinter Montefiori her hetzte. Der rannte an den Sekretärinnen vorbei ins

Büro des Direktors, stellte sich vor als Mitarbeiter von Spatz, welcher ratlos daneben stand, worauf Kreuzteufel, dem eine solche Unverschämtheit noch nie widerfahren war und der deshalb nicht wusste, was er antworten sollte, den Eindringlingen seinen Besucher, der ihm gegenübersaß, als Direktor des Theaters in der Josefstadt vorstellte und den Theaterdirektor bat, ein andermal zu kommen. Kreuzteufel versicherte ihm, das Theater mit einer Spende zu unterstützen, der Theaterdirektor sagte, er werde wieder vorsprechen, Kreuzteufel erwiderte, der Theaterdirektor möge auf keinen Fall während der nächsten zwei Wochen kommen.

Mir wurde berichtet, sagte Kreuzteufel –. Montefiori unterbrach ihn: Ich berichte Ihnen, dass unsere Schaufenster äußerst erfolgreich sind. Menschentrauben bilden sich vor dem Kaufhaus, aber niemand geht hinein. Also haben wir die Sicherheitsleute mit Werbetafeln hinausgeschickt. Auf den Tafeln steht: Alles um neunzig Prozent verbilligt. Die Leute werden bald ins Kaufhaus drängen. Wenn Sie Ihre Verkaufsleiter nicht sofort instruieren, die Waren zu verbilligen, schlagen die Leute das Kaufhaus kurz und klein.

Kommt nicht in Frage, sagte Kreuzteufel. Montefiori versuchte noch einmal, es ihm zu erklären, diesmal mit Erfolg. Ich habe aber, sagte Kreuzteufel, mit den Verkaufsleitern noch nie gesprochen und werde es auch jetzt nicht tun. Kein Problem, sagte Montefiori, schrieb auf einen Zettel, dass die Waren zu verbilligen seien, und forderte Kreuzteufel auf, den Zettel zu unterschreiben. Der tat es. Montefiori lief zu den drei Sekretärinnen, ersuchte sie, rasch hundert Kopien des Schriftstücks anzufertigen und an Verkaufsleiter und Verkäuferinnen zu verteilen. Die Sekretärinnen, längst zum Abbild ihres Chefs geworden, saßen erstarrt da. Tun Sie, rief Kreuzteufel, was der Mann sagt. Am Nachmittag reden wir weiter, sagte Montefiori und zog Spatz mit sich.

Erst in einem Restaurant kamen sie zur Ruhe. Ich fühle

mich überfordert, sagte Spatz. Uns allen dreien geht es so, antwortete Montefiori. Du bist in dieser Geschichte die theoretische Vernunft, Kreuzteufel die praktische. Und ich bin der Weltgeist, der zwischen euch vermittelt, damit die Geschichte nicht in einer Katstrophe endet, sondern weitergeht. Wenn jemand wirklich überfordert ist, dann ich. Spatz lachte erleichtert auf.

Die besten Witze, sagte er, machst du, wenn du gar nicht vorhast, einen Witz zu machen. Ist dir das schon aufgefallen? Und er bat den Kellner – zu essen hatten sie schon bestellt, Spatz Salat mit Thunfisch, Montefiori Thunfisch mit Salat –, eine Flasche Champagner zu bringen. Nach dem Essen beschloss Spatz, zu Hause ein Mittagsschläfchen zu halten. Sie würden sich um fünf bei Kreuzteufel wiedersehen. Du als theoretische Vernunft hast es leicht, antwortete Montefiori, ich muss ins Museum. Um halb fünf in der Espresso-Bar gegenüber dem Kaufhaus.

Zur vereinbarten Zeit kam Spatz aufgeregt ins Lokal. Hast du gesehen?, fragte er Montefiori. Der nickte teilnahmslos. Die meisten Leute, fuhr er fort, stehen vor dem Schaufenster mit den zwei Sätzen, vor allem vor dem Satz von Sartre drängt man sich. Der Nachmittag ist anstrengend gewesen, erwiderte Montefiori, ich habe Philipp bitten müssen, vom Büro der Revolution in unsere Firma im Museum zu kommen. Ich habe nicht weitergewusst.

Er hat meine Ratlosigkeit genossen, hat erfragt, worum es geht, und nach ein paar Informationen, die ich ihm gegeben habe, ist für ihn alles klar gewesen. Sein Vorschlag: Er wolle mich mit Einzelheiten nicht behelligen, es werde genügen, ihn beizuziehen, wenn wir am Nachmittag mit Kreuzteufel verhandeln. Bis dahin habe er alles vorbereitet, Kreuzteufel werde keine andere Wahl haben, als Philipps Vorschlägen zuzustimmen.

Ich frage dich, sagte Montefiori, wer ist nun der Weltgeist, Philipp oder ich? Das entscheidet sich hier, antwortete Spatz. Ich habe dir erzählt, was sich vor unserem Schaufenster ereignet. Ich frage dich, den Weltgeist, wie das zu deuten ist. Die Sätze von Oscar Wilde kommen nicht so gut an wie der Satz von Sartre. Wenn Wilde schreibt, ein weiser Mann hat gesagt, so etwas, wie die Menschheit in Ruhe lassen, gibt es. Aber so etwas, wie die Menschheit regieren, gibt es nicht – wenn also Wilde derart radikal antiautoritär schreibt, ist das für eine von Autoritäten geplagte Menschheit nicht mehr nachvollziehbar. So etwas, wie uns regieren, gibt es nicht? Wilde behauptet es, und nicht wenige Menschen stehen vor der Auslage und lesen diesen Satz. Auffallend lange stehen sie davor.

Montefiori schaute auf die Uhr. Wir müssen zu Kreuzteufel, sagte Spatz. Bei einem Rabatt von neunzig Prozent, fuhr er fort, wird der Laden am Abend leergekauft sein. Und dann? Ab morgen, sagte Montefiori, gibt es Billigware, wie wir das in dem Schaufenster zeigen. Abgefuckte Klamotten, wie man das nennt. Philipp wird die Sachen in der Nacht herbeischaffen.

Spatz blieb stehen – die beiden waren auf dem Weg zum Kaufhaus – und schaute Montefiori fassungslos an. Die Arbeit in den Schaufenstern, sagte er, war eine Art Theaterspiel. Nun spielst du Ökonomie. Ich weiß nicht, ob das noch mein Spiel ist. Gerade deines, erwiderte Montefiori. Kreuzteufel ist nicht in der Lage, über Nacht die passende Ware herbeizuschaffen. Er müsste das Kaufhaus schließen, wenn auch nur für ein, zwei Tage. Das würde massive finanzielle Einbußen bedeuten. Kreuzteufel hätte einen weiteren Grund, die Löhne zu kürzen. Das würde Anna als Betriebsrätin noch mehr schwächen. Willst du das?

Keine Ahnung, sagte Spatz. Die beiden fuhren mit dem Lift in den letzten Stock des Kaufhauses. Ich habe es bereits gesagt, fuhr Spatz fort, du bist in Anna verliebt. Nein, erwiderte Montefiori, ich bin in deine Frau verliebt. Du kennst sie nicht, sagte Spatz. Das ist mein Problem, antwortete Montefiori, sofern es ein Problem ist. Ich verliebe mich ausschließlich in Frauen, die ich nicht kenne. Aber deine Frau werde ich bald kennenlernen. Im schlimmsten Fall ist von dieser Liebe nichts mehr übrig, wenn deine Frau nach Wien kommt. Das glaube ich aber nicht.

Die Tür stand offen, sie gingen an den Sekretärinnen vorbei und setzten sich Kreuzteufel gegenüber. Wir haben es sehr eilig, sagte Montefiori. Das Kaufhaus ist leergekauft. Gratuliere, erwiderte Kreuzteufel, der Verlust geht in die Hunderttausende. Dieser Verlust, sagte Montefiori, ist ein Gewinn. Das Zeug ist seit Monaten nicht gekauft worden, man konnte schon in der Zeitung lesen, dass Ihr Unternehmen stagniert. Seit heute floriert es. Kreuzteufel wollte etwas einwenden, Montefiori ließ ihn nicht zu Wort kommen. Wir müssen, sagte er, den Verkaufserfolg des heutigen Tages fortsetzen. Für die Leute, die durch das Kaufhaus irren und kaum mehr ein Kleidungsstück finden, stellen wir Tafeln auf: Kommen Sie morgen wieder. Und die, die morgen kommen, finden ein neues Angebot vor: Nicht teure Ware um neunzig Prozent reduziert, sondern Billigware.

Unmöglich, sagte Kreuzteufel. Wir haben keine Zeit, erwiderte Montefiori, darüber zu debattieren, warum Sie als Kapitalist nicht in der Lage sind, als Kapitalist zu handeln. Also muss ich das für Sie tun. Während der Nachtstunden müssen die Regale mit Billigware gefüllt werden. Im andern Fall muss das Geschäft geschlossen bleiben. Die Regale sind jetzt schon leer. Ein Mitarbeiter von mir sorgt dafür, dass Billigware zeitgerecht geliefert wird. Die muss bezahlt werden. Sie bürgen dafür mit fünfhunderttausend Euro.

Sie sind verrückt, sagte Kreuzteufel. Mag sein, erwiderte Montefiori, aber Sie sind bankrott. Er schrieb auf einen Zettel, dass Kreuzteufel mit fünfhunderttausend Euro bürge.

Der unterschrieb. Montefiori sendete im Zimmer der Sekretärinnen den Zettel per Faxgerät an Philipp Zappel. Dann lief er in den Keller, Spatz hinter ihm drein, sie schrieben auf Tafeln, dass die Leute, die heute vor leeren Regalen stehen, morgen mit noch billigerer Ware überschüttet würden. Die Security-Leute platzierten die Tafeln im Kaufhaus.

Und nun?, fragte Spatz. Montefiori zog Spatz mit sich, sie fuhren mit dem Lift ein weiteres Mal in den letzten Stock. Philipp, sagte er, kommt um sechs zu Kreuzteufel. Philipp wartete schon auf die beiden. Er berichtete Kreuzteufel, die Ware werde mit mehreren Lastwagen ab ein Uhr früh geliefert, so dass bis zur Öffnung des Kaufhauses um neun Uhr alles in den Regalen liegen könne. Kreuzteufel sagte: Sie liefern gewiss auch das Personal, welches das Zeug einräumt.

Philipp atmete tief durch und blieb ruhig. Nein, sagte er, wozu haben Sie dieses Unternehmen? Sie zahlen den Leuten Überstunden, und die machen die Arbeit gern. Kreuzteufel darauf: Bei mir werden keine Überstunden bezahlt. Spatz beobachtete, dass Philipp von Kreuzteufels Sturheit völlig unbeeindruckt blieb. Sie haben einige Abteilungsleiter, sagte Philipp, Sie teilen ihnen mit, dass sie eine Nachtschicht einlegen müssen, widrigenfalls sie gefeuert werden.

Großartig, rief Kreuzteufel, und er schrie hinaus, die Tür stand offen, eine Sekretärin möge zu ihm kommen. Sie war noch nicht in Kreuzteufels Büro, wies er sie schon an, die Abteilungsleiter zu verständigen, dass sie sich sofort hier zu versammeln hätten. Die Sekretärin eilte davon und kam mit der Nachricht zurück, dass von den acht Abteilungsleitern sieben auf dem Weg hierher seien, einer aber sei beim Arzt. Kreuzteufel, als hätte die Welt sich wieder eingerenkt, lächelte vor sich hin und sagte leise zur Sekretärin, sie möge die Entlassung dieses einen in die Wege leiten. Einer wie dieser Abteilungsleiter, der, wenn er einmal hier gebraucht werde, beim Arzt sei, auf den könne man verzichten.

Montefiori erinnerte Kreuzteufel, dass er auch die Sicherheitsleute einsetzen könnte. So ist es, sagte Kreuzteufel, schlug mit der Hand auf den Tisch und rief hinaus zu den Sekretärinnen, die Männer von der Security hätten sich sofort hier zu versammeln. Mein Herr, fuhr er, an Montefiori gewandt, unvermittelt fort, Sie verfügen über einige, wenn auch nicht über alle Fähigkeiten, um ein Unternehmen zu leiten. Sie sollten sich um einen entsprechenden Posten bemühen. Ich habe ein Unternehmen, sagte Montefiori, wir expandieren gerade in die USA. Und um sieben haben wir eine Verabredung mit einer Dame zum Abendessen. Kreuzteufel wirkte unsicher und wurde wütend. Ist Ihnen diese Verabredung denn wichtiger, sagte er, als diese Krisensitzung? Spatz platzte der Kragen. Wir sind hier in keiner Sitzung, sagte er, und befinden uns in keiner Krise. Wortlos verließen die drei das Büro.

Spatz bat Philipp – der sei schließlich die Hauptperson –, mit ihnen zu Abend zu essen. Wo?, fragte Philipp. Zu Hause, antwortete Spatz. Wir waren gestern mit Frau Ehrenreich auswärts essen, das war nicht nach ihrem Geschmack. Ich muss Sie dennoch bitten, sagte Philipp, in ein Gasthaus zu gehen, nur noch diesen einen Abend. Ich habe in den nächsten Stunden viel zu tun für das Kaufhaus, ich erledige das im Büro der Revolution. Ich fühle mich dort sehr wohl, vor allem wenn ich allein dort bin. Telefonierend gehe ich von einem Zimmer ins nächste wie ein Feldherr, der Truppen befehligt.

Niemand, sagte Montefiori zu Philipp, macht dir den Arbeitsplatz streitig, und zu Spatz: Ich rufe Frau Ehrenreich an und hole sie ab, wir gehen wieder ins Café Engländer. Und ich versuche, Anna zu finden, sagte Spatz. Er ging zurück ins Kaufhaus und hielt Ausschau nach ihr. Verstehst du, fragte sie auf dem Weg zum Café, was in dem Kaufhaus vor sich geht? Nein, antwortete Spatz, ich habe den Überblick verloren, und ich glaube nicht, dass irgendjemand einen Überblick hat. Am wenigsten Kreuzteufel. Montefiori agiert wie im Rausch, in einem Erfolgsrausch. Und Philipp Zappel, in dessen Hand im Augenblick alles liegt, halte ich für einen Spieler. Er wirkt souverän, denn er spielt mit Kreuzteufels Geld, nicht mit seinem eigenen. Für Franz ist Zappel das Gegenteil eines Spielers, sorgsam kalkulierend, alles erwägend und nichts riskierend. Ich kenne mich nicht aus.

Im Engländer waren Montefiori und Frau Ehrenreich mitten in einem Gespräch. Anna und Maximilian setzten sich zu ihnen. Zwei Tassen Mocca standen auf dem Tisch, kein Wein, kein Wasser. Das verheißt nichts Gutes, dachte Spatz. Frau Ehrenreich, sagte Montefiori zu den Ankömmlingen, erzählt mir gerade ein Märchen. Die beiden schauten Frau Ehrenreich erwartungsvoll an. Sie überhörten die Frage des Kellners, was sie wünschten, der aber erinnerte sich, was am Tag zuvor bestellt worden war, und servierte zwei Flaschen Blaufränkischen. Im Märchen, sagte Frau Ehrenreich, wird Schneewittchen ein vergifteter Apfel gereicht. Es beißt hinein und fällt um. Man hält es für tot. Schneewittchen wird in einen Sarg gelegt und weggetragen. Ein Sargträger stolpert über eine Wurzel, der Sarg wird durchgerüttelt, das Stück vergifteter Apfel, das im Hals steckt, wird ausgehustet, und Schneewittchen lebt wieder.

Ich empfinde die wirkliche Geschichte, die Historie, sagte Frau Ehrenreich, als ein Stück vergifteten Apfel, das mir im Hals steckt und mich in einen Scheintod versetzt. Ich wünsche mir, nachdem ich den Apfel ausgespuckt habe, zu erwachen, und sei es nur für kurze Zeit. Dieses Märchen, sagte Frau Ehrenreich zu Montefiori, ist für mich weder befreiend noch beglückend, es ist einfach schön. Der vergiftete Apfel ist die Last der Geschichte. Frau Ehrenreich schaute auf und beobachtete mit Vergnügen, dass der Kellner weiterhin aus eigenem Antrieb handelte, nachdem ihm klar geworden war, dass die Aufmerksamkeit der drei Gäste ganz der alten

Frau galt und man seine Frage, was zu trinken, was zu essen gewünscht sei, überhört würde; er servierte vier Portionen steirischen Backhendlsalat. Und zu dieser Last der Geschichte, fuhr Frau Ehrenreich fort, gesellt sich die Last des Backhendlsalats. Der von gestern liegt mir noch im Magen. Die zwei Zentimeter dicke Panier zu verdauen, das braucht Tage.

Um zwei Uhr nachts wälzten Anna und Maximilian sich immer noch schlaflos im Bett. Im Nebenzimmer telefonierte Philipp Zappel laut und ununterbrochen. Spatz ging hinüber, doch Philipp scheuchte ihn mit einer großen Handbewegung und dem Zuruf, es gehe ums Kaufhaus, aus dem Raum. Die beiden suchten ein paar Sachen zusammen und übersiedelten ins nächste Hotel. In der Früh hinterließ Anna einen Zettel: Die Arbeit mit euch in den Schaufenstern ist für mich zu Ende. Ich beginne heute wieder meinen Dienst als Verkäuferin und meine Arbeit als Betriebsrätin. Spatz schleppte sich in seine Wohnung und träumte von einem Vormittag, an dem er wenigstens eine Stunde nichts anderes tun müsste, als in die Luft zu schauen.

Doch in seinem Zimmer saßen Frau Ehrenreich, Montefiori und Zappel Pläne schmiedend vor dem Kamin. Frau Ehrenreich hatte für den Nachmittag den pensionierten Direktor des Statistischen Zentralamts zum Kaffee eingeladen, wollte ihn aber mit einem Gulasch überraschen. Montefiori hielt das für einen guten Plan, der Besucher würde sich aufgewertet fühlen. Zappel meinte, er würde, wäre er der Direktor, die Flucht ergreifen. Mit einem Gulasch am Nachmittag könne man jemanden nur vertreiben. Wenn Frau Ehrenreich unbedingt kochen wolle, solle sie Palatschinken machen. Mir gelingen sie leider nur selten, erwiderte sie.

Das Leben in Wien wird zur Hölle, dachte Spatz. Er hatte sich nicht gesetzt und suchte einen Vorwand, um ins Hotel zurückzukehren. Er fand keinen. Es wird Zeit, dass wir aufbrechen, sagte Montefiori. Auf dem Weg zum Kaufhaus fiel Spatz auf, dass die beiden, die sonst den Mund nicht halten konnten, schwiegen. Was ist passiert?, fragte sich Spatz. Was verschweigen sie mir? Die beiden hatten nichts zu verschweigen. Sie schwiegen aus Erschöpfung.

Eine Sekretärin meldete die drei bei Kreuzteufel an. Der schlug vor, erst einmal die Arbeit für die Schaufenstergestaltung zu bezahlen. Ach ja, seufzte Spatz, woraufhin Montefiori, das Schlimmste befürchtend: dass Spatz, der die Sache nur in Angriff genommen hatte, um mit Anna auch tagsüber beisammen zu sein, antworten würde, er wolle für diese Arbeit kein Geld – woraufhin also Montefiori aufsprang und Kreuzteufel klarmachte, dass er, selbst Unternehmer, sich um das Finanzielle in diesem Team kümmere. Und er verlangte fünfzigtausend Euro.

Sie sind verrückt, antwortete Kreuzteufel. Sie haben, sagte Spatz, gestern und heute mehr eingenommen als im letzten Halbjahr. Darum geht es nicht, erwiderte Kreuzteufel. Ich möchte, dass Sie die Arbeit in den Schaufenstern fortsetzen, mit neuen Motiven, mit neuen Sprüchen. Wir stehen zurzeit in Wien im Mittelpunkt des Interesses. Das muss so bleiben. Versuchen wir es miteinander noch vier Wochen. Diese Arbeit ist dann mit den fünfzigtausend abgegolten. Nein, sagte Montefiori, fünfzigtausend Euro jetzt und in bar für die bisherige Arbeit. Oder wir gehen.

Sie haben leicht reden, antwortete Kreuzteufel, da Sie wissen, dass ich Herrn Zappel unbedingt brauche. Andrerseits lasse ich mich ungern erpressen. Sie erpressen lieber andere, sagte Spatz. Sie haben recht, erwiderte Kreuzteufel und sagte zur Sekretärin, er brauche sofort fünfzigtausend in bar. Und zu Philipp: Die Regale über Nacht zu füllen, das war eine Meisterleistung. Wie Sie das gemacht haben, müssen Sie mir später erzählen. Im Augenblick brauchen wir Nachschub, am Abend sind wir wieder leergekauft. Meine Leute schaffen das nicht. Sie arbeiten schlecht, weil ich sie zu gut bezahle.

Kreuzteufel dämpfte eine Zigarette aus, zündete die nächste an, schaute zum Plafond und setzte sich in Positur. Herr Zappel, sagte er, ich brauche Sie in den nächsten Tagen. Ich werde Sie fürstlich entlohnen. Nein, erwiderte Zappel. Ich gebe Ihnen die Telefonnummern einiger Firmen, Ihre Mitarbeiter sollen dort anrufen und sich auf mich berufen. Mir wäre wohler, sagte Kreuzteufel, Sie würden das selbst machen. Ich bezahle sehr gut.

Geld interessiert mich nicht, antwortete Philipp. Das verstehen Sie nicht, weil Sie nicht wissen, wie unser Unternehmen funktioniert. Ich erkläre es Ihnen auch nicht, es sei denn, Sie wollen eines Tages Ihren Betrieb in eine Genossenschaft umgestalten. Hier ist meine Karte. Er nickte Kreuzteufel zu und ging. Der eilte mit den Telefonnummern ins Sekretariat. Als er zurückkam, fragte er Montefiori: Ist Herr Zappel Ihr Chef? Ja, antwortete Montefiori, in unserem Betrieb ist der Untergebene der Chef. Kreuzteufel dachte nach. Ihre Firma, sagte er, ist also eine Irrenanstalt? Spatz stand auf. Wie machen wir weiter?, fragte er. Die Sekretärin brachte fünfzigtausend Euro. Montefiori steckte das Geld ein.

Die Schaufenster, sagte Kreuzteufel, von denen der Erfolg ausging, sollten von Ihnen weiter betreut werden. Aber nachts, damit sie tagsüber nicht verhängt sind. Wir arbeiten nicht nachts, sagte Spatz. Herr Zappel sehr wohl, erwiderte Kreuzteufel. Er gehört nicht zum Schaufenster-Team, sagte Spatz. Aber Frau Berg, antwortete Kreuzteufel. Nein, sagte Spatz, sie ist wieder Betriebsrätin, sie will die Kolleginnen und Kollegen, die sie gewählt haben, nicht im Stich lassen.

– 13 –

In der Nacht, gegen eins, begann es zu schneien. Maximilian Spatz schaltete Deckenbeleuchtung und Stehlampe aus, nur die Kerze in der Nähe des Kamins brannte noch. Nun sah er die Schneeflocken in ihrer ganzen Pracht. Er zog einen Sessel zum Fenster. Schade, dachte er, dass Anna nicht hier ist. Sie schlief heute zum ersten Mal, seit er nach Wien gekommen war, nicht in seiner Wohnung, nicht in seinem Bett. Nach den Turbulenzen der letzten Tage, dachte er, braucht sie Ruhe – ich auch.

Die Schneeflocken waren groß und fielen so dicht vom Himmel, dass Spatz, obwohl die Grünangergasse schmal war, das gegenüberliegende Haus nur schemenhaft sah. Die Flocken schwebten langsam herab, woraus Spatz schloss, dass die Temperatur weit unter dem Gefrierpunkt lag, sonst wären die Flocken als nasse Patzen auf den Boden gefallen und geschmolzen. Er trat ans Fenster. Auf der Gasse lag eine leichte, pulvrige Schneedecke, die sich, wenn man drauftrat – Spatz sah auf dem Gehsteig einige Schuhabdrücke –, nur oberflächlich veränderte. Das galt auch für die Spur, welche die Reifen eines Autos hinterlassen hatten.

Er legte zwei Holzscheiter auf die Glut im offenen Kamin, setzte sich ans Fenster – und schlief ein. Um drei schrak er auf und ging zu Bett. Als er am Vormittag erwachte, war sein erster Gedanke: Ist der Schnee liegen geblieben? Die Gasse war tief verschneit; ein paar Flocken fielen immer noch vom Himmel. Spatz sah sich schon zum Stadtpark gehen und von dort durch Burg- und Volksgarten zu einer Straßenbahn. Er wollte in einen Vorort fahren, in den Wienerwald, auf der anderen Seite hinuntergehen in einen anderen Vorort und gegen Abend bei einem Heurigen einkehren.

Stattdessen griff er zum Telefon. Ich muss aus der Stadt hinaus, dachte er. Bergbahnen Semmering, sagte die Stimme am Telefon. Spatz darauf: Ich möchte mit dem Auto kommen, ist die Passstraße schneefrei? Absolut, antwortete die Frau. Ich weiß, sagte Spatz, dass man sich heutzutage Schi und Schischuhe ausleihen kann. Ich habe aber auch keine Schihose und keinen Anorak. Auf der Passhöhe gibt es ein Sportgeschäft, antwortete die Frau, das ist darauf eingestellt, dass Leute ohne Ausrüstung kommen. Sie können dort eine Schihose kaufen, die Sie auch als Jogginghose verwenden können; den Anorak als Regenjacke. Alles preiswert. Auch die Tageskarte. Achtundzwanzig Euro für Gondelbahn und Sessellift. Vier wunderschöne Abfahrten. Und oben auf dem Hirschenkogel ein ausgezeichnetes Restaurant. Wir sehen uns morgen, sagte Spatz.

Schon dieser Entschluss wirkte erholsam. Warum, fragte sich Spatz, fahre ich nicht auf den Semmering, um dort spazieren zu gehen? Ist das zu wenig Aktivität? Zu wenig Hektik? Wahrscheinlich, dachte er, hat die Zeit, in der man lebt, ein bestimmtes Tempo, dem man sich nicht entziehen kann. Und das Tempo entsteht dadurch, dass man Dinge in die Zeit hineinstopft, die erledigt werden müssen. Schifahren ist gewiss hektischer als Spazierengehen. Aber den ganzen Tag gemächlich die Hänge hinunterzufahren verspricht mehr Ruhe, als ich die letzten Tage gehabt habe.

Der Nachmittag gab einen Vorgeschmack darauf. Es war, als hätte die Technik aus Respekt vor der Natur ihre Tätigkeit vorübergehend eingestellt. Das Telefon klingelte kein einziges Mal. Philipp war aus dem Nebenzimmer, seinem Büro der Revolution, ausgezogen. Frau Ehrenreich, die ansonsten gern Nachschau hielt, wie Spatz mit dem Leben in der Wohnung und in Wien zurechtkam, ließ sich nicht blicken. Er orderte in der Nähe der Inneren Stadt einen Leihwagen für morgen und verstrickte sich dann in ein Telefongespräch mit der Verkäuferin auf dem Semmering. Wir nehmen, sagte sie, Größe zweiundfünfzig. Besser Hose und Anorak sind zu groß als zu eng. Ich komme morgen um zehn, sagte Spatz, ziehe mich um, und los geht's. Sie müssen nur die Schischuhe probieren, sagte sie. Nein, antwortete er, wir nehmen Größe vierundvierzig.

Gut, dass Sie heute anrufen, sagte die Verkäuferin, ich habe nichts anderes zu tun, als mich um Ihre Sachen zu kümmern. Dazu brauche ich eine halbe Stunde. Keine zehn Leute sind auf der Piste. Ein halber Meter Neuschnee und leichter Schneefall. Das ideale Wetter zum Schifahren. Ich kann aber nicht weg. Auch wenn kaum Leute auf dem Berg sind, darf ich das Geschäft nicht verlassen. Auch nicht für eine halbe Stunde. Ich könnte einen Zettel mit meiner Handynummer an die Eingangstür kleben, mit der Information, dass ich in zehn Minuten hier sein kann. In diesem Fall hätte das Handy, dem man nachsagt, es sei ein technischer Fortschritt, einen Nutzen. Es scheint aber nur dort eingesetzt zu werden, wo es keinen Nutzen hat.

Am nächsten Vormittag fuhr Spatz von Wien bis an den Fuß des Semmerings durch dichten Nebel. Er konnte sich nicht vorstellen, dass das Wetter oben auf dem Berg anders wäre. Mir kann es recht sein, dachte er. Es wird ein gemütlicher Schitag, ich werde sehr langsam und nicht sehr oft fahren. Im Sportgeschäft werde ich Zeit haben, mit der Verkäuferin das Gespräch von gestern fortzusetzen. Erstaunlich, wie widersetzlich die junge Frau war.

Nach zwei Kehren auf der Passstraße durchbrach Spatz den Nebel, sah über sich den blauen Himmel und neben sich verschneite Bäume. Auf der Passhöhe parkten ein paar Dutzend Autos, und im Sportgeschäft drängten sich einige Kunden um die Verkäuferin. Er rief ihr zu, dass er gestern mit ihr am Telefon gesprochen hatte, und sie deutete in eine Ecke, wo die komplette Ausrüstung für ihn bereitlag. Hinter einem Paravent zog er sich um und ging mit den Schiern zur Gondel.

Er konnte sich an den Hang erinnern. Hier hatte er als Kind das Schifahren erlernt, am Vormittag eine Stunde von einem Schilehrer, am Nachmittag, nach dem Essen, von seinem Großvater. Er fuhr in der Mitte der Piste in dem Stil, den er damals gelernt hatte, dem Kurzschwung, auch Wedeln genannt. Bei der ersten Geländestufe blieb er stehen – ein Weg querte den Hang. Es war gutgegangen, er hatte nur achtgeben müssen, nicht zu schnell zu werden, um die Kontrolle über die Schi nicht zu verlieren. Warum er nun anhielt, hatte aber damit zu tun, dass drei Schifahrer in einem ungeheuren Tempo hinunterrasten und dabei die ganze Breite des Hangs beanspruchten.

Das also, dachte er, ist der neue Stil, den man Carving nennt. Spatz hatte den Eindruck, dass die Schifahrer diese Fahrweise durchaus beherrschten, andrerseits war ihm klar, dass man, stieß man mit so einem zusammen, wenig Überlebenschance hatte. Was für eine Brutalisierung dieses einstmals so harmlosen Vergnügens, dachte er. Hinter sich hörte er ein Rumpeln. Er drehte sich um. Drei Snowborder saßen im Schnee und rutschten mit ihren quergestellten Brettern, auf denen sie hätten fahren sollen, den Hang hinunter. Sie konnten nicht nur nicht fahren, sondern auch nicht anhalten. Spatz fuhr bis zum äußersten Rand der Piste und beobachtete die johlenden Idioten, die davon auszugehen schienen, dass ihnen der ganze Berg gehörte.

Nun, da er die Bedingungen kannte, unter denen man heutzutage Schi fuhr, genoss er die Abfahrten. Er hielt sich am Rand und zwang sich zu kürzeren Schwüngen, als seine Kondition erlaubte. Der Kurzschwung ließ keine Erholungspause zu, weder für die angespannten Oberschenkel noch für

Herz und Lunge, so dass Spatz nichts anderes übrigblieb, als jeweils nach hundert Metern erschöpft innezuhalten. Das lohnte sich: Er konnte sich nicht nur am verschneiten Semmering, sondern auch an den gegenüberliegenden weißglitzernden Felsmassiven der Schneealpe und der Rax nicht sattsehen.

Seine schlechte Kondition erklärte er sich damit, dass ihm das regelmäßige Training in der New Yorker Boxschule fehlte. Mit fünfzig, sagte er zu sich, hat man keine Kraftreserven mehr. Man muss sie täglich durch Training erneuern. Fühlt man sich, älter werdend, zu müde für diese Anstrengung, verkommt man, schreitet nicht mehr aus, sondern zappelt dahin, hält sich nicht mehr gerade, sondern geht gebückt. Andrerseits: Ist das nicht das Recht des Alters?

Dieser Ausblick auf die kommenden Jahre bewog ihn, nicht erst wie geplant um eins, sondern schon um zwölf zum Bergrestaurant zu fahren und dort abzuschwingen. Er schaute den Kellnern zu, welche die Terrasse freischaufelten, den Schnee von den Bänken und Tischen kehrten und Decken bereitlegten für jene Gäste, denen die Bänke zu feucht und zu kalt waren. Er schnallte die Schi ab, legte Handschuhe und Haube auf einen Tisch an der Wand des Hauses, wo es windstill war, und breitete eine Decke auf die Bank. Ein großes Thermometer an der Wand zeigte zwanzig Grad an. Wunderbar, dachte er, es ist zugleich Sommer und Winter. Aus dem Selbstbedienungsrestaurant – es sah alles aus wie vor Jahrzehnten – holte er sich Specklinsen mit Knödel, setzte sich hinaus in die Sonne und ließ es sich schmecken.

Einmal ging er noch hinein, füllte das Tablett mit einer Mohntorte, einem großen Mocca und einem Glas Wein, und als ein Kellner das Geschirr abservierte, fragte Spatz, ob man hier Zigarillos bekomme. Nein, war die Antwort, aber Zigaretten, drinnen beim Automaten. Ich kann Ihnen aushelfen, sagte ein Mann am Nebentisch und reichte Spatz ein kleines

Etui aus hartem braunem Kunststoff, in dem, wie Spatz vermutete, eine Zigarre steckte. Er öffnete das Etui – eine Havanna. Die kann ich nicht annehmen, sagte Spatz. Sie haben sie schon angenommen, sagte der Mann, und kein Getue, bitte, ich kaufe die Zigarren spottbillig in Kuba.

Die Frau, die neben dem Mann saß, stand auf und ging in den Berggasthof. Sie war das Gegenteil des Mannes: eine ältere Dame, großgewachsen, schlank, schwarzes Haar. Er wirkte klein, war auffallend breitschultrig, nicht dick, aber korpulent, hatte einen braunen Teint und dichtes, gewelltes weißes Haar. Sie waren in Kuba auf Urlaub?, fragte Spatz.

Ich bin in Österreich auf Urlaub, antwortete der Mann, und arbeite in Kuba. Früher habe ich hier als Kameramann gearbeitet, und nun, da ich in Pension bin, unterrichte ich an der Filmhochschule in Havanna. Ich bin froh darüber und arbeite selbstverständlich ehrenamtlich. Ich säße sonst untätig in Havanna herum, während meine Frau, Italienerin und einstmals berühmte Tänzerin, dort Tanz unterrichtet. Wenn ich in Österreich im Gespräch mit einem Fremden das Wort Kuba ausspreche, steht sie sofort auf und geht. Sie wird sich an einen anderen Tisch setzen. Was sie, mit einer Tasse Kaffee in der Hand, auch tat. Ich erzähle, sagte der Mann, immer dieselbe Geschichte über Kuba, meine Frau kann sie nicht mehr hören.

Spatz hatte die Zigarre angezündet und genoss den milden Rauch. Ich höre Ihnen gern zu, sagte er. Ich mache es kurz, erwiderte der Mann, wir wollen noch Schi fahren, bevor es dämmrig wird. Ich unterweise die Studenten in aktueller Kameraarbeit. Und, in einem zweiten Kurs, in Geschichte. Auf dieses Thema stieß ich erst in Kuba, weil dort im Fernsehen zwei Arten von Filmen immer wieder gezeigt werden: der frühe sowjetische und der amerikanische Stummfilm.

Wir beschäftigen uns vor allem mit dem Stummfilm, fuhr der Mann fort. Spatz fragte ihn, ob er ihn auf ein Glas Wein einladen dürfe. Der Mann bejahte, Spatz holte zwei Glas Wein, die schöne alte Dame, die Italienerin, nickte ihm, als er an ihr vorbeiging, freundlich und spöttisch zu. Der Mann setzte seine Rede fort. Der Stummfilm, sagte er, ist der Beginn des Films und bereits seine höchste Form. Eine Erzählung ohne Worte. Eine in der Gegenwart angesiedelte Erzählung, die von der Realität ausgeht, aber, da sie ohne Worte auskommen muss, ins Märchenhafte hinübergleitet. Das Märchen ist eine Erzählung, die ausdrückt, was Wörter nicht sagen können. Der Stummfilm ist ein Märchen. Er setzt an die Stelle der hilflosen Wörter hilflose Bewegungen der Menschen, hilflose Mimik, Gestik, Artistik.

Der stumme Mensch erzählt seine Geschichte. Keiner anderen Kunstform wurde eine solche Leistung abverlangt. Deshalb das hohe künstlerische Niveau. Alles, fuhr der Mann fort, kommt auf die Kamera an. Das Gesicht des Schauspielers ist stark geschminkt, die Frisur außergewöhnlich. Das muss in kurzen Einstellungen deutlich gezeigt werden. Der Schauspieler sieht aus, als passte er nicht in die Zeit. Er erzählt aber eine Geschichte, die in dieser Zeit spielt.

Erinnern Sie sich, sagte der Mann zu Spatz, an Filme von Chaplin. Diese merkwürdige Kleidung, die Mischung aus Vagabund und Clown. Die Zirkuskunst wandert direkt ein in den Stummfilm. Beide wenden sich an das, wie man früher gesagt hat, niedere Volk. Der Stummfilm an die Masse der arbeitenden Bevölkerung. Er war ein großes Geschäft. Filmpaläste wurden gebaut. Zum ersten Mal in der Geschichte wurden für Arbeiterinnen und Arbeiter Paläste gebaut.

Der Held des Stummfilms steht nicht über der Masse, er gehört ihr aber auch nicht an, er steht unter ihr, er ist noch übler dran als jene, die übel dran sind. Insofern geht er eigene Wege. Der Held ist ein Außenseiter, wie es ihn in der Kunst noch nicht gegeben hat. Wiewohl Außenseiter, ist er solidarisch mit seinesgleichen, muss aber einsehen, dass es seinesgleichen für ihn nicht gibt.

Der Stummfilm, fuhr der Mann fort, ist realistisch und kritisch und märchenhaft, deshalb ist er nicht belehrend, sondern überzeugend. Also besonders gefährlich. Bei allem Respekt vor der russischen Oktoberrevolution – es gab auch eine amerikanische Revolution, sie fand im Stummfilm statt. Deshalb musste er verschwinden.

Der Mann stand auf. Meine Frau ist schon ungeduldig, sagte er. Er reichte Spatz eine Karte. Hier wohnen wir. Sollten Sie in Wien zu tun haben, besuchen Sie uns. Spatz wartete, bis die beiden die Schi angeschnallt hatten und losfuhren. Er wählte eine andere Abfahrt, die genoss er noch zweimal, dann war er müde, gab die Ausrüstung zurück und fuhr heim.

Im Auto überlegte er, wie es mit Anna, dem Kaufhaus und Montefiori weitergehen könnte. Dank des Abkommens mit Kreuzteufel war er tagelang mit Anna zusammen gewesen, doch sie hatte sich entschieden, wieder als Verkäuferin und Betriebsrätin zu arbeiten. Spatz musste sich, da er den Semmering hinter sich gelassen hatte und in den Nebel eingetaucht war, der offenbar den ganzen Tag die Täler bedeckt hatte, auf den Verkehr konzentrieren. Er fuhr langsam, auch weil er von der weißen Landschaft links und rechts der Fahrbahn fasziniert war. Im Nebel wirkte der Schnee noch heller. Und Montefiori?, fragte sich Spatz. Er scheint das Kaufhaus-Abenteuer nicht beenden zu wollen. Er hat mir so sehr geholfen, dass ich es nicht über mich bringe, ihm zu sagen, dass ich keine Lust mehr auf dieses Unternehmen habe. Für mich hat die Geschichte ohne Anna keinen Sinn. Andrerseits: Warum wollte Montefiori im Kaufhaus weitermachen? Spatz konnte sich erinnern, dass Kreuzteufel an ihn und Montefiori appelliert hatte, die Arbeit in den Schaufenstern fortzusetzen, das Kaufhaus Kloppenbeug & Furzbeutel sei in Wien

Gesprächsthema Nummer eins, das müsse für die nächste Zeit so bleiben, das Kaufhaus erlebe einen beispiellosen Aufschwung.

Spatz erwog die Sache, bis er endlich, in Erinnerung an das Gespräch mit dem in Kuba lehrenden Österreicher, eine Lösung fand. Wir, Montefiori und ich, dachte er, setzen uns als Schauspieler eines Stummfilms in ein Schaufenster und geben eine Abschiedsvorstellung. Wir kostümieren und schminken uns entsprechend, wobei wir Anleihen nehmen bei der Kleidung, die dank unserer Initiative in diesem Geschäft mit Erfolg verkauft wird, bei der Ramschkleidung. Wir orientieren uns an Chaplin und den Marx Brothers. Worum geht es in den Geschichten, die sie erzählen? Ums Überleben. Die Stummfilmhelden kämpfen mit allen Tricks. Nach dem Gesetz der Wahrscheinlichkeit haben sie keine Chance, nach dem der Unwahrscheinlichkeit, mit absurden Tricks, retten sie sich vor dem Untergang und sind Sieger. Wir können nur eine schwache Imitation zustande bringen, wir stehen hinter einer Schaufensterscheibe, müssen uns stumm ausdrücken und sind keine Stummfilmstars.

Ich spiele einen Vagabunden. Erschöpft setze ich mich auf den Boden. Ich krame in meiner Umhängetasche, ich finde nichts. Ich stülpe das Innere der Tasche nach außen – eine Banane fällt heraus. Schnell schäle ich sie.

Der Elefant, der neben mir sitzt, kommt mit dem Rüssel näher. Wie schafft er das? Wir bitten einen der Sicherheitsleute, dass er uns gegen Bezahlung hilft, den Elefantenrüssel zu bewegen. Schade, dass Anna nicht mehr mitmacht. Ich zeige dem Elefanten, dass ich nur eine Banane habe. Er bewegt den Rüssel unwillig hin und her, reißt auch noch das Maul auf, um mir zu zeigen, dass er sehr hungrig ist. Also reiche ich ihm die Banane, er verschlingt sie. Ich stehe auf, gehe ein paar Schritte weiter, muss mich aber vor Erschöpfung wieder hinsetzen.

Ich schaue auf. Neben mir steht ein Tisch, an dem sitzt Montefiori. Er greift zum Telefon und gestikuliert heftig, während er spricht. Er ist auf eine altväterliche Weise elegant gekleidet, trägt eine runde Brille, sein Haar ist gelockt. Er ähnelt dem Boss der Marx Brothers. Er spielt einen Geschäftsmann. Auf dem Tisch liegen Geldbündel.

Ich, der Vagabund, versuche, seine Aufmerksamkeit zu gewinnen. Ich klopfe auf die leere Umhängetasche wie auf eine Trommel und deute mit der anderen Hand, dass ich Hunger habe. Montefiori zieht, während er telefoniert, aus seinem Sakko ein Tuch heraus, das man für ein Stecktuch halten könnte, das sich aber als Putztuch erweist. Er wirft es mir zu und streckt mir seine Stiefel entgegen, damit ich sie putze. Vor Schwäche zitternd, greife ich nach dem Tuch und beginne mit der Arbeit.

Der Elefant schlingt seinen Rüssel um Montefioris Hals und zieht den Mann vom Sessel. Der bleibt eine Zeitlang auf dem Boden liegen – dann kriecht er nach hinten und verschwindet, um sich für eine andere Rolle umzuziehen.

Der Elefant deutet mit dem Rüssel, dass ich am Schreibtisch Platz nehmen soll. Ich befolge die Anweisung. Auf dem Tisch liegen Geldbündel. Ich öffne die Schreibtischladen, sie sind vollgestopft mit Geldscheinen. Ratlos halte ich dem Elefanten ein Geldbündel hin und deute, dass ich es nicht essen kann. Er reißt den Rachen auf. Ich werfe das Geld hinein. Aus dem Rachen kommen Brot und Wurst. Ich falle darüber her.

Der Elefant deutet mit dem Rüssel, ich solle ein Bündel Geld nehmen und damit zu einem Felsen gehen. Ich stehe dort und weiß nicht, was ich tun soll. Der Elefant hilft mir nicht weiter. Neben dem Felsen erscheint ein Engel. Montefiori, in weißem Nachthemd und mit zwei großen Flügeln, nimmt mir das Geld aus der Hand und steckt es in eine Felsspalte. Eine Quelle sprudelt heraus, gierig trinke ich.

Danach lockere ich den Boden auf, hole alles Geld vom Tisch und vergrabe es. Ein Strauch mit herrlichen Blüten und Früchten, darunter eine Banane, schießt empor. Ich pflücke die Banane und füttere damit den Elefanten. Ich will weitergehen, doch der Engel winkt mich zurück. Er gibt mir eine Flasche Coca-Cola und bringt die Quelle zum Versiegen.

Am nächsten Vormittag um elf Uhr begann die Vorstellung, im Großen und Ganzen verlief alles so, wie sie es geplant hatten, das Interesse der Passanten war enorm. Spatz schaute hinaus auf die Straße und bekam Angst angesichts der vielen Leute, die sich auch nach dem Ende ihrer Darbietung noch vor dem Schaufenster drängten.

Nachdem die beiden sich umgezogen und abgeschminkt hatten, fuhren sie auf Montefioris Drängen in den obersten Stock zu Kreuzteufel. Der eilte auf die beiden zu und war nahe dran, sie zu umarmen. Das war, begann Montefiori das Gespräch, die letzte Vorstellung. Spatz, noch betäubt von der Arbeit im Schaufenster und deren Wirkung auf die Zuschauer, lehnte sich zurück, trank ein Glas Whisky, rauchte einen Zigarillo und beobachtete Kreuzteufel und Montefiori.

O nein, sagte Kreuzteufel, das war die erste Vorstellung. Wir haben, erwiderte Montefiori, nach unserem Auftritt Angebote von anderen Kaufhäusern bekommen, es werden nicht die letzten gewesen sein. Kreuzteufel gebot Montefiori, indem er die Hände besänftigend gehoben hatte, zu schweigen. Meine Herren, sagte er, ganz Wien spricht von uns. Und nicht nur Wien. Teams von deutschen und italienischen Fernsehanstalten waren hier und haben das Spektakel in den Schaufenstern und das Gedränge davor gefilmt. Die Zusammenarbeit zwischen Ihnen und meinem Unternehmen lässt sich nicht in ein beliebiges Kaufhaus verlagern. Nicht in ein beliebiges, erwiderte Montefiori, sondern in jenes, das uns das beste Angebot macht. Sie täuschen sich, sagte Kreuzteufel, Ihre Darbietungen sind hier aus der Situation heraus entstanden und nicht übertragbar in Schaufenster irgendwo in der Stadt. Das lassen Sie unsere Sorge sein, erwiderte Montefiori, trinken wir ein letztes Glas miteinander.

Dr. Kreuzteufel schenkte ein. Sie wollen Geld, sagte er. Selbstverständlich, erwiderte Montefiori. Wir holen die Angebote anderer Kaufhäuser ein und machen Ihnen übermorgen ein Offert. Wenn Sie es annehmen, bieten wir je zwei Vorstellungen in der Woche. Das Programm wird von Mal zu Mal leicht geändert. Wir machen einen Vertrag immer nur für eine, höchstens für zwei Wochen.

Im Lift sagte Spatz, du bist ein Bandit. Wir werden das Geld brauchen, antwortete Montefiori. Sie sahen, dass die Sicherheitsleute die Schaufenster, in denen gespielt worden war, mit Papier verklebt hatten; darum hatte Spatz sie gebeten. Ein Plakat, das die nächste Vorstellung ankündigte, wollte er am nächsten Tag anbringen. Zu Haus setzte er sich im Kaminzimmer an das Notebook und schrieb nieder, was Montefiori und er an Szenen gespielt hatten; denn die Skizzen auf Zetteln waren Entwürfe, die sich während der Proben und des Spiels verändert hatten. Aus den aktuellen Aufzeichnungen sollten sich künftige Szenen entwickeln, Spatz dachte auch an Variationen bereits vorhandener Szenen.

Diese Arbeit machte ihm keine Freude. Ich will, dachte er, kein Dramatiker, kein Kaufhausdramatiker werden. Er empfand, was Montefiori und er in dem Kaufhaus trieben, als sinnlos. Dem neuen Freund zuliebe wollte er noch zwei Vorstellungen absolvieren, dann aber, selbst auf die Gefahr hin, den Freund zu verlieren, damit aufhören. Mit diesen dürftigen Beweggründen verließ er am nächsten Vormittag die Wohnung, er hatte vor, sich im Keller des Kaufhauses umzuschauen und sich von dem, was dort herumlag – Schaufensterpuppen, Stoffreste, Elefantenknochen –, anregen zu lassen.

In dem saalartigen Raum waren, anders als sonst, Sessel aufgestellt, vorne ein Tisch. An dem saß Anna. Spatz eilte zu ihr. Sie sah aus wie eine Leiche. Ihm stockte der Atem. Ach, sagte sie, wir sind nur Dreck.

Vor zwei Tagen, fuhr Anna fort, immer noch mit erstarrtem Gesichtsausdruck, erhielten wir, alle Mitarbeiterinnen und Mitarbeiter, von der Geschäftsführung, also von Kreuzteufel, die Mitteilung, dass dank außerordentlicher Anstrengungen der Geschäftsführung der Warenabsatz erhöht werden konnte. So hoffte man, die drohenden Kündigungen doch nicht aussprechen zu müssen. Was allerdings nur möglich sei, wenn auch die Belegschaft ihren Beitrag leiste. Die Geschäftsführung schlage als ersten Schritt eine Lohnkürzung von zehn Prozent mit Beginn des nächsten Monats vor.

Ich berief für heute Vormittag eine Betriebsversammlung ein, sagte Anna. Kreuzteufel hat an alle ein Schreiben gesandt, in dem er mitteilt, die Betriebsversammlung verfolge das Ziel, die Bemühungen der Geschäftsführung zu Fall zu bringen, was unweigerlich zu Kündigungen führen würde. Die Geschäftsführung appelliere an die Belegschaft, nicht zur Betriebsversammlung zu gehen, um ihren Arbeitsplatz nicht zu gefährden. Niemand ist gekommen – nur ich.

Was können wir tun?, fragte Spatz. Mir fällt nichts ein. Ich rufe Franz an. Sie verabredeten sich mit ihm in der Espresso-Bar vis-à-vis. Nachdem Anna ihm Bericht erstattet hatte, wirkte Montefiori erleichtert. Es ist so weit, sagte er.

– 14 –

Montefiori sprang auf. Wir haben vierundzwanzig Stunden Zeit, sagte er und rannte aus der Espresso-Bar hinüber zum Kaufhaus. Franz hat mir sehr geholfen, sagte Spatz zu Anna, es widerstrebt mir, sein Benehmen lächerlich zu finden. Er will nicht einsehen, dass wir verloren haben.

Kreuzteufel, fuhr Spatz fort, ist Sieger. Das stand von Anfang an fest. Er ist der Eigentümer, jedenfalls vertritt er die Interessen der Eigentümer. Und er kennt das Arbeitsrecht. Er verbietet die Versammlung nicht, das steht ihm nicht zu. Hinterlistig wendet er sich an die Angestellten. Er legt fest, was die Interessen der Angestellten sind, und niemand widersetzt sich. Wie willst du, fragte er, unter diesen Umständen die Leute vertreten? Immerhin, erwiderte Anna, haben sie mich gewählt. Geheim wählen – zu mehr reicht der Mut nicht. Die Angst ist groß. Es liegt an mir, das zu ändern. Oder aber ich gebe die Sache verloren.

Bleibt für uns beide, sagte Spatz, immerhin noch die Möglichkeit, ein paar Tage Urlaub zu machen. Anna stimmte ihm zu. Ich würde gern wieder einmal Schi fahren. Die beiden beschlossen, sich von Montefiori, ehe sie in Richtung Semmering aufbrechen würden, zu verabschieden. Egal, welchem Vorhaben er nachjagt, fügte Anna hinzu, wir müssen ihn davon abbringen. Maximilian sah das genauso. Dankbar küsste er Anna auf die Stirn.

Sie trafen Montefiori im Keller des Kaufhauses. Er saß mit Philipp Zappel an jenem Tisch, den Anna vor die Sesselreihen geschoben hatte und auf den sie die Zettel mit den Stichwörtern für ihre Rede hatte legen wollen. Dort lagen statt der

Zettel drei große Fotoapparate. Philipp lief Anna entgegen und rief: Wir brauchen Fotos von den Leuten, die dich gewählt haben. Anna war verwirrt. Ich habe niemanden fotografiert, sagte sie. Ach Gott, rief Philipp, man besitzt Fotos von Leuten, die man nicht selbst fotografiert hat. Du hast recht, sagte sie. Etliche meiner Wähler haben mir ein E-Mail geschickt, in dem sie schrieben, dass sie mein Wahlprogramm unterstützen, und einige haben ein Foto von sich angehängt. Her damit, rief Philipp. Die Fotos, sagte Anna, sind auf dem Notebook. Montefiori erhielt einen Anruf, auf den er gewartet zu haben schien, er sagte nur: Ich komme, und rannte weg.

Franz, dachte Spatz, kann heute nicht anders, als umherzuhetzen. Er irrte. Gemessenen Schritts kam Montefiori zurück, er war in Begleitung eines eleganten Herrn, der in der einen Hand einen Hut, in der anderen Handschuhe trug, die Anwesenden mit einer kurzen Verbeugung begrüßte, mit einem Blick die Situation im Kellersaal erfasste und Montefiori anwies, auf die Sessel Schaufensterpuppen zu platzieren. Montefiori und Zappel machten sich an die Arbeit, Spatz ahnte, welcher Plan hier verfolgt wurde, und schleppte seinerseits Schaufensterpuppen herbei.

Der elegante Herr wandte sich Anna zu und bat sie, sich vor den Tisch zu stellen und die vortragende Betriebsrätin zu mimen. Sie holte mit den Armen zu einer großen Bewegung aus. Wir drehen keinen Film, sagte der elegante Herr, wir machen Fotos. Es genügt, wenn Sie eine Hand so heben, als wollten Sie Ihren Worten Nachdruck verleihen. Was für Fotos?, fragte Anna. Wir füllen den Saal, in den die Menschen nicht gekommen sind, mit Schaufensterpuppen. Ich kleide sie ein. Ich bin Kostümverleiher. Bedeutende Kostümbildner haben für große Filmproduktionen bei mir alles gefunden, was sie gebraucht haben. Auch jede Menge Perücken.

Anna beharrte auf ihrer Frage. Sie haben von Fotos gesprochen, sagte sie. Das ist nicht meine Aufgabe, erwiderte er. Unser Ziel ist es, dass Fotos entstehen oder zumindest ein Foto, mit Ihnen als Rednerin und vor Ihnen sitzend, von hinten fotografiert, die Zuhörer beziehungsweise die Schaufensterpuppen. Eine gutbesuchte Betriebsversammlung. Herr Montefiori gibt uns bis morgen Mittag Zeit. Für meine Firma kein Problem. Von Ihnen, gnädige Frau, fuhr der Kostümverleiher fort, bekommen wir Fotos Ihrer Kolleginnen und Kollegen. Das ist eine wichtige Quelle. Haben Sie die Fotos hier?

Nein, antwortete Anna schuldbewusst, sie hatte begriffen, dass es bei dem Unternehmen, welches Montefiori in Gang gesetzt hatte, ausschließlich um sie ging, um ihren Kampf gegen Kreuzteufel, dessen erste Runde sie, aber auch Max bereits verloren gegeben hatten. Montefiori und Zappel setzten immer neue Schaufensterpuppen auf die Sessel, Max sah sie nirgends. Sie rief Montefiori zu, wo Max sei. Der hole das Notebook mit den Fotos. – Zum Kostümverleiher sagte sie: Wir sind ein gut eingespieltes Team. Einer weiß nicht, was der andere will, er handelt aber so, als wüsste er es. Der Kostümverleiher nickte Anna verständnisvoll zu.

Spatz kam abgehetzt mit Annas Notebook zurück, aus den über fünfzig Fotos von Kolleginnen und Kollegen suchten sie vierzig aus. Philipp übertrug sie auf seinen Computer und sandte sie an die Kostümfirma. Meine letzte Bitte, sagte der Kostümverleiher und wandte sich an Zappel, den er zuständig hielt für technische Belange: Fotografieren Sie die Schaufensterpuppen, die auf den Sesseln sitzen. Und Anna bat er, vor dem Tisch als Vortragende zu posieren. Zappel nahm von den drei Kameras eine nach der anderen, schoss unzählige Fotos, übertrug sie auf seinen Computer und leitete sie weiter an die Firma des Kostümverleihers.

Anna erinnerte Spatz, dass er vor dem Studium der Medizin Fotografie und Bildhauerei studiert hatte. Ich wollte mich nicht vordrängen, sagte Spatz, außerdem wird das einzig wichtige Foto erst morgen am späten Vormittag gemacht. Der Kostümverleiher verabschiedete sich. Sechs seiner Mitarbeiter würden Kostüme und Perücken heranschaffen, bis zum Vormittag sollten die Schaufensterpuppen bekleidet sein.

Philipp hatte es eilig: er werde das Büro der Revolution sofort wieder beanspruchen; und er bat Anna, ihn zu begleiten. Sie beide sollten die Adressen zusammensuchen, an welche morgen das Foto von der Versammlung verschickt werde. Schade, sagte Anna auf dem Weg zur Grünangergasse, dass ich so schlampig bin. Im besten Fall habe ich die Adressen von einem Drittel der Kolleginnen und Kollegen. Das ist mehr als genug, antwortete Phillip. Jeder, der das Foto auf seinem Handy sieht, wird sofort den nächstbesten Kollegen fragen, ob er auch dieses Foto bekommen habe. Im Nu wissen alle Bescheid, vom Lehrmädchen bis zu Kreuzteufel.

Spatz und Montefiori beschlossen, dass einer von ihnen im Keller sein werde, um die Leute des Kostümverleihers zu beaufsichtigen. Spatz, der Nachtmensch, übernahm die ersten Stunden, Montefiori werde ihn um vier Uhr früh ablösen, spätestens zu Mittag werde fotografiert und dann würden im Keller die Spuren verwischt. Spatz saß am Tisch und rauchte, als drei Männer mit Schachteln voll Kostümen hereinkamen. Ihnen bei der Arbeit zuzusehen war für ihn ein Vergnügen. Sie legten die Fotos, die Philipp ihnen geschickt hatte, auf den Boden, suchten nach Kleidung, die zu jener der Abgebildeten passte, und zogen sie einer Schaufensterpuppe an. Spatz half ihnen, indem er die passende Perücke suchte. Die Gesichter der Puppen blieben unbehandelt, die Versammelten würden nur von hinten fotografiert.

Um vier Uhr wurde Spatz von Montefiori abgelöst, um halb elf am Vormittag brachen Anna, Philipp und Maximilian von der Grünangergasse auf, Philipp schleppte die Fotoausrüstung mit sich, die beiden Männer hatten sich abgesprochen, dass jeder einige Aufnahmen machen und man die besten auswählen würde. Im Keller des Kaufhauses warfen sie einen letzten Blick auf die Schaufensterpuppen und staunten darüber, was die Mitarbeiter des Kostümverleihers in einer einzigen Nacht zustande gebracht hatten. Einer der sechs Kostümkünstler tat das mit der Bemerkung ab, die Arbeit hier sei – verglichen mit dem, was man sonst zu tun hätte, nämlich blödsinnige Filme auszustatten – belebend gewesen. Sie hätten herausgekriegt, dass es um einen Arbeitskampf gehe. Sie seien froh, dazu etwas beigetragen zu haben, und wären dankbar, würde man sie über den Fortgang des Kampfes auf dem Laufenden halten. Er reichte Montefiori seine Visitenkarte, der gab ihm seine. Man verabschiedete sich herzlich.

Phillip merkte bald, dass Maximilian der bessere Fotograf war. Rasch fand sich das geeignete Foto. Es zeigte eine gutbesuchte Betriebsversammlung. Phillip setzte seinen kleinen Computer in Gang und versandte das Foto an alle Adressen der Kaufhaus-Mitarbeiter, die Anna ihm gegeben hatte. Kreuzteufel hat die Betriebsversammlung verhindert, sagte Montefiori, und sie hat dennoch stattgefunden. Ich kann es noch nicht fassen. Spatz schlug vor, Kostüme und Perücken in die bereitstehenden Schachteln zu stopfen und dann in die Espresso-Bar zu gehen. Die Arbeit, das Entkleiden der Schaufensterpuppen, war bald getan. Wir haben ein Scharmützel gewonnen, sagte Montefiori, noch nicht die Schlacht. Wer, fragte Spatz, wird dann mit wem Frieden schließen? Frieden, sagte Anna, mit Kreuzteufel?

Sie gehe hinauf ins Kaufhaus, sie müsse herausfinden, wie die Aktion auf die Kolleginnen und Kollegen wirke. Philipp begleitete sie. Er wolle als unauffälliger Beobachter durch die Stockwerke schlendern. Spatz und Montefiori saßen müde in der Espresso-Bar. Das also war mein Ausflug mit Anna auf den Semmering, sagte Spatz. Ich bin froh, erwiderte Montefiori, dass meine Freundin sich von mir getrennt hat. Was war der Grund?, fragte Spatz. Ich bin nicht von ihrer Seite gewichen, lautete die Antwort, das hat sie nicht ertragen. – Was macht sie beruflich? – Sie arbeitet in der Wirtschaftskammer, sagte Montefiori, sie ist zuständig für Leute, die sich selbständig machen wollen. Spatz meinte, man sollte diese davon abhalten. Das versucht meine Freundin ja, antwortete Montefiori, aber die meisten lassen sich nicht abhalten. Und kaum ist sie daheim, sagte Spatz, stehst du, sitzt du, liegst du neben ihr. So ist es, erwiderte Montefiori, ich hatte immer solche Freude, sie zu sehen. Er bestellte zwei Glas Wein.

Sie aber, fuhr er fort, fühlte sich so bedrängt, dass sie das Gefühl hatte, nicht mehr atmen zu können. Du konntest dich nicht zurückhalten?, fragte Spatz. Nein, antwortete Montefiori. Sie versuchte immer wieder, in ein Restaurant auszuweichen, um dort mit mir zu Abend zu essen, vor allem aber, um, geschützt vor meiner Zudringlichkeit, über ihre Arbeit zu sprechen und über das Wichtigste vom Tag. Ich hörte ihr zu und nickte, um Interesse vorzutäuschen.

Du darfst nicht glauben, fuhr er fort, nachdem er sein Glas in einem Zug leergetrunken hatte, dass mich nicht interessiert hat, was meine Freundin erzählte. Andrerseits: Interessante Dinge erzählt bald jemand. Sie aber ist eine schöne Frau. Dazu kommt ihre Anmut. Wie sie sich bewegt! Die Finger. Wie sie ein Glas hält, wie die Hand auf der Tischplatte ruht. Ich bin dagesessen und habe sie angeschaut. Ich habe sie angehimmelt. Sie hat das nicht ertragen.

Ich kann mir vorstellen, sagte Spatz, dass sie das angestrengt hat. Sie war abends müde, vielleicht erschöpft, und hatte keine Energie, mit deinen erotischen Anflügen zurechtzukommen. Ich weiß, erwiderte Montefiori, ich arbeite zu wenig. Ab morgen schufte ich in einem Steinbruch, damit ich am Abend so kaputt bin wie die anderen. Ich helfe dir, sagte Spatz, in der Nähe von Wien einen Steinbruch zu finden. Was ziehst du vor, Marmor, Sandstein, Granit? Gewonnen!, rief Anna in diesem Moment durch das Lokal.

Philipp und Anna setzten sich an den Tisch. Die Kolleginnen und Kollegen, sagte Anna, haben sich um mich gedrängt. Jeder hat einen wichtigen Grund genannt, warum er nicht zur Betriebsversammlung gekommen ist. Manche haben gar nichts gesagt. Wie die Leute einander beobachtet haben: aus den Augenwinkeln, misstrauisch. Sie waren anders als sonst. Was sie auf ihren Handys sahen, war ein Foto, auf dem die Menschen, von hinten fotografiert, nicht zu erkennen waren. Um wen handelte es sich? Jedenfalls um die, welche es gewagt hatten, trotz der Warnung durch die Geschäftsführung zur Versammlung zu kommen. Es waren nicht wenige, der halbe Saal war voll. Sie, die aus Angst nicht gekommen waren, standen um mich herum. Ich riskierte die Frage: Was machen wir nun? Die einhellige Antwort: Die Versammlung wird wiederholt. Ich schlug vor: morgen Nachmittag. Philipp und ich müssen ins Büro der Revolution, um Plakate anzufertigen.

Spatz und Montefiori waren wieder allein. Montefiori schaute in die Luft und schüttelte den Kopf. Spatz fragte, ob er an seine Freundin denke. In den letzten Tagen, sagte Montefiori, haben wir nicht mehr selber den Ablauf bestimmt. Anna und ich, erwiderte Spatz, hatten beschlossen, für einige Tage auf den Semmering zu fahren. Stunden später saß ich im Kaufhauskeller und drapierte Schaufensterpuppen mit Perücken. Ist es üblich, fragte Montefiori, dass man nicht weiß, was die nächste Stunde bringt?

Grundsätzlich schon, antwortete Spatz, man kann von einer Stunde auf die andere die Arbeit verlieren, auch die Wohnung. Andrerseits, fuhr er fort, ist alles auf Jahre hinaus geplant, und wenn der Einzelne Glück hat und in dieser Planung vorkommt, weiß er für die nächsten Jahre, wie Arbeit und Leben ablaufen werden. Wie ist das bei uns?, fragte Montefiori. Wir, sagte Spatz, kommen in keiner Planung vor. Ich habe das Abenteuer mit Kreuzteufel nur begonnen, um an Annas Seite zu sein. Im Augenblick ist Anna weiter von mir entfernt denn je. Würdest du sie gern anhimmeln?, fragte Montefiori. Ich habe keine Gelegenheit dazu, antwortete Spatz. Was also tun?, fragte Montefiori. Schlafen, sagte Spatz. Ja, erwiderte Montefiori, schlafen.

Am nächsten Mittag tranken Frau Ehrenreich und Maximilian Spatz im Kaminzimmer Kaffee. Die heutige Betriebsversammlung, sagte Frau Ehrenreich, ist der Wendepunkt. Die Kolleginnen und Kollegen von Anna haben die Angst vor der Geschäftsführung abgelegt. Sie waren allesamt eingeschüchtert, dafür schämen sie sich, das wollen sie gutmachen, sie sind voll Tatendrang. Es geht doch nur, erwiderte Spatz, um die Ablehnung der angedrohten Lohnkürzung. Nur?, wandte Frau Ehrenreich ein. Die Geschäftsführung wird auf Lohnkürzung bestehen, Anna und die Belegschaft, nun einmal in Fahrt, müssen weitermachen und einen Streik beschließen. Die Geschäftsführung kann von ihrer Linie nicht abweichen, Anna auch nicht. In dem Zwangssystem, in dem wir leben, folgt erbarmungslos ein Schritt dem anderen, für den Unterdrücker wie für den Unterdrückten.

Es geht doch nur um eine Versammlung, sagte Spatz, dann vielleicht um einen Streik. Nur?, sagte Frau Ehrenreich abermals. Und wer beendet den Streik, wer geht aus der Auseinandersetzung siegreich hervor? Das wissen wir nicht, sagte Spatz, ich werde Anna jedenfalls warnen. Warum sind Sie bei der Versammlung nicht dabei?, fragte Frau Ehrenreich. Anna, antwortete Spatz, hat Montefiori und mich gebeten, nicht zu kommen. Von uns ist nur Philipp dort. Dann machen wir heute Abend ein Festessen, sagte Frau Ehrenreich. Wer kauft ein? Ich könnte Montefiori darum bitten, antwortete Spatz, was soll er einkaufen? – Schnitzel.

Anna kam pünktlich um sieben. Wo ist Philipp?, fragte Frau Ehrenreich. Er wurde, antwortete Anna, von seiner Freundin abgeholt, sie gehen in ein Konzert. Freundin, rief Montefiori. Alle standen in der Küche. Montefiori musste sich setzen, er bat Spatz um einen Grappa. Ich war der Ansicht, sagte er, dass es über jemanden, von dem man nichts weiß, auch nichts Wissenswertes gibt. Philipp war durchaus nicht verschlossen, Privates aber erfuhr man von ihm nie. Ich glaube auch nicht, dass er eine Freundin hat.

Lieber Franz, erwiderte Anna, ich habe mit der jungen Frau gesprochen. Sie hat gesagt, dass sie mit Philipp in ein Konzert geht. Ich habe gesagt, mein Name ist Anna, ich arbeite hier als Verkäuferin. Ich, hat die Frau geantwortet, arbeite als Patentanwältin. Sie sind, habe ich gesagt, wohl in Wien aufgewachsen. Sie lachte. Nein, hat sie gesagt, ich komme aus Groß Sankt Florian, das ist in der Nähe von Deutschlandsberg, und das ist in der Nähe von Graz. Ich bleibe nicht mehr lange in Wien. Ich kooperiere mit einem New Yorker Patentanwaltsbüro, mein Ziel ist, dort einzusteigen. Philipps Firma ist ebenfalls dabei, nach New York zu übersiedeln.

Ich freue mich auf das Konzert, hat die Frau gesagt, auf das Ensemble, das Quatuor Ébène, und sie legte einen Arm auf Philipps Schulter, um ihn zu beruhigen, er hatte mit den Worten, er müsse die Karten abholen, zur Eile gedrängt. Das Programm dieses Abends, hat die Frau gesagt, ist klug zusammengestellt: drei Beethoven-Quartette, ein frühes, Opus 18, ein mittleres, Opus 74, das sogenannte Harfen-Quartett, und, nach der Pause, in der man sich sammeln kann, ein spätes Werk.

Die junge Frau hat gesagt, sie wisse alles über mich, von Philipp. In drei Wochen werde dieses Ensemble wieder hier gastieren, sie werde mich zu diesem Konzert einladen und danach zum Essen, um mich näher kennenzulernen, ich sei für sie eine Heldin. Habt ihr gehört, ich bin eine Heldin.

Wir haben zu dritt gekocht, sagte Spatz zu Anna. Ich habe, sagte Frau Ehrenreich, nur den Erdäpfelsalat zubereitet. Das ist das Schwierigste, erwiderte Montefiori. Ich habe zugeschaut, wie Sie das machen. Wenn die Erdäpfel in Scheiben geschnitten werden, müssen sie noch warm sein. So bleiben sie, bis sie auf den Tisch kommen. Auf die Erdäpfel wird rote Zwiebel gelegt, hauchdünn geschnitten. Darauf kommt Olivenöl mit einem Schuss Kernöl, Apfelessig mit einem Löffel Zucker und Birnenessig mit Zitrone. Das alles wird mit den Erdäpfeln vermischt. Worauf, sagte Montefiori, die Prozedur des Abschmeckens erst beginnt. Noch ein Tropfen Kernöl, noch ein wenig Zitronensaft und ein halber Löffel Zucker.

Jeder Erdapfel, sagte Frau Ehrenreich, ist anders, schmeckt anders und müsste extra zubereitet werden. Bei einem Erdäpfelsalat ist das unmöglich. Dennoch bereite ich ihn so zu, als hätte ich jede Scheibe gekostet, würde ihren Geschmack kennen und sie entsprechend nachwürzen. Diesen Selbstbetrug nennt man Kochkunst. Wenige, die Meisterköche, verstehen es, den Selbstbetrug zum Betrug an ihrer Kundschaft zu veredeln, das Gros der Dilettanten verliebt sich in den Selbstbetrug, indem es fortwährend vom Kochen redet, aber nicht kochen kann.

Dazu gehöre ich nicht, sagte Montefiori, ich habe nur den Reis gekocht. Maximilian aber, der die Schnitzel gebraten hat – herausgebraten, korrigierte ihn Frau Ehrenreich –, Maximilian hat dabei eine Aktivität entfaltet, die mich an die eines Jongleurs erinnerte: das Fleisch geklopft, in die Luft geworfen, auf der anderen Seite geklopft, in Mehl gewendet, in einen Teller mit geschlagenem Ei gelegt, mit Bröseln bedeckt, und dann die ganze Prozedur – Mehl, Ei, Brösel – noch einmal.

Was für ein Unfug, erwiderte Frau Ehrenreich, ich sage euch aber jetzt nicht, wie ein Schnitzel richtig zu panieren ist. Schauen Sie, rief Spatz, die Panier löst sich vom Fleisch und wölbt sich auf, wie es sein soll. Jedenfalls in Ihrer Einbildung, antwortete Frau Ehrenreich und tätschelte seine Wange. Gehen wir zu Tisch, wir werden an diesen aschfahlen Schnitzeln nicht sterben.

Während des Essens erzählte Anna, die Betriebsversammlung sei ein Erfolg gewesen und dank einer Idee von Philipp sogar zu einem Ereignis geworden. Philipp, fuhr sie fort, bestand darauf, die Versammlung, anders als ich es vorhatte, nicht von siebzehn Uhr bis Geschäftsschluss anzuberaumen, sondern von sechzehn bis siebzehn Uhr und dann das Kaufhaus wieder zu öffnen. Er bat mich inständig, ihm zu vertrauen, er könne die Idee im Augenblick nicht erläutern, er müsse Plakate anfertigen, auf denen nichts anderes stehe als: Betriebsversammlung von sechzehn bis siebzehn Uhr, er werde sie rechtzeitig an den Schaufenstern affichieren. Ich ließ mich von ihm überreden.

Um halb vier, fuhr Anna fort, begann sich der Saal zu füllen. Ich ging hinauf, um zu sehen, ob Philipp die Plakate bereits angebracht hatte. Drei Stück klebten an jedem Schaufenster. Passanten standen davor und debattierten. Niemand ging mehr ins Kaufhaus. Kreuzteufel stellte sich neben mich. Was haben Sie vor?, hat er gefragt. Oh, habe ich gesagt, ich habe den Herrn Direktor noch nie außerhalb seines Büros gesehen. Was sollen diese Plakate?, hat er gefragt. Wir hatten keine Zeit, habe ich geantwortet, um bessere anzufertigen. Wir?, hat er gefragt. Um genau zu sein, habe ich geantwortet, habe ich damit nichts zu tun, Herr Zappel hat die Plakate in aller Eile hergestellt und an die Schaufenster geklebt. Die Plakate sind eine wichtige Information für die Kunden, aber auch für die Sicherheitsleute. Die müssen das Kaufhaus entweder für eine Stunde schließen oder darauf achten, dass im Kaufhaus nichts gestohlen wird. Denn alle Angestellten werden zur Versammlung kommen.

Warum, hat Kreuzteufel gefragt, mischt Zappel sich in diese Sache ein? Das weiß ich nicht, habe ich gesagt, Zappel arbeitet zusammen mit Montefiori und Spatz für Sie. Ich glaube Ihnen kein Wort, hat Kreuzteufel gesagt, zunächst aber muss ich herausfinden, wie Sie es angestellt haben, dass die

Leute zur Versammlung gehen. Wenn es sein muss, werde ich jeden einzeln verhören. Die Leute sind gekommen, habe ich erwidert, weil ich sie eingeladen habe. Es ist Ihnen gelungen, hat Kreuzteufel geantwortet, mich zu überlisten, nun fühlen Sie sich stark. Sie sollten aber nicht vergessen: das ist mein Kaufhaus, nicht Ihres.

Anna steckte ein großes Stück Fleisch in den Mund. Das Schnitzel von Max, sagte sie, ist nicht so schlecht, wie es aussieht. Wie war die Versammlung?, fragte Frau Ehrenreich. Ich bin neugierig, erwiderte Anna, wer die Kosten trägt. Der Kostümverleiher und seine Angestellten werden nicht gratis gearbeitet haben.

Kreuzteufel, sagte Montefiori, hat alles getan, um die Versammlung zu verhindern. Und wir haben alles getan, damit sie zustande kommt. Das hat einiges gekostet. Aber nur einen Bruchteil dessen, was ich Kreuzteufel abgeknöpft habe. Die Revolutionskasse ist immer noch voll.

Lieber Herr Montefiori, sagte Frau Ehrenreich, Sie lieben große Worte. Ohne große Worte, erwiderte Montefiori, keine großen Taten. Ein großes Wort, sagte Spatz, das du da aussprichst. Von einer großen Tat fehlt allerdings noch jede Spur. Ich wollte, sagte Anna, Tante Ehrenreich von der Versammlung erzählen. Frau Ehrenreich nickte ihr aufmunternd zu.

Alle waren da, fuhr Anna fort, auch die, welche nicht meine Liste gewählt haben. Der Bann, den Kreuzteufel über mich als Betriebsrätin verhängt hatte, war gebrochen. Wir haben zu einem Trick gegriffen, und in der Auseinandersetzung mit der Allmacht der Geschäftsführung ist ein kleiner Trick die große Rettung. Ich hatte eine Rede vorbereitet, musste aber zuvor berichten, was ich eben erlebt hatte: Kreuzteufel neben mir vor einem Plakat, wild entschlossen, jeden zu verhören, der die Versammlung besucht.

Ein Tumult ist ausgebrochen, sagte Anna, und es wäre mir nicht gelungen, die Leute zu beruhigen, hätten nicht diejenigen, die anfangs am lautesten geschrien haben, danach am entschiedensten dafür plädiert, über den Skandal in Ruhe zu sprechen und Maßnahmen zu beschließen.

Ich musste die Versammlung daran erinnern, sagte Anna, dass man hier nicht zusammengekommen war, um sich gegen Kreuzteufels Drohung zur Wehr zu setzen, sondern um seine Ankündigung, die Löhne zu kürzen, abzulehnen. Ich habe den Leuten gesagt, dass es mir vor allem darauf ankommt. Ich bin von euch, habe ich gesagt, weder zur Bundespräsidentin noch zur Bundeskanzlerin, sondern zur Betriebsrätin gewählt worden. Mich interessiert die materielle Seite unserer Existenz. Wer uns den ohnehin geringen Lohn kürzen will, raubt uns die Möglichkeit, ein Leben zu führen, das diesen Namen verdient. Außerdem habe ich die Leute darauf aufmerksam gemacht, dass wir nur noch eine Viertelstunde, bis siebzehn Uhr, Zeit haben.

Es bedurfte nur weniger Minuten, bis die Versammlung – mittlerweile wurde Wert darauf gelegt, von einer Vollversammlung zu sprechen – beschlossen hatte, die angekündigte Lohnkürzung abzulehnen, und mich beauftragte, diesen Beschluss der Geschäftsführung mitzuteilen. Man ging wieder zur Arbeit. Ich wunderte mich, dass die Menschen vor dem Kaufhaus die Mitteilung auf den Plakaten, es finde eine Betriebsversammlung statt, so deuteten, dass das Kaufhaus eine Stunde geschlossen sei, und geduldig warteten. Die zwei Sicherheitsleute am Eingang hatten nichts zu tun.

Was ich nicht absehen konnte, sagte Anna: dass die Menschen keineswegs warteten, weil sie nach siebzehn Uhr noch etwas einkaufen, sondern weil sie mit uns reden wollten, mit uns, die in einem Großkaufhaus mitten in der Stadt den Betrieb für eine Stunde zum Stillstand gebracht hatten. Offenbar eine in der City noch nie dagewesene Sensation. Nun verstand ich, warum Philipp darauf beharrt hatte, die Versammlung von sechzehn bis siebzehn Uhr anzusetzen. Er hatte offenbar damit gerechnet, dass die Leute warten und dann neugierig ins Kaufhaus strömen würden, dass dort eine freundliche Begegnung stattfinden würde, dominiert von der Frage, was die Angestellten bewogen habe, den Betrieb durch eine Versammlung lahmzulegen.

Ich habe meine Zuhörer darauf hinweisen müssen, fuhr Anna fort, dass unsere Versammlung zwar in einem Schreiben an die Geschäftsführung gipfelte, welche aber, was wir fordern, zurückweisen würde. Umso besser, haben einige gerufen, die um mich herumstanden, der Versammlung wird ein Warnstreik folgen und diesem ein richtiger Streik. Und nach diesem Streik, hat einer gerufen und dabei bitter gelacht, treten wir in den Generalstreik.

Bravo, rief Frau Ehrenreich. Spatz schrak aus seinen Gedanken auf. Frau Ehrenreich, sagte er, Sie sind auf der Seite des Aufstands, aber doch auch aufseiten der Wirklichkeit. Ich mache mir Sorgen um Anna. Sollte sie, erwiderte Frau Ehrenreich, die Arbeit verlieren und wegen ihrer Tätigkeit als Betriebsrätin nie wieder Arbeit finden, so hat sie mit dieser einen Versammlung mehr erreicht als wir und die meisten anderen im ganzen Leben.

Ihr redet über mich, sagte Anna. Darf ich auch etwas dazu beitragen? Der Tag war ungewöhnlich. Leute solidarisieren sich mit uns. Auf das Ungewöhnliche kann man nur ungewöhnlich reagieren. Nehmt Philipp. Er hat mit Hilfe der Angestellten der Espresso-Bar gegenüber ein paar Kannen Kaffee und Tee, Papierbecher und Schachteln mit Keksen und Nüssen gebracht, einige haben wie selbstverständlich nach den Sachen gegriffen und sie den anderen angeboten. Eine große Fröhlichkeit breitete sich aus.

Die Sicherheitsleute sind durchs Kaufhaus gegangen und haben gerufen, dass jetzt Geschäftsschluss sei. Geschäftsschluss ist dann, hat jemand erwidert, wenn wir gehen. Gelächter. Daraufhin ist ein Teil der Beleuchtung ausgeschaltet worden. Eine junge Frau hat einen Sicherheitsmann zur Rede gestellt: Sie gefährden uns. Schalten Sie das Licht ein, oder ich rufe die Polizei. Dass jemand einem Sicherheitsangestellten mit der Polizei droht, haben viele komisch gefunden. Schließlich hat auch die junge Frau lachen müssen.

– 15 –

Im März wurde es warm. Höchste Zeit, dachte Spatz, einmal noch Schi zu fahren, ehe auf dem Semmering der Schnee schmilzt. Maximilian Spatz saß im Stadtpark in der Sonne, elegant gekleidet, mit der Hose, dem Sakko, dem Mantel, die er nach seiner Ankunft in Wien erworben hatte. Der Mantel hing über den Schultern. Ein älterer Herr, der stellvertretende Direktor des Statistischen Zentralamtes, nun in Pension, setzte sich neben Spatz. Lange nicht gesehen, sagte Spatz. Irrtum, erwiderte der Mann, ich habe Ihre Aktivitäten im Kaufhaus genau beobachtet, bin in der Espresso-Bar in Ihrer Nähe gesessen und habe ein paar Worte aufgeschnappt. Ich bin daraus nicht klug geworden, konnte aber einige Spekulationen anstellen.

Spatz, der befürchtete, der Mann würde von den sogenannten Spekulationen erzählen, fiel ihm ins Wort: Was tut sich bei Ihnen? Einiges, antwortete der Mann. Die Gruppen, die sich um mich bilden, bekommen Kontur. Die Maulhelden, die behauptet haben, demnächst alles kurz und klein zu schlagen, kommen seltener, oder sie halten den Mund. Es sind kleine Gruppen, die nur vom Hörensagen voneinander gewusst haben, Gruppen, in allem verschieden, einander ähnlich nur in ihrem Willen zur Rebellion, manche wild entschlossen, andere übermütig.

Meine täppischen Versuche, fuhr er fort, Aufmüpfige ausfindig zu machen und die Zerstreuten zusammenzubringen, haben sich herumgesprochen, und Gruppen, die darunter gelitten haben, dass sie ein paarmal öffentlich aktiv geworden, dann aber in Lethargie zurückgefallen waren, haben von meiner lächerlichen, aber unermüdlichen Tätigkeit hier im Stadtpark gehört und von mir als dem edlen Verrückten gesprochen, vielleicht um mich von den obdachlosen Verrückten, die im Stadtpark leben, zu unterscheiden.

Haben Sie mich, fragte Spatz, durch Zufall gefunden? Seit Sie in Wien sind, antwortete der Mann, passiert nichts zufällig. Was für ein Plan hinter allem steckt, habe ich noch nicht herausgefunden. Sie haben nicht nur mir Ihre Telefonnummer gegeben, und nicht nur ich habe angerufen. Abgehoben hat ein Herr Zappel, er versicherte, dass Sie in nächster Zeit mit Arbeit überlastet seien, er mich aber unbedingt treffen wolle. Wir haben uns in der Espresso-Bar verabredet, die auch Ihr Stammlokal zu sein scheint. Es sind noch zwei Bekannte von Ihnen gekommen, ein Taxifahrer und der Besitzer eines Herrenmodengeschäfts.

Ich habe, fuhr er fort, von meiner Agitation im Stadtpark erzählt und von den kleinen Gruppen, die auf mich aufmerksam geworden sind. Da ist der Geschäftsbesitzer aufgesprungen und hat gerufen: Wo sind sie, wo sind diese Gruppen? Wir haben Mühe gehabt, ihn zu beruhigen. Der Geschäftsmann hat den Nerv getroffen. Die Gruppen und ich haben einen Raum gesucht, wo man sich versammeln kann. Den gibt es, hat der Taxifahrer gesagt, hat mit dem Mobiltelefon jemanden angerufen und uns dann erzählt, sein Freund betreibe ein Weinhaus, eines der letzten in Wien, es wisse auch niemand mehr, warum manche Gasthäuser Weinhäuser heißen: weil sie nur Wein aus einer bestimmten Gegend ausschenken. In diesem Weinhaus befinde sich ein kleiner Saal, der nicht mehr benutzt werde.

Früher, hat der Taxifahrer erzählt, habe der Saal der Geselligkeit gedient, an jedem Wochenende habe eine Kapelle zum Tanz aufgespielt, die Woche über hätten politische Versammlungen stattgefunden. Mit der Politik sei auch die Geselligkeit verschwunden, der Saal stehe leer. Den Luxus, den Saal nicht zu vermarkten, könne sein Freund sich leisten, da er für das Weinhaus keine Miete zahle. Das Gebäude gehöre ihm. Nun, habe der Taxifahrer gesagt, werde der Saal endlich wieder genutzt.

Was sind das für geheimnisvolle Gruppen?, fragte Spatz. Die sind, antwortete der Mann, tatsächlich geheimnisvoll. Sie tauchen auf, verschwinden, tauchen auf. Zum Beispiel die Radfahrergruppe. Einige Mitglieder dieser Gruppe haben mich im Stadtpark aufgestöbert. Sie sind die Ersten gewesen, die mit mir Kontakt aufgenommen haben. Im Café Sessel führten wir endlose Gespräche. Die jungen Leute hatten Mühe, mir zu folgen. Ich hatte Mühe, mich verständlich zu machen. Sie traten mutig auf und waren doch ängstlich. Sie standen ein für das Selbstverständliche und taten so, als wäre, wofür sie protestierten, abwegig.

Ihr Thema, fuhr der Mann fort, sind die Verkehrsflächen. Es ist unser aller Thema, besonders in einer Großstadt wie Wien. Jeder, der noch einen Funken Verstand hat, empfindet es seit langem als unerträglich, dass öffentliche Verkehrsflächen, dass Straßen nicht von der Öffentlichkeit genutzt, sondern von Autos okkupiert werden, welche viel zu schnell fahren, gemessen daran, wie Fußgänger, für welche die Stadt da ist, sich bewegen, und die obendrein die Luft so verpesten, dass das Leben in der Stadt gesundheitsschädlich ist.

Ich habe den jungen Leuten erklärt, sagte der Mann, dass es zu jedem gegen die Allgemeinheit gerichteten Verbrechen ein Gesetz gibt, welches dieses Verbrechen für rechtens erklärt, und so glauben sich auch die Autofahrer im Recht. Freunde, habe ich zu den jungen Leuten gesagt, nicht die anderen, sondern ihr seid im Recht. Was rechtens ist, entscheidet die Vernunft und nicht die Autoindustrie.

Die Vernunft setzt sich allerdings nicht ohne Machtmittel durch. Ihr müsst, zusammen mit den Fußgängern, den Autofahrern die Straße wegnehmen, ihr müsst zu Tausenden Tag und Nacht die Straßen bevölkern. Um mit euch fertigzuwerden, müsste der Staat das Militär einsetzen. Wird er das tun? Er setzte es ja auch gegen Flüchtlinge ein. Man muss es darauf ankommen lassen. So wie bisher geht es jedenfalls nicht weiter. Die Polizei erlaubt euch, für ein paar Stunden ein paar Straßen zu benutzen, es kommen ein paar Hundert Radfahrerinnen und Radfahrer, am Beginn und am Ende des Demonstrationszugs fahren Polizeiautos. Das macht ihr jeden Monat einmal, öfter wird es nicht erlaubt. Beim fünften Mal kommen höchstens zwanzig Leute, die anderen haben es satt, wie Vollidioten von der Polizei durch die Stadt gelotst zu werden.

Der Besitzer des Herrenmodengeschäfts, sagte der Mann, hat die Faust gehoben, ist auf mich zugerannt und hat gerufen: Du bist unser Lenin. Tut mir leid, habe ich geantwortet, ich bin eine Null. Wir sind Nullen, und wir beginnen bei null. Alles ist kaputt, die Arbeiterbewegung, die Studentenbewegung, die kommunistischen Parteien, die Gewerkschaften. Wir haben es leicht. Wir wissen, was unsere Vorgänger richtig und was sie falsch gemacht haben. Ihr Fehler war, dass sie den Kampf eingestellt haben, bevor er gewonnen war. Sie haben Waffenstillstandsangebote akzeptiert, die Waffen niedergelegt – und sind erschossen worden. Wir werden unerbittlich sein: kein Frieden mit den Kriegsfreunden, keine Freundschaft mit den Menschenfeinden.

Spatz fragte den Mann, welche Gruppen zurzeit im Weinhaus zusammenkämen. Sehr unterschiedliche, antwortete der Mann. Ich hatte keine Lust, jedem Neuankömmling meinen Quatsch vorzutragen. Das übernahm die Radfahrergruppe. Sie verbreitete meine Thesen, immer ausgehend von der Einsicht, man sei eine Null und beginne bei null. Diese Losung kam gut an und wirkte ermutigend. Aber auch der Besitzer des Herrenmodengeschäfts erwies sich als hilfreich. Er hat das Zeug zum Volkstribun. Er erklärte die Welt als eine von

Herr und Knecht. Der Herr, hat er uns gelehrt, ist uninteressant, er hat die Macht und verteidigt sie. Interessant ist allein der Knecht, er ist entweder unterwürfig, also knechtisch, oder aber er setzt alles daran, den Herrn zu stürzen. Der Herr ist nur dazu da, dies mit allen Mitteln zu verhindern, mit seinen Medien, seinen Schulen, seinen Universitäten.

Der Besitzer des Herrenmodengeschäfts, fuhr der Mann fort, hat auch Hegel erwähnt. Ich habe ihn gefragt, wie er darauf komme. Er habe, ist die Antwort gewesen, Philosophie studiert, in Wien, bei einem fröhlichen alten Nazi, der sich von der Vorsehung dazu auserkoren wähnte, die Wiener Universität zu einem Bollwerk gegen die Frankfurter Schule und deren Kritische Theorie auszubauen, die versuche, Marx, den von ihm Totgesagten, wieder salonfähig zu machen. Seine spätere Frau habe er an der Universität kennengelernt, bald seien sie zu Anhängern der Kritischen Theorie geworden. Nach dem Tod des Vaters habe er das Herrenmodengeschäft übernommen.

Spatz fragte, wer außer der Radfahrergruppe ins Weinhaus komme. Ich werde Ihnen, sagte der Mann, einige Gruppen nennen. Und es kommen ständig neue hinzu. Ich weiß nicht, wohin das führen soll. Wir sind keine Partei, wir haben kein Programm, keine Organisation. Die Leute sind zu verschieden, als dass sie sich zur Klasse erklären könnten, zur Arbeiterklasse. Wir haben sogar zwei Gruppen von jungen Bäuerinnen und Bauern.

Die Frau des Geschäftsbesitzers, fuhr der Mann fort, ist sehr klug und hilfreich. Sie hat im Weinhaus gesagt: Gehen wir davon aus, dass wir nichts gemeinsam haben. Hüten wir uns vor Phrasen der Art, dass wir alle Menschen sind. Untersuchen wir, worin wir einander unterscheiden, in der Arbeit, im Leben, im Denken. Die Gemeinsamkeiten ergeben sich von selbst.

Ich kenne aus Ihren Erzählungen, sagte Spatz, nur die Radfahrergruppe. Wenn die wieder tätig werden sollte, um die

Straße zurückzuerobern, könnten doch die anderen Gruppen sie unterstützen, und sei es als Fußgänger, welche die Straße für sich in Anspruch nehmen. Genau darüber, erwiderte der Mann, debattieren wir zurzeit. Und man könnte sich fragen, sagte Spatz, ob diese Gruppen die Leute unterstützen wollen, die demnächst im Kaufhaus streiken werden. Was glauben Sie, sagte der Mann, warum ich Sie gesucht und mich zu Ihnen gesetzt habe? Sie scheinen bei diesem Streik eine wichtige Rolle zu spielen. Gar keine, antwortete Spatz, ich kann Sie aber mit der Betriebsrätin Anna Berg bekanntmachen.

Großartig, sagte der Mann, Frau Berg gilt bei uns als Heldin. Kommen Sie mit ihr ins Weinhaus. Ich nicht, erwiderte Spatz, ich habe keine Zeit für die Revolution. Wofür dann?, fragte der Mann. Sie werden es nicht glauben, sagte Spatz, ich will noch einmal auf den Semmering zum Schifahren, bevor der Schnee schmilzt. Wenden Sie sich an Herrn Zappel, den kennen Sie ja. Und wenn Zappel und Anna Berg ins Weinhaus kommen, sagte Spatz, was wird sie erwarten?

Eine Vollversammlung, antwortete der Mann. Und die Absicht der Versammelten, Frau Berg und den Leuten im Kaufhaus nachzueifern. In dem einen Punkt sind wir uns einig: Wir treffen uns nicht, um zu jammern. Jammern zerstört uns. Wir, zum Beispiel die Radfahrergruppe, reden über Lebensverhältnisse. Sie will nicht in einer Stadt leben, in der sie unter dem Lärm und den Abgasen der Autos leidet. Wir reden im Weinhaus über Arbeitsverhältnisse, mit dem Ziel, bald dort darüber zu reden, wo wir arbeiten, im Betrieb, im Kaufhaus, im Spital, im Supermarkt, auf dem Bauernhof. Dort wollen die Leute sich versammeln, Kritik üben und Forderungen stellen. Forderungen, damit sich etwas verbessert. So wie Anna Berg es getan hat. Das Weinhaus ist die Vorstufe.

Seit der Betriebsversammlung im Kaufhaus, fuhr der Mann fort, haben wir starken Zulauf. Viele Gruppen von Lehrlingen kommen. Was sie erzählen, ist katastrophal. Ein kleiner

Betrieb, eine Schlosserei. Der Besitzer schikaniert den Meister, dieser die Arbeiter und jene die Lehrlinge. Es sind immerhin vier, aber sie sind absolut ohnmächtig. Sie treffen im Weinhaus andere Lehrlinge in ähnlicher Lage. Sie müssen sich zusammenschließen, sie müssen Organisationsformen finden, die es noch nicht gibt. Sie sind sehr entschlossen, da sie die Art und Weise, wie sie ausgebildet werden, als sinnlos empfinden. Sie lernen das Handwerk nur unzureichend, weil sie als Hilfsarbeiter missbraucht werden.

Was ist Ihre Rolle?, fragte Spatz. Das frage ich mich auch, erwiderte der Mann. Wahrscheinlich besteht meine Rolle darin, Sie zu kennen. Der Besitzer des Herrenmodengeschäfts sieht das ähnlich. Wir kennen Sie, Sie kennen Frau Berg, und Frau Berg ist zurzeit das Zentrum rebellischer Aktivität. Wir bewegen uns erfolgreich in ihrem Windschatten. Dass Sie, Herr Spatz, sich als Nebenfigur bezeichnen, die am Schifahren mehr interessiert ist als an einer Rebellion, tut nichts zur Sache. Wir brauchen Sie im Weinhaus als Beobachter, als desinteressierten Beobachter. Der Geschäftsbesitzer und ich haben den Überblick verloren. Wir empfinden die Ereignisse im Weinhaus zu sehr als unsere Sache, als dass wir sie distanziert betrachten könnten. Wenn wir aber keinen Überblick haben, sehen wir nicht, in welche Richtung die Ereignisse sich entwickeln.

Sie müssen sich vergegenwärtigen, sagte der Mann, es versammeln sich Gruppen von Ärztinnen und Ärzten, von Bäuerinnen und Bauern, sie kommen untereinander ins Gespräch und betonen, nicht gekommen zu sein, um das Gespräch zu suchen, sondern um ihre Situation zu verbessern. Sie setzen nicht auf die große Revolution, aber auch nicht auf die kleine Reform, sie reden von einer Veränderung, die man erstreiten muss. Sie wissen nicht, wie sie das anstellen sollen, aber das entmutigt sie nicht. Sie berufen sich auf Anna Berg und die Angestellten im Kaufhaus.

So reden auch die Leute, welche dieser Tage mit dem Taxifahrer ins Weinhaus gekommen sind. Ich hatte schon gedacht, fuhr der Mann fort, dass der Taxifahrer sich nicht mehr blicken lässt. Dann kam er mit einigen Bauarbeitern und mit ein paar Arbeitern aus einer Maschinenfabrik. Er stellte sie als seine Freunde vor, wies aber darauf hin, dass die Bauarbeiter und die Fabrikarbeiter einander nicht kannten. Sie waren sehr gesprächig. Früher, haben sie gesagt, herrschten klare Verhältnisse, der Baumeister oder der Fabrikbesitzer standen über uns, und wir hatten zu tun, was sie anschafften. Das hat sich geändert. Wir tun nach wie vor, was man uns sagt, aber man redet nicht mehr mit uns. Wir sind zu stummen Sklaven der Unternehmer geworden, sie verhandeln mit uns auch nicht mehr über Sonderzahlungen bei Sonntagsarbeit und Überstunden, sie bestimmen, was sie uns geben.

So wie alle rebellischen Menschen in dieser Stadt auf Anna Berg schauen, sagte der Mann, so zieht im Weinhaus die Frau des Geschäftsbesitzers die Aufmerksamkeit auf sich. Sie macht uns allen Mut, indem sie uns jede Hoffnung nimmt. Sie nennt uns einen desolaten Haufen und rühmt uns als entschlossene Menschen, die sich nicht aufgeben. Gründe dafür gebe es genug. Die Arbeiterbewegung, die Linke, sei in Europa nicht nur geschlagen, sie sei zurückgeschlagen worden.

In Österreich, hat die Frau gesagt, landen wir in diesen Tagen wieder in den dreißiger Jahren und waten durch den politischen Schlamm, den Austrofaschismus und Nationalsozialismus zurückgelassen haben. Wie kommen wir dazu? Wer sich dagegen nicht mit aller Kraft auflehnt, soll in diesem Schlamm verkommen. Viel wird dem Einzelnen abverlangt. Das war immer so. Auflehnung ist nicht jedermanns Sache. Neu ist, dass unsereins zum ersten Mal seit hundertfünfzig Jahren keine Hilfe von außen hat: keine Partei, keine Gewerkschaft. Auf diese Hilfe verzichten zu müssen kann sehr hilfreich sein.

Man hört der Frau gern zu, sagte der Mann, man berauscht sich an ihren Worten. Die Leute im Weinhaus hätten aber auch gern eine Spur von Organisation. Er wandte sich an Spatz. Ich kann mir vorstellen, sagte er, dass Sie, da Sie keiner Gruppe angehören, der geeignete Mann sind, um über Organisation zu debattieren. Spatz lachte. Dazu bin ich ungeeignet, sagte er, obwohl mir das Problem nicht fremd ist. Bertolt Brecht hat, offenbar gegen schwärmerische Weltverbesserer gerichtet, geschrieben, man habe die Veränderung der Welt dort in Angriff zu nehmen, wo man lebt und arbeitet. Die Gruppen im Weinhaus werden dem gerecht, ich nicht.

Am nächsten Tag fuhr Maximilian Spatz auf den Semmering. Den Gedanken, stattdessen ins Weinhaus zu gehen und sich mit Philipp über den Stand der Dinge zu informieren, hatte Spatz beiseitegeschoben. Und daran zu denken, sich mit Anna zu treffen, um zu erfahren, wie es im Kaufhaus weitergehen werde, hatte er sich verboten. Er sei, dachte er, in Wien in einen Strudel von Ereignissen hineingerissen worden, in dem es schwer sei, sich mit einer eigenen Entscheidung zu behaupten. Er versuche es dennoch. Er habe gestern den Plan gefasst, auf den Semmering zu fahren, und er realisiere diesen Plan nun, egal, was um ihn herum passiere.

Das Wetter hatte umgeschlagen. Er fuhr im Schneeregen Richtung Semmering, die Wolken hingen so niedrig, dass er vermeinte, sich unter ihnen zu ducken, obwohl er, vorm Wetter geschützt, im Auto saß. Auf dem Semmering schneite es leicht. Das störte Spatz nicht, dennoch hatte er am Schifahren kein Vergnügen. Auch schmeckten ihm die Specklinsen nicht. Er war mit den Gedanken woanders. Also griff er zum Telefon, rief Anna an und verabredete sich mit ihr für den Abend.

Im Kamin glühten zwei Holzscheiter, Anna saß davor und schlief, Spatz ging mit kleinen, leisen Schritten zum Tisch, legte Schinken auf einen großen Teller, auf den Rand des Tellers Oliven, stellte ein Körbchen Brot daneben, eine Flasche Wein und zwei Gläser, dann setzte er sich Anna gegenüber. Aus dem Nebenraum hörte er die Stimmen von Frau Ehrenreich und Philipp Zappel.

Anna, war sein Eindruck, sieht erschöpft aus. Schön und erschöpft. Sie hat das Glück, dachte er, so jung zu sein, dass die Strapazen der letzten Tage ihre Gesichtszüge prägen, aber nicht verwüsten. Schwer vorstellbar: Anna, einige Jahre älter, ihre Schönheit verwüstet. Unvorstellbar.

Anna erwachte und rieb sich die Augen. Spatz erkundigte sich nach dem Stand der Dinge. Ich beginne von vorn, sagte Anna. Die Versammlung hat, wie du weißt, Kreuzteufels Androhung, die Löhne zu kürzen, zurückgewiesen. Ich überbrachte ihm diesen Beschluss. Daraufhin erhielt jede Mitarbeiterin und jeder Mitarbeiter ein Schreiben der Geschäftsführung: Die Löhne würden auf jeden Fall gekürzt, das sei für das Unternehmen, das keine gute Zeit hinter sich habe, und für die Sicherung der Arbeitsplätze unumgänglich. Die Geschäftsführung lasse prüfen, ob die Versammlung, die weder von ihr, der Geschäftsführung, noch von der Gewerkschaft gebilligt wurde, rechtens gewesen sei. Sollte sie illegal stattgefunden haben, würden jedem Teilnehmer drei Stunden vom Lohn in Abzug gebracht.

Kreuzteufel, fuhr Anna fort, ist der ideale Gegner, entweder man unterwirft sich ihm, oder man stellt sich gegen ihn, mit allen Mitteln. Meine Kolleginnen und Kollegen ließen ihm über mich mitteilen, dass sie gegen die Lohnkürzung einen Warnstreik organisieren werden. Den Zeitpunkt halten wir geheim. Es wird der Mittwoch der nächsten Woche sein. Mir aber, sagte Spatz, hast du das Geheimnis verraten. Diese Geheimniskrämerei, erwiderte Anna, ist ebenso wichtig wie komisch. An die fünfzig Angestellte beschließen, den Zeitpunkt des Warnstreiks geheim zu halten. Da soll niemand darunter sein, der heimlich zu Kreuzteufel geht und ihm alles verrät?

Du traust den Leuten nicht?, fragte Spatz. Das ist nicht das Problem, antwortete Anna. Philipp hat mir erklärt, dass wir davon ausgehen, dass der Zeitpunkt verraten wird. Der Verrat ist einkalkuliert. In der Auseinandersetzung mit einem Stärkeren, mit Kreuzteufel, hat Philipp gesagt, muss man davon ausgehen, dass der Stärkere alles über einen weiß. Dass wir das wissen, weiß er nicht. Das ist unsere Stärke. Philipp, sagte Anna, ist der Philosoph unseres Streiks.

Ich beneide ihn, erwiderte Spatz, ich bin nur der Zuschauer. Was werde ich nächsten Mittwoch sehen? Einen Warnstreik, sagte Anna. Sollte der nichts bringen, wird ihm ein Streik folgen. Und dann?, fragte Spatz. Ihr glaubt doch nicht, dass Kreuzteufel einlenken wird. Damit rechnen wir auch nicht, sagte Anna, wir wollen aber nicht darüber diskutieren, was nach dem Streik sein wird. Wir sind keine erfahrenen Strategen, sondern Anfänger.

Das Kaufhaus, sagte Anna, bleibt während des Warnstreiks geöffnet. Jeder steht an seinem Arbeitsplatz, aber wir arbeiten nicht, wir verkaufen nichts. Der Andrang, vermuten wir, wird groß sein. Wer wissen will, warum wir streiken, dem geben wir Auskunft. Wir schenken Kaffee aus und verteilen Kekse. Der Streik soll aber kein Kaffeekränzchen werden. Philipp hat davor gewarnt, dass der Streik, der ja eine Kampfmaßnahme ist, an seiner Harmlosigkeit scheitern könnte. Er hat vorgeschlagen, den Besuchern anzubieten, Waren, die einen geringen Wert haben, zu erwerben und das Geld in eine der bereitstehenden Streikkassen zu werfen – als Spende. Denn Kreuzteufel wird nicht nur den Lohn kürzen, sondern von dem gekürzten Lohn die sechs Stunden, die ihr nicht gearbeitet habt, abziehen. Diese Streikkasse, fuhr Anna fort, ist nicht legal. Ich habe die Mitarbeiterinnern und Mitarbeiter gefragt, ob sie dieses Risiko eingehen. Alle haben dafür gestimmt.

Am nächsten Vormittag rief Spatz Montefiori an und bat ihn um ein Treffen in der Espresso-Bar. Heute Morgen, erzählte er dem Freund, habe ich im Halbschlaf gesehen, wie ich im Schaufenster eine Stummfilmszene spiele. Ich war nicht ich, ich war Anna. Und du warst Kreuzteufel. Ich werde mir von dem Kostümverleiher eine Perücke machen lassen. Montefiori zeigte sich begeistert. Wann werden wir diese Szene spielen?, fragte er. An dem Nachmittag, an dem der Warnstreik stattfindet, antwortete Spatz. Kein guter Zeitpunkt, erwiderte Montefiori, da werden die Leute im Kaufhaus sein und nicht vor dem Schaufenster.

Spatz erwog diesen Einwand und schüttelte den Kopf. Das liegt an uns, sagte er, wir müssen sehr gut sein, um Zuschauer zu gewinnen. Wir spielen das, was im Kaufhaus stattfindet, nur drastischer. Im Kaufhaus wird gestreikt wegen einer Lohnkürzung. Bei uns beharrt Kreuzteufel auf einer Lohnkürzung. Ich als Anna verlange eine Lohnerhöhung. So sind wir im Schaufenster den streikenden Leuten im Kaufhaus einen Schritt voraus. Montefiori dachte nach. Wir als Außenstehende, sagte er, können das tun. Spatz lachte. Wir zwei Außenstehende, sagte er, wir stolpern immer mehr in die Sache hinein. Mich freut das nicht. Du bist, erwiderte Montefiori, in Wien auf Erholung. Wir skizzieren nun unsere Schaufensterszenen, dabei wirst du dich erholen. Im Übrigen stolpern wir nicht in die Sache hinein, sondern werden hineingezogen. Aber nur, wandte Spatz ein, wenn wir das wollen.

Am darauffolgenden Mittwoch begann der Warnstreik so, wie Anna es vorhergesagt hatte. Was sie nicht vorhersehen konnte, war der Andrang vor einem der Schaufenster. Montefiori und Spatz wuchsen über sich hinaus. Spatz sah mit der Perücke aus wie Anna, auch trug er ein Kleid, doch die Jeans und die Cowboystiefel zeigten dem Zuschauer: Hier spielt ein Mann eine Frau. Auch Montefiori hatte zu einer Perücke gegriffen. Mit seinem schulterlangen, blonden Haar

Kreuzteufel darzustellen, der streng gescheiteltes Haar trug, widerstrebte ihm, nun zierte seinen Kopf ein Scheitel und eine leicht in die Stirn gekämmte Strähne.

Spatz hatte eine kleine Tafel in der Hand, auf der stand: neunhundert Euro. Spatz alias Anna wies einmal auf die Tafel, einmal auf sich, um deutlich zu machen, wie viel sie verdient. Montefiori hielt eine Tafel in die Höhe, auf der zu lesen war: neunhundert Euro minus fünf Prozent. Spatz wies auf die Tafel von Montefiori, wandte sich an die Zuschauer draußen und setzte zu einem Monolog an. Die beiden hatten, als sie ihre Sketche entwarfen, eine neue Schauspieltechnik ausgeklügelt: den großen Monolog, der, begleitet von übertrieben dramatischer Gestik, sich an die Zuschauer richtete, welche auf der anderen Seite der Schaufensterscheibe nichts hören konnten.

Montefiori hatte die dankbarere Rolle, wie er bald bemerkte, denn die Zuschauer auf der Straße bogen sich vor Lachen, als er einen großen Monolog hielt. Er krümmte sich vor Schmerzen, denn er als Kreuzteufel litt darunter, dass die Angestellten seines Kaufhauses nicht einsehen wollten, dass die Lohnkürzung von fünf Prozent auf lange Sicht vor allem ihnen nützen würde. Spatz war nicht unzufrieden. Wenn er spielte, wurde nicht gelacht, aber heftig applaudiert. Seine Rolle war tragisch, er musste Kreuzteufel als einen Halsabschneider anklagen, der einem von dem Lohn, welcher zum Leben nicht reichte, noch etwas wegnehmen wollte. Spatz widerstrebte es, die Rolle ins Komische zu ziehen, die Zuschauer dankten es ihm mit Applaus.

Die Sketche dauerten eine halbe Stunde, dann machten Spatz und Montefiori jeweils eine Pause von eineinhalb Stunden, das ging so bis zum Geschäftsschluss um 18 Uhr. Montefiori spazierte hinüber in die Espresso-Bar, holte etwas zu essen und zu trinken. Spatz blieb die ganze Zeit im Schaufenster sitzen, er wollte nicht als Anna verkleidet auf die Straße oder gar durchs Kaufhaus gehen, jemand könnte glauben, er wolle Anna, die Heldin dieses Nachmittags, verspotten.

Im Kaufhaus verlief alles beinahe so, wie Anna und die Kolleginnen und Kollegen es geplant hatten. Unter den Kunden befanden sich allerdings auch Leute vom Weinhaus. Philipp wusste davon. Er war dabei gewesen, als im Weinhaus über den bevorstehenden Warnstreik debattiert wurde, und hatte den Termin des Streiks preisgegeben, mit dem Ziel, dass drei Delegierte sich im Kaufhaus umschauen und dann im Weinhaus Bericht erstatten sollten. Sein Vorschlag war abgelehnt worden, jede Gruppe, die mindestens fünf Mitglieder umfasste, wollte eine Person entsenden.

Philipp sah Anna mit einem Mann in ein Gespräch vertieft, den er noch nie gesehen hatte. Er fürchtete, es sei jemand aus dem Weinhaus, der nicht nur gegen die Abmachung hergekommen war, sondern, schlimmer noch, Anna von seiner Version einer besseren Welt überzeugen wollte. Philipp eilte hin, um Anna zu beschützen. Sie stellte ihm den Mann vor als Martin Krummholz von der Gewerkschaft. Der Mann ergänzte, er sei vom Präsidenten und vom Leitenden Sekretär der Gewerkschaft geschickt worden, um solidarische Grüße zu überbringen.

Kollegin, fuhr Krummholz fort, du hättest den Warnstreik anmelden können. Nein, antwortete Anna. Wir haben darüber abgestimmt. Alle waren dagegen. Du bist mit einer Namensliste angetreten, erwiderte Krummholz, du führst diese Liste an und bist gewissermaßen die Verhandlungspartnerin von uns, der Gewerkschaft. Anna schüttelte den Kopf. Eines muss klar sein, fuhr Krummholz fort, wir wollen euch nicht dreinreden, auch keine Ratschläge erteilen. Ich darf dich aber darauf aufmerksam machen, dass ihr Waren verkauft und den Erlös in die Streikkasse einzahlt. Das wird euch eine Klage der Geschäftsführung einbringen. Und die Gewerkschaft, sagte Anna, wird uns einen Anwalt zur Seite stellen. Krummholz musste lachen. Auch wenn ihr alles ohne uns macht, erwiderte er, wir lassen euch nicht im Stich. Er verabschiedete sich, zuerst von Anna, dann von Philipp. Servus, Kollege, sagte Krummholz und schüttelte ihm wie einem Freund die Hand.

Am Abend saß Anna in der Küche und schaute Frau Ehrenreich und Montefiori beim Kochen zu. Sie fragte Montefiori, wie die Vorstellungen im Schaufenster gelaufen seien, der konnte aber nicht antworten, so sehr war er mit dem Schneiden von Stangensellerie beschäftigt. Warum ist Max noch nicht hier?, fragte sie. Er sei, war die Antwort, nebenan im Büro der Revolution, wo er Philipp helfe, das Geld, das der aus den Streikkassen eingesammelt hatte, zu zählen.

Nun kam Spatz in die Küche, umarmte Anna und erzählte ihr, dass ihm ein Fernsehteam vor dem Kaufhaus aufgelauert und ihn interviewt hatte. Er sei gefragt worden, ob die Vorstellungen im Schaufenster und der Warnstreik ein Reklamegag der Geschäftsführung seien. Da müssen Sie, habe er geantwortet, die Geschäftsführung fragen. Man habe ihn gedrängt, zusammen mit Frau Berg, der Anführerin des Streiks, ein Interview zu geben. Das ist unmöglich, habe er gesagt, Sie können alle Streikenden interviewen, aber nicht eine oder einen. Sie haben recht, habe der Redakteur geantwortet, da müsste man aber vorher das Fernsehen von Grund auf ändern.

Wie geht es weiter?, fragte Frau Ehrenreich. Kreuzteufel, sagte Anna, wird darauf beharren, die Löhne zu kürzen. Und ihr?, fragte Frau Ehrenreich. Wir, erwiderte Anna, antworten mit einem ganztägigen Streik. Und dann?, fragte Frau Ehrenreich. Und dann, sagte Anna, sehen wir weiter.

– 16 –

Ein Tag nach dem anderen verging, ohne dass die Spannung sich löste. Anna hatte Kreuzteufel im Namen der Belegschaft mitgeteilt, dass man sein Ansinnen, die Löhne zu kürzen, zurückweise und dass man diesen Beschluss in einer dreistündigen Betriebsversammlung getroffen habe. Kreuzteufel hatte nicht geantwortet. Als Anfang April der Lohn ausbezahlt worden war, hatten die Lohnzettel keine Kürzung ausgewiesen. Ist das, fragten sich die Angestellten des Kaufhauses, Kreuzteufels Antwort gewesen, hat er klein beigegeben?

Spatz holte Anna um sechs Uhr am Nachmittag von der Arbeit ab. Montefiori war von Kreuzteufel an diesem Tag für 18 Uhr zu einem Gespräch gebeten worden. Montefiori kam eine Viertelstunde früher, und so trafen er und Spatz nicht aufeinander. Anna und Maximilian fuhren mit der U-Bahn in den Wurstelprater. Wien, sagte Spatz, als sie ausstiegen, ist eine kleine Stadt, man fährt ein paar Stationen und ist im Grünen. Wir sind im Wurstelprater, erwiderte Anna, nicht im Grünen.

Ich sehe das anders, sagte Spatz. Wenn ich als Schulkind die Ferien bei meinem Großvater verbrachte und er ein- oder zweimal in der Woche vorschlug, ins Grüne zu fahren, meinte er den Wurstelprater. Mehr Grün, erklärte er mir, sei für den heutigen Menschen, der sich nicht von ungefähr in Städten häuslich eingerichtet habe, nicht zuträglich. Er habe überlegt, mit mir einen Ausflug in den Wienerwald zu machen, doch der Anblick der Wiener, die, als Bergsteiger verkleidet, über die sanften Hügel stapften, als gelte es, einen

Gipfel der Hohen Tauern zu erklimmen, vergälle ihm einen solchen Spaziergang. Nicht ohne Hintergedanken, sagte Spatz, habe ich dich gefragt, ob du gern Autodrom fährst. Du hast ja gesagt. Damit war klar, wir müssen in den Prater.

Mein Großvater, fuhr Spatz fort, ist nicht nur von Beruf Diplomat gewesen. Er verhandelte mit dem Betreiber des Autodroms auf eine Weise, dass ich aus dem Staunen nicht herauskam. Sie müssen sich an die Vorschrift halten, dass Kinder nur in Begleitung Erwachsener in einem Autodrom fahren dürfen. So hatte der Großvater seine Rede begonnen. Dem steht der große Wunsch meines Enkels entgegen, allein ein Fahrzeug zu chauffieren. Wir könnten dem Kind den Wunsch erfüllen, wenn ich in einem anderen Wagen so fahre, dass ich das Kind davor beschütze, von jemandem frontal gerammt zu werden. Ich behaupte, dass damit der Vorschrift Genüge getan wird, und Sie schließen sich dieser Argumentation an. Zum Dank kommen wir während der Ferien zweimal in der Woche zu Ihnen.

Als ich, fuhr Spatz fort, zum ersten Mal ein Autodrom gesehen habe, war ich außer mir vor Begeisterung. Diese Freiheit des Fahrens! Ganz anders als der Autoverkehr. Der ist streng geregelt, und dennoch kommt es zu Zusammenstößen, die Tote und Verletzte fordern. Beim Autodrom gibt es keine Regeln und keine Verletzten, die Fahrzeuge sind umgürtet mit Hartgummi, sie fahren kreuz und quer, ein Zusammenstoß ist keine Katastrophe, sondern ein Vergnügen.

Zum Großvater habe ich gesagt, ich würde den Autoverkehr nach dem Vorbild des Autodroms organisieren. Das wäre nicht dumm, hat der Großvater geantwortet. Autodrom fährt man aus Freude am Fahren und weil es Spaß macht, mit einem anderen zusammenzustoßen. Man fährt und fährt doch nirgendwo hin. Das Auto hingegen ist bloß ein Transportmittel.

Der Installateur, hat der Großvater gesagt, bringt die Klomuschel mit dem Lieferwagen vom Großhändler, wo er sie kauft, zu der Wohnung, wo er sie montiert. Der Glaser fährt das Fenster, in das er eine neue Scheibe eingesetzt hat, zum Bestimmungsort. Neben den beiden sind zehntausend andere Handwerker unterwegs. Dazu kommen die Rechtsanwälte, die von einem Prozess zum anderen fahren, und die zahllosen Detektive, die herausfinden müssen, dass eine Frau oder ein Mann mit einem andern Mann oder einer anderen Frau schläft als mit dem oder der Angetrauten. Deshalb kommt man in den Straßen Wiens nur im Schritttempo voran, die Handwerker, die gesagt haben, sie würden um acht Uhr früh mit der Arbeit beginnen, klingeln frühestens um zehn an der Tür. Ihnen haftet der Ruf an, unzuverlässig zu sein.

Zu Unrecht, hat mein Großvater gesagt. Sie glauben jeden Tag, dass sie am nächsten Tag nicht im Stau stecken und dass sie pünktlich sein werden. Die Erfahrung, die sie täglich machen, nehmen sie nicht zur Kenntnis. Deshalb kommt der Gedanke, ob und wie man das Verkehrschaos vermeiden könnte, gar nicht auf. So wird der bestehende Irrsinn als Normalität wahrgenommen – diese Überlegung des Großvaters war einer der Gründe dafür, dass ich Psychiater wurde.

Anna und Maximilian fuhren dreimal Autodrom. Vor einer Fahrt bezahlte man an der Kassa, dann konnte man seine Kurven drehen. Maximilian war froh, dass auch Anna Spaß daran hatte, mit ihrem Fahrzeug frontal gegen seines zu prallen, so dass sie beide durchgerüttelt wurden, worauf sie sich zurückzogen und sich zwischen anderen Fahrerinnen und Fahrern tummelten, um die nächste Attacke vorzubereiten. Maximilian war außer Rand und Band vor Freude.

Nachher bestand er darauf – auch dies eine Kindheitserinnerung –, ins Gasthaus »Walfisch« zu gehen, einen großen, grüngestrichenen, ebenerdigen Holzbau mit einem Gastgarten, in welchem, da es am Abend kühl war, wenige Leute saßen. Anna sagte, das Lokal sei ihr unsympathisch. Ob Max den fetten Kerl gesehen habe? Spatz schaute sich um. Wo auf einer Seite des Gastgartens der Eingang zur Küche war, thronte ein kleiner, ungeheuer dicker Mann, eine Kugel mit zwei Beinchen, auf einem Sessel, neben ihm zwei Bulldoggen. Anna bestellte nur ein Mineralwasser. Max fragte den Kellner, wer der Mann mit den Hunden sei. Die Antwort: Der Chef. Maximilian bestellte ein Backhuhn und eine Flasche Wein. Es gibt Brathuhn und Bier, sagte der Kellner. Spatz nickte gereizt.

Warum, fragte Anna, stehen wir nicht auf und gehen? Das kann ich nicht, antwortete Spatz; das konnte ich nie, aufstehen und weggehen. Schon gar nicht in einem Gasthaus. Bestellte ich etwas, das es nicht gab, und wurde mir etwas anderes empfohlen, hatte ich den Eindruck, etwas falsch gemacht, das Falsche bestellt zu haben. Ich weiß, dass ich den Konflikt scheue, und sage mir, dass das heutige Herrschaftssystem feigen Kreaturen, wie ich eine bin, seine Existenz verdankt.

Du denkst über alles genau nach, sagte Anna, das muss anstrengend sein. Nein, antwortete Spatz, es ist langweilig. Darf ich fragen, woran du gerade denkst? Ach, sagte sie, ich denke gerade daran, dass du schon mehr als zwei Monate hier bist – und in zehn Monaten zurückfliegst nach New York. Daran denke ich nicht, antwortete Spatz, ich werde, um dich zu sehen, zwischen New York und Wien hin- und herreisen. So froh ich bin, in Wien in deiner Nähe zu sein, so habe ich doch die Erfahrung gemacht, dass du nach einem Arbeitstag erschöpft und am liebsten allein bist, schon gar in dieser Zeit des Arbeitskampfes mit Kreuzteufel. Ich weiß, ich weiß, sagte Anna.

Spatz hatte das Empfinden, Anna mit seiner Larmoyanz auf die Nerven zu gehen. Ich beklage mich nicht, erwiderte er, im Gegenteil. Ich wollte nur sagen, dass Arbeit heutzutage so organisiert ist, dass die Arbeitszeit die gesamte Lebenszeit okkupiert. Bei mir ist das der Fall. Gibt es keine Freizeit, sind Erotik und Sexualität aus dem Leben gestrichen.

Ich werde dich, fuhr er fort, in Wien besuchen, zum Beispiel zu Weihnachten. Die katholische Kirche dekretiert bestimmte Tage als arbeitsfrei, Ostern, Weihnachten. Sie weiß, dass sich Menschen, nur wenn sie frei sind von Arbeit, der Erotik des Glaubens hingeben können. Wir werden im Windschatten des Aberglaubens Nutzen aus den christlichen Feiertagen ziehen. Dazu kommen Urlaubstage. Der Sozialstaat, Produkt des alten Kirchenstaates, schenkt uns Urlaubstage, damit wir zu Kräften kommen. Wir nützen die freien Tage für unsere Liebe. Auch möchte ich unbedingt, dass du siehst, wie ich in New York lebe und arbeite.

Ich habe mir vorgestellt, sagte Anna, dass du wegfährst und nicht wiederkommst. Das wäre traurig, aber nicht schrecklich. Ich bin in dich verliebt, kann aber nicht davon ausgehen, dass diese Liebe ewig währt. Spatz schüttelte den Kopf. Du kannst so denken, sagte er, weil du jung bist. Ich in meinem Alter bin mir nicht sicher, ob ich noch einmal eine Frau finde, die mich liebt und die ich liebe. Dazu kommt, dass ich treu bin. Frauen gegenüber ebenso wie Männern, aber auch Theorien gegenüber: philosophischen Deutungen der Welt ebenso wie der Forderung, dass die Welt nicht nur gedeutet, sondern verändert werden sollte.

Anna war verwundert, dass Maximilian, der Brathuhn und Bier statt Backhuhn und Wein nur widerwillig akzeptiert hatte, nun das Brathuhn verschlang und bereits das zweite Bier trank. Du hast das Richtige serviert bekommen, sagte sie, der Kellner wusste, was du willst. Es ist ein Segen, erwiderte Spatz, wenn jemand anderer weiß, was man will. Weißt du, fragte sie, was ich am Abend gern tun würde? Ja, antwortete er, du würdest gern mit Montefiori und mir vor dem Kamin sitzen.

Später am Abend erzählte Franz Montefiori, dass Kreuzteufel ihn dringend zu einem Gespräch gebeten hatte. Er habe, so Kreuzteufel, Montefioris Machenschaften noch nicht ganz durchschaut. Er habe auch nicht die Zeit, um den Dingen bis ins Kleinste nachzuspüren. Eines sei sicher: Frau Berg hätte die Betriebsversammlung nicht ohne fremde Hilfe zustande gebracht. Er wolle ihn, Montefiori, nicht fragen, inwiefern er geholfen habe. Franz berichtete, er habe Kreuzteufel geantwortet, er wisse nicht, warum der ihn zu einem Gespräch gebeten hatte, er sei aber gewiss nicht gekommen, um sich verhören zu lassen.

Gewiss nicht, habe Kreuzteufel ihm beigepflichtet, er wolle Montefiori, von dessen guter Beziehung zu Frau Berg er wisse, davon unterrichten, dass für ihn der Spaß nun ein Ende habe. In den Medien werde von der Betriebsversammlung als von einem der besten Werbegags der letzten Jahrzehnte berichtet, und über ihn heiße es, er, den man für einen äußerst konservativen Manager gehalten habe, entpuppe sich als Marketinggenie. Das kränke ihn, habe Kreuzteufel gesagt, für ihn sei Werbung ein notwendiges Übel. Er hätte den Aberwitz, den Montefiori und Spatz in den Schaufenstern inszenierten, längst abgestellt, hätten diese Spompanadeln nicht einen enormen Verkaufserfolg gebracht. Nun, seit der Betriebsversammlung, finde er die Sache nicht mehr lustig. Er bestehe auf einer Lohnkürzung, die Belegschaft wolle darauf mit einem Streik antworten. Er werde die Belegschaft aussperren. Es dürfe nicht wieder dazu kommen, dass die Angestellten im Kaufhaus stehen, aber nichts verkaufen und zusammen mit der Kundschaft, die nichts kauft, ein Fest feiern. So etwas, Montefiori möge das Frau Berg sagen, werde sich nicht wiederholen. Dass Montefiori und sein Freund ihre Stummfilmgeschichten in den Schaufenstern aufführen, dagegen sei nichts einzuwenden.

Montefiori stand auf, verbeugte sich vor Anna und sagte:

Nun wissen Sie Bescheid, Frau Berg. Anna war nicht zum Scherzen zumute. Er sperrt uns aus, sagte sie so leise, dass es kaum zu hören war. Du musst dich an die Gewerkschaft wenden, sagte Montefiori. Nein, erwiderte Spatz. Beide schauten ihn erstaunt an. Nein, wiederholte er. Wir haben mit Tricks gearbeitet und nicht mit der Gewerkschaft. Vergesst nicht, wie wir die Betriebsversammlung gedeichselt haben. Wir waren zu dritt, nein, zu viert. Philipp, auch wenn er im Hintergrund arbeitet, darf nicht vergessen werden.

Die Gewerkschaft brauchen wir nicht. Wir?, fragte Anna. Ja, antwortete Spatz, wir. Wenn eine Sache, zum Beispiel die Betriebsversammlung, stattgefunden hat, bringst du sie zu einem strahlenden Ende, wir aber setzen sie in Gang. So wird es auch bei dem Streik sein. Wir haben nicht viel Zeit. Sollte Kreuzteufel morgen mitteilen, dass er auf der Lohnkürzung besteht, muss innerhalb einer Woche gestreikt werden.

Spatz lehnte sich erschöpft zurück und zündete sich einen Zigarillo an. Die beiden anderen schauten ihn erwartungsvoll an. Spatz rauchte und trank, an etwas anderem schien er nicht interessiert zu sein. Kreuzteufel sperrt uns aus, sagte Anna. Spatz nickte. Dagegen können wir nichts tun, sagte er. Unsere Trickkiste ist leer. Wir müssen in eine andere greifen. Er ging ins Nebenzimmer, um zu telefonieren.

Spatz hatte David Intrators Nummer gewählt und schilderte ihm die Lage. Der zeigte sich zuversichtlich, fragte nach Details, wie der Anzahl der im Kaufhaus Beschäftigten, der Lage des Kaufhauses, und wiederholte zweimal, dass es sehr wichtig wäre, wenn sich vor dem Kaufhaus neben den Ausgesperrten möglichst viele Menschen versammelten, die sich mit den Ausgesperrten solidarisierten. Das würde seine, Davids, Arbeit erleichtern. Spatz dachte an die Leute in der Weinhalle und versprach, zumindest hundert Menschen zu mobilisieren. David kündigte seine Ankunft in Wien für übermorgen an.

Spatz setzte sich wieder zu den anderen. Ich habe mit David Intrator gesprochen, sagte Spatz. Ich wusste, dass ich mich auf dieses militärische Genie verlassen kann. Er scheint bereits einen Plan zu haben. Wir können ihm insofern behilflich sein, als wir die Leute von der Weinhalle dazu bringen, die Ausgesperrten zu unterstützen. Mysteriös, erwiderte Anna. Spatz nickte. Leider, sagte er, haben wir kein Mittel gefunden, die Aussperrung zu verhindern. Entweder wir kapitulieren vor Kreuzteufel, oder wir greifen nach dem einzigen Strohhalm, und das ist David.

Ein geknickter Strohhalm, soweit ich von dir weiß, erwiderte Anna. Ja, sagte Spatz. Er war, nein, er ist mein Patient. Er hat offenbar einen Plan, er wird uns berichten, welchen. Unabhängig davon, sagte Montefiori, sollten wir uns, da hat David völlig recht, auf die Leute von der Weinhalle konzentrieren. Auch da sind wir auf andere angewiesen, wandte Spatz ein, vor allem auf den pensionierten stellvertretenden Direktor des Statistischen Zentralamts. Hat der, fragte Montefiori, keinen Namen? Nein, antwortete Spatz. Und ich, fragte Anna, ich sitze untätig herum? Du bereitest dich darauf vor, antwortete Montefiori, dass du die Heldin sein wirst.

Zwei Tage später landete David Intrator aus New York kommend in Wien und bezog ein Zimmer im rechten Flügel der großen Wohnung. Beim gemeinsamen Abendessen – David benahm sich, als wäre er hier zu Haus und mit allen und allem bestens vertraut, was die Abendgesellschaft mit Dankbarkeit und Erleichterung aufnahm –, beim Abendessen erzählte er, an Maximilian gewandt, dass die Boxschule am West Broadway renoviert werde, dass während der Bauarbeiten zwei Drittel der Trainingshallen geschlossen seien und in einem Drittel der Betrieb – man müsse zusammenrücken – weitergehe. Er verstehe sich mit dem Besitzer und Trainer ausgezeichnet. Maximilian habe ihm von der Sache erzählt, und er sei zu dem Boxtrainer gegangen und habe sich, da er in Pension sei und nichts zu tun habe, frech als Vertreter Maximilians vorgestellt. Er helfe dem Mann, der viele Stunden am Tag mit Training beschäftigt sei, die Umbauarbeiten zu überwachen und säumige Firmen zu mahnen. Das Ziel laute, dass die Boxschule nicht nur den Vorschriften der Baubehörde entspreche, sondern glänzend renoviert sei, wenn Maximilian Anfang nächsten Jahres zurückkomme.

Anna verstand nicht, wovon die Rede war, die anderen auch nicht. Spatz klärte sie auf, wobei er nicht umhinkonnte, seine Mutter, die steinreiche Fernsehjournalistin, zu erwähnen, die auf Ersuchen des Sohnes Geld gegeben hatte. Für ihn, Spatz, sei das Fortbestehen der Boxschule lebenswichtig, er verbringe dort seine Freizeit. Er bemerkte an der Aufmerksamkeit der Zuhörer, dass sie mehr über die Boxschule wissen wollten. Ihm war es aber wichtiger, dass David über den bevorstehenden Streik sprach, und er bat ihn unvermittelt, von seinem Plan zu erzählen.

Ich habe von New York aus, sagte David Intrator, mit Fritz Frischenlager telefoniert. In meiner Zeit bei der amerikanischen Armee bin ich dreimal in Wien gewesen, zu kürzeren Aufenthalten auch in anderen österreichischen Städten, ich war Berater in Sachen waffenloser Nahkampf, Fritz war mein bester Schüler, wir wurden Freunde, ihm vertraute ich auch geheime Pläne der amerikanischen Armee an, Pläne, in denen es darum ging, wie man sich bei einem Aufstand der Arbeiter verhalten sollte – die Arbeiter in Österreich galten nach dem bewaffneten Aufstand von 1934 lange als unberechenbar, ein Teil von ihnen könnte sich wieder der Kontrolle der sozialdemokratischen Partei entziehen, wurde damals befürchtet. Heute ist Fritz Chef einer Spezialeinheit der Polizei, die gewiss eingesetzt wird, um das Kaufhaus zu schützen.

Maximilian hat mir erzählt, fuhr David Intrator fort, wie die Sache mit der Betriebsversammlung begonnen hat: mit einer Finte. Vergesst eines nicht, sagte er und schaute in die Runde: Was immer wir unternehmen, folgt dem Gesetz des Anfangs. Ihr habt mit einem Trick begonnen, nun muss ich einen Trick ersinnen, wie wir weiterkommen. Der Geschäftsführer sperrt die Beschäftigten aus. Die stehen ohnmächtig vor dem Kaufhaus. Doch sie bekommen Unterstützung von den Leuten aus der Weinhalle, es werden hundert sein.

Philipp, der in der Tür stehen geblieben war und zugehört hatte, stellte sich David Intrator vor und sagte: Es kommen an die tausend. Ausgezeichnet, erwiderte David, das macht alles einfacher. Wir stellen tausend Plakate her, fuhr Philipp fort, wir haben uns auf folgenden Text geeinigt: Hier werden die Leute nicht nur ausgebeutet, sondern auch ausgesperrt. Was sind das für Leute?, fragte David. Ein wüster Haufen, antwortete Philipp. Sehr gut, sagte David. Ich werde an der Seite von Fritz Frischenschlager sein, wenn er mit seiner Einsatztruppe vor dem Kaufhaus Aufstellung nimmt.

Mit so vielen Demonstranten, fuhr er fort, wird Fritz nicht gerechnet haben. Er wird nervös werden. Er wird zu mir sagen, dass er überlegt, Verstärkung anzufordern. Ich werde ihm antworten, das wäre ein Fehler. Er wird mich groß anschauen. Ich werde sagen, ich sei nicht zufällig in Wien und nicht zufällig an seiner Seite. Hier gehe es um mehr als um einen Streik in einem Kaufhaus. An die tausend Demonstranten an einem Vormittag mitten unter der Woche, die ein paar Dutzend Kaufhausangestellte unterstützen. Wo, werde ich Frischenschlager fragen, sei hier die Logik.

David dachte nach, dann lachte er. Es ist immer das Gleiche, sagte er, ich werde zu Fritz sagen: Da steckt mehr dahinter. Ich werde dich beizeiten informieren. Er wird nicken und tun, was ich ihm sage. Was wirst du ihm sagen?, fragte Spatz. Das wirst du später erfahren, war die Antwort. Du misstraust mir?, fragte Spatz. Selbstverständlich, erwiderte David. Ich bin gekommen, weil du nicht weiterweißt. Ihr habt mit einem Trick begonnen, ich muss mit einem Trick weitermachen. Sollte der Geschäftsführer mit der Aussperrung Erfolg haben, ist alles verloren, dann war auch die Betriebsversammlung umsonst. Ich darf kein Risiko eingehen, indem ich meinen Plan ausplaudere. Außerdem: Würdet ihr ihn kennen, ihr hättet keinen Nutzen davon, ihr könntet ihn weder befördern noch verhindern.

Große Worte, erwiderte Spatz. So ist es, sagte David, man muss sich aufplustern, um etwas zustande zu bringen. Ehe wir zur Tat schreiten, fuhr David fort, möchte ich morgen das Hofimmobiliendepot besuchen, dort sind Sessel von Otto Wagner und Adolf Loos ausgestellt. Ob er, Maximilian, Lust habe, ihn zu begleiten. – Gern. – David wandte sich an die anderen, die auch herzlich zu dem Ausstellungsbesuch eingeladen seien. Anna konnte nicht mitkommen, sie musste zur Arbeit, Philipp konnte nicht kommen, er musste helfen, die Plakate herzustellen, Montefiori meinte, einen Ort, der Hofimmobiliendepot heiße, betrete er nicht.

Frau Ehrenreich überlegte, dann schüttelte sie den Kopf. Ich habe, sagte sie, die Ausstellung schon fünfmal besucht. Otto Wagner. Er war das Genie der Moderne. Was sich Ende des 19., Anfang des 20. Jahrhunderts ereignete, ähnelte dem, was in Wien hundert Jahre zuvor stattgefunden hatte, und war doch anders. In der Wiener Klassik ging es um Musik. Hundert Jahre später begann der Umsturz der Kunst in der Architektur. Keine Kunst, sagte Frau Ehrenreich, war so heruntergekommen wie die Baukunst, verdammt dazu, als Neugotik, Neorenaissance, Neobarock dahinzuvegetieren. Sie befreite sich als erste der Künste von der Lüge, historistisch sein zu müssen, und wurde zeitgenössisch. Otto Wagner ging voran. Der Architektur folgte, ähnlich radikal, die Musik, dann erst meldete sich die Literatur zu Wort und schwang sich im Werk von Karl Kraus zur Sprachkunst empor.

Mein Großvater, meinte Spatz, hat ähnlich gesprochen.

Ich habe seine Gedanken, sagte Frau Ehrenreich, weiterentwickelt und vertieft. So behaupte ich, dass Otto Wagner wie zuvor Joseph Haydn die ganze Epoche überstrahlt hat, die man auch zweite Wiener Klassik nennen könnte. Und wie Mozart sich als Revolutionär neben Haydn stellte, so gesellte sich Adolf Loos an die Seite Otto Wagners. Der war insofern der Tradition verbunden, als er jedes Detail seiner Bauwerke selbst gestaltete, die Türschnalle, den Tisch, den Sessel. Er huldigte einem Stil, wissend, dass Stil Zwang ist. Deshalb formte er die Gegenstände so einfach wie möglich, so dass das Zwanghafte des Stils kaum zu erkennen ist.

Der Revolutionär Adolf Loos, sagte Frau Ehrenreich, bricht den Stil, indem er zwar das Bauwerk, nicht aber das Interieur gestaltet. Er rühmt den Handwerker, insonderheit den Tischler, der einen Sessel fertigt, wie der seit Jahrhunderten gefertigt worden ist, einfach, praktisch, unverwüstlich. Loos will nicht, dass der Architekt sich in die Arbeit des Tischlers einmischt. Die Absicht mancher Baukünstler, den Tischler zu einem Kunsthandwerker zu erziehen, ist ihm ein Gräuel.

Und was, fragte sie David, interessiert Sie an dieser Ausstellung? Der Sessel, antwortete er, der Sessel an sich – falls es so etwas gibt. Der Mensch bewegt sich, oder er steht, das strengt ihn an, und er will sich im Sitzen erholen, im Sitzen am Boden oder, bequemer, auf einem Sessel. Die meisten Menschen gehen oder stehen bei der Arbeit und sehnen sich danach, endlich sitzen zu können. Viele arbeiten im Sitzen – sie sind etwas Höheres, Angestellte und nicht Arbeiter. Der Angestellte, fuhr David fort, der den ganzen Tag sitzt, sehnt sich nach Bewegung, er erfindet den Sport. Der Arbeiter, der an einer Maschine oder auf dem Baugerüst steht, träumt davon, auf einem Sessel zu sitzen. Oder aber man ist weder Angestellter noch Arbeiter, sondern wie ich jemand, der nach einem Flug über den Ozean ein Bett herbeisehnt.

Beim Frühstück am nächsten Tag um zehn Uhr waren Anna und Philipp nicht dabei. Spatz hatte am Vorabend den Eindruck gehabt, David Intrator sei überdreht, überspiele die Anstrengung der Reise, versuche, präsent und munter zu wirken, vielleicht, um auf Maximilian, seinen Arzt, einen guten Eindruck zu machen. Nun, beim Frühstück, wirkte er auf Maximilian geradezu kraftstrotzend. Du siehst prächtig aus, sagte Spatz, die Pension scheint dir gutzutun. Im Gegenteil, antwortete David.

Er holte sich an der Kaffeemaschine einen großen Espresso, schnitt von einer Zitrone ein kleines Stück Schale ab und tauchte es in den Kaffee. Sodann ging er, als wäre er hier zu Haus, in die Küche und kam nach einer Weile zurück mit zwei Eiern im Glas, bestreute sie dick mit Pfeffer und nahm abwechselnd einen Löffel vom Ei und einen Schluck Kaffee. Dann strich er Butter aufs Schwarzbrot, eine Schicht und noch eine, und legte den Schinken darauf, den Spatz in der Früh gekauft hatte.

Im Gegenteil, sagte er, seit ich nicht mehr arbeite, bin ich in einen aufreibenden, weil aussichtslosen Kampf verstrickt. Ich bin frühzeitig in Pension gegangen, aus Protest, weil dem Botanischen Garten von Brooklyn, den ich geleitet hatte, ein Großteil der Forschungsmittel entzogen wurde. Wir wussten, wozu wir die Forschungsmittel brauchten. Die Stadtverwaltung wusste es nicht, obwohl wir es ihr gesagt hatten. Ihr Argument: Wozu soll in einem botanischen Garten geforscht werden?

David Intrator holte sich noch einen Espresso. Montefiori nahm einen Anruf entgegen, er wirkte sehr aufgeregt, beendete das Telefonat und starrte auf die Tischplatte, um sich die Aufregung nicht anmerken zu lassen. Früher, sagte David, war jeder, egal, was er machte, ob er einen Acker bestellte, einen Dachstuhl zimmerte, eine Sau schlachtete, über Recht und Gerechtigkeit philosophierte oder sich den Künsten hingab – früher war jede und jeder eine Forscherin, ein Forscher, bestrebt, das, was er oder sie machte, besser zu machen, wenn nicht heute, dann morgen. Das Forschen stand in hohem Ansehen. Heute, fuhr David fort, ist das anders. Es geht um die oberflächliche Verbesserung eines Produkts, um es rasch verkaufen zu können. Von einem Verbessern als Ergebnis von Forschung kann keine Rede sein. Deshalb auch die Stagnation des technischen Fortschritts.

Ich halte Vorträge, fuhr David fort, in denen ich erkläre, was wir gern erforscht hätten: die bevorstehende radikale Änderung des Verhältnisses zwischen Stadt und Natur. Das betrifft jeden Stadtbewohner, und doch interessiert es keinen. Die Natur, so behaupte ich, kehrt in die Stadt zurück. In früheren Zeiten, erkläre ich meinen Zuhörern, war die Natur für den Menschen eine Wildnis, die er fürchtete. Die Stadt betrachtete er dann als lebenswert, wenn kein Baum, kein Strauch ihn an die Wildnis vor den Stadtmauern erinnerte. Mittlerweile ist aus Wildnis Ödnis geworden, Ackerland, Bauland, Forstbetrieb. Da außerhalb der Stadt für die Natur kein Platz mehr ist, kehrt sie in die Stadt zurück. In neuer Gestalt.

Die Frage ist, ob die Natur auf dem Weg in die Stadt vom Menschen bewusst und verständnisvoll begleitet wird. Das wäre nur möglich, würde man diesen Vorgang naturwissenschaftlich erforschen – was, wie wir wissen, von der Behörde nicht gewünscht wird. Bedenken Sie, meine Damen und Herren, so pflege ich meine Vorträge zu beenden, dass die Austreibung der Natur aus den Städten verhängnisvoll war. Die Menschheitsgeschichte ist Teil der Naturgeschichte. Vertreibt der Mensch die Natur, treibt er die Natur auch aus sich selbst aus. Schwer verstümmelt bleibt er zurück. Nun bekommt er eine neue Chance.

Und die Reaktion darauf?, fragte Spatz. Ich stoße auf offene Ohren, antwortete David. Ein schönes Bild, sagte Spatz und fragte: Hast du den Eindruck, dass das, was du sagst, in die Ohren dringt? Nein, erwiderte David. Aber die Menschen hören mir zu. Vielleicht irre ich, und sie verstehen, was ich sage, besser als ich. David wandte sich an Frau Ehrenreich und Montefiori. Verzeiht mir, sagte er, ich habe euch genug gelangweilt. Montefioris Handy klingelte, er schien auf den Anruf gewartet zu haben, rasch griff er nach dem Telefon und sagte: Es tut mir leid, ich bin noch nicht zu Wort gekommen. Ich rufe dich zurück. Es war Anna, sagte er. Sie hat mich ersucht, euch zu informieren und zu fragen, was eure Meinung ist.

Kreuzteufel, fuhr Montefiori fort, hat der gesamten Belegschaft ein Schreiben zustellen lassen. Es war adressiert, wurde von einer Sekretärin jeder und jedem ausgehändigt, und sie ersuchte, durch Unterschrift auf einer Liste den Erhalt zu bestätigen. In dem Schreiben steht: Die Lohnkürzung ist notwendig und tritt ab dem nächsten Monat in Kraft. Außerdem hat während der Arbeitszeit eine bei der Gewerkschaft nicht angemeldete, also illegale Betriebsversammlung stattgefunden, die drei Stunden dauerte. Diese drei Stunden werden ebenfalls vom Lohn abgezogen. Weiters wird gegen alle Angestellten Anzeige erstattet. Sie haben nach der Betriebsversammlung bei einem sogenannten Solidaritätstreffen mit der Kundschaft Waren verkauft, den Erlös aber für eine Streikkasse einbehalten. Abschließend teilt die Geschäftsführung mit, dass ein eventueller Streik dem Unternehmen schaden und Arbeitsplätze gefährden würde.

Anna hat mir mitgeteilt, sagte Montefiori, dass der Streik erneut einstimmig beschlossen worden ist. Er wird am Montag stattfinden. David blätterte in einem Notizbuch. Nein, rief er, am Mittwoch. Montefiori telefonierte mit Anna. Die sah kein Problem darin, den Streiktermin zu verschieben. Ob sie den Grund erfahren dürfe, fragte sie Montefiori, der die Frage an David weitergab. Der sagte: Nein.

- 17 -

Am Mittwoch um neun Uhr früh gingen Spatz und Montefiori zur Arbeit ins Kaufhaus. Sie hatten in der Espresso-Bar gefrühstückt und ein paar Szenen konzipiert, die sie im Schaufenster zum Besten geben könnten. Ob sie es tun würden, dessen waren sie nicht sicher. Mir wird schwindlig, sagte Montefiori, wenn ich daran denke, dass Philipp an die tausend Leute aus der Weinhalle mobilisiert, dazu kommen die Angestellten des Kaufhauses. Nicht zu vergessen, erwiderte Spatz, die Polizisten. Ich wäre gern woanders, antwortete Montefiori. Ich auch, sagte Spatz. Wir zwei sind mutige Burschen, zetteln einen Konflikt an, und wenn er sich zuspitzt, würden wir lieber nicht dabei sein. Ich weiß nicht, erwiderte Montefiori, wie es ist, wenn Massen von Demonstranten auf Massen von Polizisten stoßen. Höchste Zeit, sagte Spatz, dass wir diese Erfahrung machen.

Sie gingen am Haupteingang vorbei. Hinter der großen Glastür standen sieben Sicherheitsleute, Kreuzteufel hatte die Truppe um einen Mann aufgestockt, einer hielt eine kleine Tafel. Wegen Streik geschlossen, stand darauf. Montefiori lachte. Das, sagte er, erinnert mich an die Täfelchen, die früher im Sommer an den Eingangstüren der Geschäfte hingen: Wegen Urlaub geschlossen. Heutzutage wagt es keine Geschäftsfrau, kein Geschäftsmann, den Laden wegen eines Urlaubs zu schließen. Zumindest eine Vertretung muss den Betrieb aufrechterhalten.

Die Einkaufsstraße war wenig bevölkert, vor dem Eingang des Kaufhauses stand nur eine Frau, sie las die Tafel, schüttelte den Kopf, winkte einem Sicherheitsmann zu, deutete auf ihre Armbanduhr, offenbar um zu erfahren, wie lange der Streik dauern würde. Die Sicherheitsleute hatten Anweisung bekommen, auf Passanten nicht zu reagieren. Spatz und Montefiori gingen zum Hintereingang. Montefiori hatte einen Schlüssel, doch er brauchte ihn nicht zu verwenden, einer der beiden Sicherheitsleute – sie waren Spatz und Montefiori gut bekannt, sie hatten sowohl bei der Positionierung der Schaufensterpuppen im Kellersaal als auch bei der Ausstattung der Schaufenster geholfen –, einer der beiden öffnete ihnen.

Sie streiken nicht?, fragte er. Wir sind keine Kaufhausangestellten, antwortete Spatz. Warum streiken die Leute nicht im Kaufhaus?, fragte der Sicherheitsmann. Kreuzteufel, erwiderte Spatz, hat sie ausgesperrt. Das hat man uns nicht gesagt, antwortete der Sicherheitsmann und forderte seinen Kollegen auf, die anderen, die den Haupteingang bewachten, zu informieren. Der lief los. Warum ist das wichtig?, fragte Montefiori. Das ist sehr wichtig, antwortete der Sicherheitsmann, man hat uns nicht gesagt, vor wem wir das Kaufhaus beschützen sollen, nun wissen wir es – vor den Angestellten. Das werden wir nicht tun. Warum nicht?, fragte Spatz. Weil wir nicht auf der Seite von Kreuzteufel stehen. Der ist ein fieser Kerl. Er hat sich beim Chef unserer Firma darüber beschwert, dass wir, als die Angestellten mit den Kunden ein Fest veranstalteten, nicht eingegriffen haben. Hätten wir auf die Leute einschlagen sollen?

Spatz und Montefiori gingen in den Keller. Soll ich David anrufen?, fragte Spatz. Das frage ich mich auch, antwortete Montefiori. Ich würde es nicht tun. David scheint einen fixen Plan zu haben. Die Information, dass die Sicherheitsleute über Kreuzteufel schimpfen, kann diesen Plan vermutlich nicht beeinflussen. Was hältst du von David?, fragte Spatz. Wenn ich ihn reden höre, erwiderte Montefiori, vertraue ich ihm. Wenn ich später darüber nachdenke, vertraue ich ihm nicht. Egal, sagte Spatz, wir haben ohnedies keinen Einfluss mehr auf den Ablauf der Dinge. Dieser Meinung bin ich nicht, entgegnete Montefiori, wir werden im Schaufenster unser Bestes geben, das wird seine Wirkung auf die Leute draußen nicht verfehlen. Du bist unverbesserlich, sagte Spatz. Wann, fragte er, beginnt die Vorstellung? Wir fangen um elf an, antwortete Montefiori, für zwölf ist die Demonstration geplant.

Die beiden begannen zu proben. In einem Teil des Kellers lagerten alle Requisiten, die sie für die früheren Vorstellungen gebraucht hatten. Sie kostümierten sich als Stummfilmstars. Montefiori spielte einen Unternehmer, Spatz einen Kaufhausangestellten. Sie entschieden sich wieder einmal für die Marx Brothers als Vorbild. Montefiori wollte nicht ein feister Unternehmer mit Zylinder und Zigarre sein, sondern ein gerissener Typ, der so tut, als wäre er der Kumpel des Angestellten.

Die Szene begann damit, dass Spatz als Kaufhausangestellter schwere Schachteln in Regale wuchtete. Er konnte die Schachteln kaum heben. Schwankend stemmte er sie in die Höhe, dabei keuchte und schwitzte er. Sein Anzug war schäbig, ebenso sein Gilet – auch Montefiori trug Anzug und Gilet, beides vom besten Schneider. Spatz präparierte den Stoff seiner Kleidung mit einem Fettspray, so dass es aussah, als wäre sie übersät mit Schweißflecken.

Montefiori, der Chef, ging auf den Angestellten zu, schüttelte ihm die Hand, klopfte ihm auf die Schulter und zeigte anerkennend auf die vielen Schachteln, die der Angestellte bereits in die Regale geschlichtet hatte. Dann setzte er sich auf einen Sessel, zählte die Schachteln und trug das Ergebnis in eine Liste ein.

Der Angestellte unterbrach die Arbeit und setzte sich auf den Boden. Der Chef klatschte dreimal empört in die Hände. Der Angestellte ließ den Kopf hängen. Der Chef klatschte noch einmal und stampfte zornig auf. Der Angestellte schaute ihn an und machte mit den Fingern die Bewegung des Zahlens. Der Chef stampfte zornig auf. Der Angestellte legte eine Hand auf seinen Magen zum Zeichen, dass er hungrig war, und schaute lethargisch zu Boden.

Der Chef holte einen großen Sack, der mit Geldscheinen gefüllt war, und nahm zehn Scheine heraus. Erwartungsvoll streckte der Angestellte ihm die Hand entgegen. Der Chef zog einige Scheine zurück. Noch immer streckte der Angestellte die Hand aus. Der Chef hielt ihm nur mehr drei Scheine hin.

Plötzlich war der Angestellte wie ausgewechselt. Er sprang auf, warf den Chef zu Boden und fesselte ihm die Hände. Dann leerte er den Sack aus, ein Berg von Geldscheinen lag neben dem Chef. Nun packte er ihn, steckte ihn mit dem Kopf voran in den Sack und lehnte den Sack gegen das Regal. Die Füße schauten heraus. Der Angestellte verteilte das Geld an nicht vorhandene Menschen. Der Chef setzte eine kleine Apparatur in Gang, welche Luft in ein langes Röhrchen blies, das bis ans Ende des Hosenbeins reichte, mit dem Effekt, dass aus der Hose große, in allen Farben schillernde Seifenblasen aufstiegen.

Montefiori kroch aus dem Sack und schaute auf die Uhr. Die Vorstellung, sagte er, dauert zwanzig Minuten. Wenn wir um elf beginnen, können wir um halb zwölf noch einmal spielen. Aber nur, erwiderte Spatz, wenn die erste Vorstellung gut ankommt. Die Probe ist doch gelungen, sagte Montefiori. Ich hatte nicht diesen Eindruck, antwortete Spatz. Du glaubst nicht an unser Genie, sagte Montefiori. So ist es, erwiderte Spatz. Sie trugen, was sie für ihr Spiel brauchten, hinauf in das Schaufenster, um elf begann die Vorstellung.

Spatz konnte es nicht erwarten, dass die Szene kam, in der er in den Haufen Geld griff und die Scheine – weißes Papier im Format von Geldscheinen – gegen die Schaufensterscheibe warf, den Schaulustigen entgegen. Die jubelten, als wären sie tatsächlich beschenkt worden, und Spatz, als er alle Scheine verstreut hatte, hob triumphierend die Arme und stimmte in den Jubel ein. Er war davon überwältigt, dass die Leute, denen vorgespielt worden war, sie würden beschenkt, ebenso in Begeisterung gerieten wie er, der so getan hatte, als würde er die Leute beschenken.

Der Jubel hatte abrupt ein Ende, als aus Montefioris Hosenbeinen, welche aus dem Sack ragten, Seifenblasen aufstiegen. Diejenigen, die gerade erst gejubelt hatten, kugelten sich nun vor Lachen. Spatz und Montefiori hatten richtig kalkuliert: beiden wurde gehörige Zuwendung von den Leuten zuteil. Nach der zweiten Vorstellung, sie endete um zwölf, brachten sie die Requisiten in den Keller, begannen sich abzuschminken und warteten auf einen Anruf von Philipp. Der meldete sich pünktlich.

Ihr wart großartig, sagte Philipp, was ihr geboten habt, war die Ouvertüre zur Demonstration. Wir sitzen im Keller, sagte Montefiori, und sind erschöpft. Ich mache euch einen Vorschlag, sagte Philipp: Ihr habt hervorragende Arbeit geleistet, ihr bleibt im Keller und ruht euch aus. Ich berichte euch, ich stehe in der Nähe von Anna. Einen Augenblick, sagte Montefiori, ich stelle das Handy so ein, dass Maximilian mithören kann. Wir sind so weit.

Philipp: Die Männer der Einsatztruppe stehen nicht, wie wir erwartet haben, vor dem Kaufhaus, sondern fünfzig Meter entfernt. Der Demonstrationszug, vorne die Kaufhausangestellten, ganz vorne Anna, dahinter mindestens tausend Leute von der Weinhalle, alle halten auf Stangen Schilder mit Parolen hoch – der Demonstrationszug nähert sich sehr langsam dem Kaufhaus. Anna, die das Tempo bestimmt, scheint sehr irritiert zu sein, weil die Polizei so weit vom Kaufhaus entfernt postiert ist. Offenbar traut sie dem Frieden nicht.

Jetzt kommt David von der Seite, er deutet Anna, zügig weiterzugehen. Sie erkennt ihn nicht, da er – eine notwendige Finte, wie er mir gestern anvertraut hat – eine Kunststoffhaut als neues Gesicht über den Kopf gezogen trägt. Jetzt ruft David: Anna, komm weiter, ganz nahe zu mir. Sie erkennt seine Stimme und geht schneller. Der Demonstrationszug hält vor der Eingangstür, hinter der sechs Sicherheitsleute mit Gummiknüppeln Aufstellung genommen haben. David stellt sich mit dem Rücken zur Tür, er schlägt mit dem Absatz des rechten Schuhs, dann mit dem linken gegen verschiedene Stellen der Tür, nach dem letzten Schlag zersplittert die riesige Scheibe. Ich bin neugierig, sagte Philipp, zu erfahren, wie David das zustande gebracht hat. Die Tür ist aus Sicherheitsglas, man kann Löcher hineinschlagen, wobei aber die Scheibe nicht zersplittert.

David geht ins Kaufhaus, fuhr Philipp fort, und steht vor den Sicherheitsleuten. Die heben die Arme, zum Zeichen, dass sie sich ergeben. David drückt auf einen Knopf, die Eingangstür, die nur noch aus einem Metallrahmen besteht, geht auf. Auf dem Boden ein Berg von zersplittertem Glas. David ruft den Sicherheitsleuten zu, sie sollen Schaufeln und Besen herbeischaffen, David nimmt selbst einen Besen und hilft, die Scherben zu beseitigen.

Anna, berichtete Philipp, geht als Erste ins Kaufhaus, die Kolleginnen und Kollegen folgen ihr, nach ihnen strömen einige hundert Demonstranten hinein. Es scheint kein Platz mehr im Kaufhaus zu sein, jedenfalls postieren sich einige Verkäuferinnen und Verkäufer am Eingang und erklären den Nachdrängenden, dass es vernünftiger ist, auf der Straße zu bleiben. Sie gehen auf die Demonstranten zu und umarmen sie. Alle sehen aus, als wären sie von einer großen Last befreit. Das kommt daher, sagte Philipp, dass sie mit viel Wut und ohne Hoffnung hierhergekommen sind, in der Erwartung, dass ihre Demonstration – wie jede Demonstration, die ein bestimmtes Ziel verfolgt – von der Polizei aufgelöst wird. Aber, fuhr Philipp fort, alles ist anders gekommen. Die Leute haben gesiegt, ohne jemanden besiegt zu haben. Sie sind fassungslos. Freundlich und fröhlich stehen sie da, hin und wieder gehen zwei aufeinander zu, um sich zu vergewissern, dass das, was sie erleben, wirklich ist. Die Angestellten sind nicht mehr ausgesperrt, die Eingangstür ist offen, die Polizisten schauen zu. Es ist, als hätte ein neues Zeitalter begonnen.

Es tut mir leid, sagte Philipp, ich bekomme eben einen Anruf, den ich annehmen muss – von einer Cateringfirma. Ich habe gestern mit dieser Firma vereinbart, dass sie heute einen größeren Auftrag zu gewärtigen hat, falls die Demonstration vor dem Kaufhaus sich zu einer Art Volksfest entwickelt. Wobei ich, dank einiger Bemerkungen von David, auch mit der Öffnung des Kaufhauses gerechnet habe. Nun ist es so weit. Ich muss den Leuten von der Firma zeigen, wo sie auf der Straße und im Kaufhaus Stände aufstellen sollen, an denen es zu essen und zu trinken gibt. Wir haben in der Streikkasse viel Geld, die Vollversammlung der Kaufhausangestellten hat beschlossen, dass dieses Geld verjubelt werden soll.

In einer Stunde, sagte Philipp, treffen wir uns in der Espresso-Bar. Spatz, noch nicht abgeschminkt, sagte: Ich bin sprachlos. Montefiori: Was tun wir als Nächstes? Spatz antwortete: Nichts! Das ist das Schöne an unserer Lage, dass wir nichts getan haben, nichts tun und nichts tun werden.

Montefiori war zum Gehen bereit, Spatz musste sich noch umziehen. Weißt du, fragte Montefiori, warum David sich derart engagiert? Wahrscheinlich ist »engagieren« nicht das richtige Wort, antwortete Spatz. Ich habe ihn gebeten, nach Wien zu kommen und uns zu helfen. Nun hilft er uns. Montefiori dachte nach und schwieg. Sie gingen in die Espresso-Bar. David, mit dem sie nicht verabredet waren, saß schon dort, vor sich drei Tramezzini und ein Glas Champagner.

Der Kellner, sagte David, hat mich gefragt, ob ich zu Herrn Spatz gehöre. Ich habe genickt, und er hat mir das Zeug serviert. Das Zeug schien David zu schmecken. Ich warte auf Fritz, sagte er. Alles ist gut ausgegangen, wahrscheinlich auch für ihn.

Wie, fragte Spatz, hast du das mit der Glasscheibe gemacht? Das gehört – gehörte – zu meinem Beruf. Will man durch eine verschlossene Glastür, gibt es zwei Möglichkeiten: Man zerschießt die Tür und bringt die Leute um, die sich dahinter aufhalten. Oder aber man zerbricht das Glas. Das ist bei Sicherheitsglas nicht ohne weiteres möglich. Ich trage heute Schuhe, deren Absätze mit Industriediamanten besetzt sind. Damit könnte ich nicht einmal ein Loch in die Scheibe schlagen, ich kann sie nur ritzen. An mehreren Stellen geritzt, verliert die Scheibe die Spannung und zerbricht. Diese Stellen muss man errechnen können. Ich stehe davor, schätze die Maße und wende eine Formel an. Eine Frage der Mathematik und der Physik. Dazu kommen Erfahrung und Geschick.

Fritz Frischenschlager war in die Espresso-Bar gekommen und wartete in artiger Distanz, bis David ausgeredet hatte. Störe ich?, fragte er. David stellte ihm seine Freunde vor. Du hast gerade erklärt, sagte Frischenschlager, wie du die Scheibe zum Zerbersten gebracht hast. David nickte. Der größte Wunsch in meinem Leben ist, fuhr Frischenschlager fort, das auch zu können. Leider, sagte David, gibt es in der amerikanischen Armee niemanden mehr, der das lehrt. Und ich kann dir das nicht beibringen, es ist langwierig und auch langweilig. Der größte Wunsch deines Lebens bleibt unerfüllt – meiner übrigens auch.

Alle schauten David erwartungsvoll an. Ach, sagte er, ich bin in den vergangenen Tagen, um mich einzustimmen auf die Ausstellung im Hofimmobiliendepot, wo Sessel von Wagner, Loos und Hoffmann gezeigt werden, ich bin also, wie ich das bei meinen früheren Wienaufenthalten getan habe, zur Postsparkasse gegangen, die Wagner 1906, ja 1906! gebaut hat. Ich stand vor dem Gebäude und weinte vor Glück.

Um zur Sache zu kommen, fuhr David Intrator fort: In der Ausstellung, die ich dann besuchte, sah ich einen Hocker, den Wagner für den Kassensaal der Postsparkasse entworfen hat, einen Hocker, auf dem der Kunde vor einem Schreibpult saß, um Formulare auszufüllen. Der Glückliche. Es gibt keine bessere Sitzgelegenheit als diesen Hocker. Ich fotografierte ihn, zeichnete ihn, werde ihn aber nicht nachbauen können. David machte ein Gesicht, als hätte er jede Hoffnung verloren.

Fritz Frischenschlager schaute auf die Uhr. Es ist Zeit, sagte er. Mein Chef erwartet meinen Anruf. Er wird mich entlassen. Im Gegenteil, erwiderte David. Ganz sicher, sagte Frischenschlager. Willst du mithören? Er stellte das Handy auf Lautsprecher. Herr Präsident, hob er in amtlichem Ton zu sprechen an, um zehn Uhr haben wir, sechzig Mann, Aufstellung genommen. Der Plan war, dass wir uns direkt vor dem Kaufhaus postieren, doch dort gab es einen Menschenauflauf, weil in einem Schaufenster zwei Schauspieler etwas aufführten, ich weiß nicht, was. Wir wollten die schaulustigen Passanten nicht abdrängen. Das war ein Fehler.

Durchaus nicht, erwiderte der Polizeipräsident. Fahren Sie fort. Zu Mittag, sagte Frischenschlager, begann die Demonstration. Etwa fünfzig Kaufhausangestellte, jeder mit einem Plakat auf einer Holzstange. Und dahinter, damit haben wir nicht gerechnet, mindestens tausend Demonstranten, jeder mit Holzstange und Plakat. Sie unterstützten die Kaufhausangestellten. Mein erster Gedanke war: Wir brauchen Verstärkung. Mein zweiter: Angenommen, es eilen uns hundert Kollegen zu Hilfe – wohin mit ihnen? Die Straße war voll. Vielleicht war das ein Fehler, keine Verstärkung zu holen.

Machen Sie keine Witze, erwiderte der Polizeipräsident,

Sie haben ein Chaos verhindert. Weiter. Die Demonstranten, fuhr Frischenschlager fort, verhielten sich friedlich, ruhig, freundlich. Auffallend ruhig. Man hörte keine Sprechchöre, nur die Plakate waren allgegenwärtig. Doch dann ist es passiert. Wir haben die Eingangstür des Kaufhauses nicht gesichert, da sechs Sicherheitsleute mit Gummiknüppeln hinter der Glastür standen. Jemand hat die Tür eingetreten, das Glas zersplitterte, die Demonstranten drängten in das Kaufhaus, die Sicherheitsleute hoben die Arme zum Zeichen, dass sie nicht vorhatten, einzugreifen, dann halfen sie, die Glassplitter wegzukehren.

Wie ist die Situation jetzt?, fragte der Polizeipräsident. Die Angestellten strömten unter Jubelrufen ins Kaufhaus. Andere folgten ihnen, und als drinnen kein Platz mehr war, platzierten sich ein paar am Eingang und baten die Nachkommenden, draußen zu bleiben. Mittlerweile gibt es keinen Unterschied zwischen draußen und drinnen. Eine Cateringfirma stellte Tische auf, sowohl auf der Straße als auch im Kaufhaus, Getränke werden serviert und Brötchen, ein Volksfest ist im Gange.

Den Auftrag, sagte Frischenschlager, das Kaufhaus zu schützen, haben wir jedenfalls nicht erfüllt. Quatsch, erwiderte der Polizeipräsident. Weiß man, wer die Glastür eingeschlagen hat? Die Sicherheitsleute, antwortete Frischenschlager, sind die einzigen Augenzeugen. Sie haben übereinstimmend ausgesagt, dass ein Mann mit seinem Schuhabsatz mehrere Male gegen die Scheibe getreten und sie zum Bersten gebracht hat. Quatsch, erwiderte der Präsident. Sollen wir die Splitter sicherstellen und kriminaltechnisch untersuchen lassen?, fragte Frischenschlager. Auf keinen Fall, antwortete der Polizeipräsident, seien wir froh, dass alles ein gutes Ende gefunden hat. Noch nicht, sagte Frischenschlager, ein Fernsehteam wartet und will ein Interview. Das geben Sie!, rief der Präsident. Sie schildern die Vorgänge so, wie Sie das mir gegenüber getan haben. Endlich ein guter Bericht über die Polizei. Frischenschlager, Sie sind unser bester Mann.

Fritz Frischenschlager war wie vor den Kopf gestoßen. Er hatte mit allem gerechnet: mit einer Rüge, mit Degradierung, mit Entlassung, nicht aber mit solchem Lob. David, sagte er, mein lieber Freund, das habe ich dir zu danken. Du hast nur getan, erwiderte David, was wir vor Jahrzehnten geübt haben: den Polizeieinsatz, ohne dass die Polizei eingreift. Es ist, sagte Frischenschlager, bei der Übung geblieben. Ausgenommen heute. Draußen warten die Fernsehleute, sagte David. Frischenschlager verließ die Espresso-Bar fröhlich, leichtfüßig.

Ich brauche ein Nachmittagsschläfchen, sagte Spatz. Ich auch, erwiderte David; ein Unternehmen wie das heutige birgt ein großes Risiko; die Anspannung lässt nur langsam nach. Ich kann dir, sagte Spatz, zu Hause ein Medikament geben. David ließ den Kopf sinken, Spatz wusste nicht, ob das ein zustimmendes Nicken war. Montefiori schlug vor, dass man sich zum Abendessen bei Frau Ehrenreich treffe. Übrigens, sagte er zu Spatz, deine Frau kommt morgen nach Wien. Da in deiner Wohnung kein Platz mehr ist, habe ich sie eingeladen, bei mir zu wohnen. Vielen Dank, erwiderte Spatz. Bist du mit ihr in Verbindung?, fragte er. Wir telefonieren täglich, war die Antwort, ich bin in ihre Stimme verliebt, ich könnte sie immerfort hören. Mir ist es nicht anders ergangen, sagte Spatz.

Auf dem Weg nach Haus sagte David: Heute koche ich. Wir müssen die Sachen unterwegs einkaufen. Es gibt Scampi, große gebratene Scampi. Dazu Reis. Den haben wir zu Hause, meinte Spatz. Nein, sagte David, ich brauche eine Mischung aus weißem und schwarzem Reis, dazu Rosmarin, Salbei und Knoblauch. Für den Linsensalat nehme ich Linsen aus der Dose. Isst du gern Scampi?, fragte Spatz. Ich habe noch nie Scampi gegessen, war die Antwort.

Als Maximilian Spatz um sieben Uhr abends nach eineinhalb Stunden Schlaf erholt aufwachte, duftete es in der ganzen Wohnung nach Knoblauch. Sie setzten sich zu viert ins Kaminzimmer, Anna und Philipp hatten noch im Kaufhaus zu tun. Spatz erzählte, dass Anna ihn angerufen hatte. Sie habe berichtet, dass der Gewerkschafter schon wieder aufgetaucht sei, abermals habe er Hilfe angeboten, jede Hilfe, die sie brauche.

Anna habe ihn mit der Frau des Besitzers des kleinen Modehauses in der Dominikanerbastei bekanntgemacht, mit Gretel. Die Leute vom Weinhaus hätten sie zur Sprecherin gewählt. Sie habe Anna erzählt, viele Leute vom Weinhaus hätten in ihrem Bestreben, einen Betriebsrat zu gründen, nicht nur Probleme mit dem Unternehmer, sondern auch mit der Gewerkschaft. Er werde sich darum kümmern, habe der Gewerkschafter beteuert und hinzugefügt: Es gebe, wie für alles, so auch für die Gründung eines Betriebsrats gesetzliche Auflagen. Er sei Fachmann auf diesem Gebiet. Gretel habe ihm beschieden, als Fachmann für Gesetze sei er der falsche Mann, denn man lebe seit heute in einer gesetzlosen Zeit.

Die Abendgesellschaft lobte Davids Kochkunst, doch der wehrte das Lob ab und meinte, wirklich gelungen sei nur der Linsensalat. Es blieb ihm aber nicht verborgen, dass den dreien die Scampi und der Reis schmeckten und dass sie gern mehr davon gegessen hätten. Spatz beeilte sich, aus der Küche Brot und Käse zu holen, und in der Erwartung, dass in den Nachrichten das Interview mit Frischenschlager zu sehen sein würde, schaltete er den Fernsehapparat ein.

Frischenschlager erschien glückstrahlend auf dem Bildschirm und schickte sich an, die Ereignisse in einer großen Ansprache darzustellen. Doch man hörte ihn nur kurz reden, dann sah man ihn mit dem Interviewer durch die Straße schlendern, von Tisch zu Tisch, er durfte sodann wieder ein paar Sätze sagen, ehe er sich mit seinem Fernsehbegleiter durch das Fest drängte, das im Kaufhaus stattfand, und wieder ein paar Sätze, ehe sie vor den Polizisten der Einsatztruppe zu sehen waren, welche, unbeeindruckt davon, dass ihr Chef auftauchte, mit den Leuten plauderten und Brötchen und Getränke genossen.

Der Interviewer fragte Frischenschlager, ob er wisse, wo Anna Berg zu finden sei. Der antwortete, er habe diesen Namen noch nie gehört. Sie sei, sagte der andere, Betriebsrätin in dem Kaufhaus und die Organisatorin der Demonstration. Schon möglich, erwiderte Frischenschlager irritiert, denn er wollte, dass über ihn und nicht über irgendeine Betriebsrätin geredet werde. Frau Berg, sagte der Interviewer, habe die Demonstration organisiert und die Polizei das Volksfest. Mit diesem Satz endete das Interview.

Die vier vor dem Fernsehapparat schauten einander an. Eine Bombe, sagte Montefiori. Hoffentlich kein Blindgänger, erwiderte Spatz. Montefiori stand unwirsch auf und ging ins Nebenzimmer, um an Philipps elektronischen Geräten zu erkunden, wie die Fernsehzuschauer, abgerichtet, auf jede Sendung sofort zu reagieren, sich äußern würden. Was hört man von Anna?, fragte Frau Ehrenreich. Ich warte auf ihren Anruf, erwiderte Spatz. Die Scampi, sagte Frau Ehrenreich, um zu bekunden, dass sie nicht nur an den Vorgängen im und um das Kaufhaus interessiert war, die Scampi waren, ich kann es nicht oft genug sagen, ausgezeichnet.

Montefiori kam zurück ins Kaminzimmer. Das Land, sagte er, bricht auseinander. Die Hälfte der Fernsehzuschauer versteht die Welt nicht mehr. Eine Polizei, die nicht eingreift – das ist das Ende. Die andere Hälfte hat die Hoffnung, dass die Welt doch nicht so schlecht ist, wie man gemeint hat. Anna meldete sich telefonisch. Sie sei von einem der Eigentümer des Kaufhauses angerufen worden, erzählte sie Maximilian. Kreuzteufel sei entlassen, der neue Geschäftsführer beauftragt worden, über Lohnerhöhungen zu verhandeln. Man möge nicht auf sie, Anna, warten, sie komme im Laufe der Nacht.

Philipp stolperte ins Kaminzimmer, ließ sich in einen Sessel fallen, bat um ein Glas Wein, schaute selig vor sich hin und sagte, er sei beschwipst. Er habe das Kaufhaus verlassen, weil er nicht mehr gebraucht worden sei. Endlich einmal nicht gebraucht zu werden, das sei ein wunderbares Gefühl. Dieserart beschwingt sei er durch die Straße vor dem Kaufhaus geschlendert und habe den Eindruck gehabt, am Abend hätten sich dort noch mehr Menschen versammelt als am Nachmittag.

Was, fragte Spatz, macht Anna um diese Zeit noch im Kaufhaus? Philipp nickte langsam und wissend. Die beiden, sagte er endlich, Anna und Gretel, haben alles an sich gerissen. Noch nie in meinem Leben bin ich mir so überflüssig vorgekommen. Wahrscheinlich, fügte er hinzu, weil ich es gewohnt war, selbst alles an mich zu reißen. Montefiori versuchte Philipp zu beruhigen. Deine Zeit kommt wieder, sagte er. Ich genieße es, erwiderte Philipp, nichts zu tun zu haben.

Kannst du, fragte David, uns an diesem Genuss teilhaben lassen, indem du uns sagst, was die beiden Frauen tun? Du spottest über mich, erwiderte Philipp, und zu Recht. Ich habe mir eingebildet, ein guter Organisator zu sein. Gretel aber, ihr werdet sie kennenlernen, ist eine Furie der Organisation, dabei liebenswert und freundlich. Unser Arbeitsschwerpunkt war das Kaufhaus, ihrer das Weinhaus. Dort hat man, sofern man nicht ohnehin an der Demonstration teilnahm, gewartet, wie sich die Streikbewegung entwickeln würde. Mit dem schnellen Erfolg, dem Aufbrechen der Tür, der Besetzung des Kaufhauses, der Absetzung Kreuzteufels hat niemand gerechnet. Umso heftiger der Ausbruch der Freude.

Die beiden Frauen, fuhr Philipp fort, haben ihr Quartier im Keller aufgeschlagen, jede sitzt mit ihren Leuten in einer anderen Ecke. Anna hat mit Kreide an die Wand geschrieben: Büro der Revolution II. Nur sie und ich wissen, was es mit der II für eine Bewandtnis hat. Anna diskutiert mit einer kleinen Gruppe von Kolleginnen und Kollegen, wie es weitergehen könnte: dass man sich mit der Lohnerhöhung nicht zufriedengeben, dass man eine bessere Organisation der Arbeit, durchgeführt von den Betroffenen, den Kolleginnen und Kollegen, anstreben sollte.

In der Ecke gegenüber Gretel und drei Männer. Gretel und ihr Mann hatten je ein Mobiltelefon vor sich auf dem Tisch liegen, das sie nicht benutzten. Der stellvertretende Direktor des Statistischen Zentralamtes hatte sich mit drei Notebooks umgeben, der andere, der Taxifahrer, hatte eine Telefonanlage aufgebaut. Er gab jeden Anruf weiter an Gretel, welche eine Antwort vorschlug. Die lautete zumeist: Abwarten. Der stellvertretende Direktor zeichnete auf seinen Computern auf, woher die Anrufe kamen. Man sah auf einem Bildschirm ein Netz, das ganz Österreich umspannte.

Ich hatte keine Ahnung, sagte Philipp, dass man im Weinhaus mit so vielen Menschen in Kontakt stand, mit Handelsangestellten, mit Industriearbeitern, mit Spitalsärzten, mit Selbständigen, Bauern, Rechtsanwälten. Gretel forderte Hilfe an. Diejenigen, die sich telefonisch gemeldet haben, sollten zurückgerufen werden. Als ich den Keller verließ, hatten sich um Gretel herum sicher schon dreißig Leute versammelt.

Spatz sagte, eine Gesellschaft, einmal in Bewegung geraten, ist nicht aufzuhalten. David widersprach. Die Polizei und das Militär, sagte er, sind in allen Ländern gerüstet, um jeden Aufstand sofort niederzuschlagen. In Österreich hinkt man in dem Bemühen, für Aufstände gerüstet zu sein, etwas hinterher. Insofern ist unsere Lage nicht schlecht.

Darf ich auch etwas sagen?, fragte Frau Ehrenreich. Die Sache begann damit, dass eine Betriebsversammlung vorgetäuscht wurde. Uns müsste es gelingen, der Übermacht vorzugaukeln, eine Macht stünde ihr entgegen. Aber wie?

Wozu sich die Frage gesellt, sagte David: Warum tun wir das? Es steht viel auf dem Spiel. So wie Kreuzteufel die Betriebsversammlung, die Anna einberufen hatte, vorerst verhindern konnte, so wird im ganzen Land in Hunderten, in Tausenden Betrieben vorgegangen. Und dann der Umschwung. Anna bringt eine Versammlung zustande, die beschließt einen Streik, der ist erfolgreich. Ein lokales Ereignis in einer Wiener Geschäftsstraße führt zu einem landesweiten Tumult. Es wird zu Versammlungen kommen, zu Streiks, es wird hier Lohnerhöhungen geben, dort bessere Arbeitsbedingungen. Und dann?

Wenn, fuhr David fort, dieser große gesellschaftliche Aufruhr in jenem Boden versinkt, in dem bereits Millionen von Reformen bestattet worden sind, dann waren wir heute nicht Zeugen eines Volks-, sondern eines Totenfestes. Die Leute, die an diesem Tag aufgebrochen sind, werden, wenn sie nicht von der Stelle kommen und nichts Handfestes erreichen, den heutigen Tag verfluchen, da er sie nur daran erinnert, dass man als Arbeiter und Angestellter, als Bauer und Arzt gegen die Übermacht keine Chance hat. Und als Fazit bleibt, dass alles sinnlos ist: Denken, Kritisieren, Aufbegehren. Und für viele Jahre wird eine Leichenstarre das Land überziehen. Deshalb müssen wir etwas tun.

Und was?, fragte Frau Ehrenreich. Ihr dürft nicht erschrecken, antwortete David, wir werden Waffen einsetzen müssen. Wir werden sie verwenden, wie ihr bei der Versammlung Schaufensterpuppen und Perücken platziert habt – damals um Präsenz, nun um Macht vorzutäuschen. Mein Konzept ist einfach, fuhr David fort. Es wird sich aber nur realisieren lassen, wenn Gretel zusammen mit ihren Weinhausleuten und ihren Kontakten in ganz Österreich mitspielt.

Schildere deinen Plan, sagte Philipp, ich werde Gretel dann sofort anrufen. Mein Verstand, erwiderte David, ist militärisch verseucht. Maximilian hat euch vielleicht erzählt von meiner Vergangenheit bei der amerikanischen Armee. Unsere Lieblingsbeschäftigung waren Sandkastenspiele. Der Gegner dort, wir hier – wie ringen wir ihn nieder? Unsere Situation ist völlig anders und, so behaupte ich, historisch neu.

– 18 –

David, das leere Weinglas in der Hand, kippte vornüber und wäre zu Boden gestürzt, hätte Montefiori ihn nicht aufgefangen. Er wollte ihn aus dem Zimmer geleiten und zu Bett bringen, David wehrte sich, schüttelte Montefiori ab und ging mit kleinen Schritten zurück zum Sessel. Ehe er sich setzte, sagte er zu Frau Ehrenreich: Dass ich vom Sessel falle, ist ebenfalls historisch neu. Er bat um einen Schluck Wein, Frau Ehrenreich füllte sein Glas. Wie wir vor dem Kaufhaus gesehen haben, fuhr er fort, ist unser Gegner die Polizei, dann das Militär. Nicht immer wird der Konflikt so glimpflich enden wie heute. Diese Gegner können wir nicht besiegen.

Er nahm einen Schluck. Gegen die Übermacht, sagte er, bauen wir eine Gegenmacht auf. Annas Erfolg ist der Ausgangspunkt. Von dort aus wächst diese Gegenmacht durch viele Betriebsversammlungen in den nächsten Tagen und Wochen, aber sie reicht noch lange nicht an die Übermacht heran. Um neuen Schwung in die Sache zu bringen, setzen wir Waffen ein. Eine Versammlung in Wien, eine in einem anderen Bundesland werden gestört. Die Angreifer – von uns organisiert – feuern aus Gewehren in die Luft. Ein Aufschrei im ganzen Land. Dass auf eine friedliche Versammlung geschossen wird, so etwas hat es in der Zweiten Republik noch nicht gegeben. Es wundert niemanden, dass die Bedrohten sich gegen Angreifer verteidigen. Eine kleine Gruppe Bewaffneter genügt für den Anfang. Tatsächlich kommt es hier und dort wieder zu Störaktionen, Steine werden geworfen, Prügel, Bierdosen. Die Schutztruppe feuert in die Luft, die Störenfriede rennen davon. Dass die Versammelten sich dieserart wehren, wird von der Bevölkerung begrüßt, weshalb die Behörde nichts unternimmt.

Die Gegenmacht, fuhr David fort, wird dadurch stärker, dass sie in der Lage ist, sich zu schützen. Sie wächst in den nächsten Wochen so stark, dass der Übermacht angst und bange wird. Unsere Stärke ist, dass man uns nicht auf die Schliche kommt. Es durfte ja auch im Kaufhaus niemand etwas von den Schaufensterpuppen und den Perücken erfahren. Und dann?, fragte Frau Ehrenreich. Ich mache es mir einfach, antwortete David: Ich kann darüber jetzt nicht sprechen, ich bin zu müde. Er verabschiedete sich und ging zu Bett.

Montefiori seufzte tief. Ich sollte nach Hause gehen, sagte er, und zu Spatz gewandt: Morgen kommt deine Frau. Es war keine gute Idee, Zerlina einzuladen, bei mir zu wohnen. Bei mir kann man nicht wohnen. Das war immer so. Mein Interesse, mich häuslich einzurichten, ist nicht sehr stark. Dazu kommt, dass ich nächstes Jahr nach New York übersiedle und die Wiener Wohnung aufgebe. Schachteln voll Sachen, die ich nicht mitnehme, aber auch nicht wegwerfen will, stehen umher. Ich fürchte, Zerlina wird entsetzt sein, wenn sie diese Wohnung sieht. In meiner Nähe gibt es ein gutes Hotel, ich werde sie dort unterbringen.

Philipp rief dazwischen: David hat einen Plan ausgebreitet. Was sagt ihr dazu? Alle schwiegen. Philipp, sagte Frau Ehrenreich nach einer Weile, was wir an politischer Praxis kennen, sind Hilfe für Flüchtlinge und hin und wieder eine Demonstration. Was David skizziert, ist ein politischer Kampf und zugleich die Vortäuschung eines Kampfes. Das Zusammenwirken der beiden macht David zufolge die Gegenmacht, wie er uns nennt, immer stärker. Seine Devise ist: Wir dürfen nicht verlieren. Aber auch hier die Zweideutigkeit. Wir werden die Übermacht nicht besiegen, wir dürfen aber nicht gegen sie verlieren. Das klingt vernünftig. Wie die Sache enden soll – vielleicht hat er davon eine Vorstellung, ich nicht.

Philipp stand auf, er wirkte missvergnügt, als hätte ihn, was Frau Ehrenreich gesagt hatte, nicht überzeugt. Ich gehe noch einmal ins Kaufhaus, sagte er, und werde Anna und Gretel von dem Gespräch mit David berichten.

In diesem Moment kam Anna zur Tür herein. Da ist sie, rief Philipp. Anna jedoch hob abwehrend die Arme. Ich bin hungrig, sagte sie und verschwand in der Küche. Na gut, sagte Philipp.

Ich hole morgen Zerlina vom Bahnhof ab, sagte Montefiori, würdest du mich bitte begleiten? Spatz schaute ihn verständnislos an. Du bist ihr Mann, fuhr Franz fort. Du bist mit ihr vertraut. Ich bin nur in sie verliebt. Und kenne nur ihre Stimme. Spatz nickte ihm zu. Nun gehen wir schlafen, sagte er.

Anna war noch wach, Maximilian legte sich zu ihr. Ich kann nicht einschlafen, sagte sie, ich bin mit den Gedanken noch im Kaufhaus. Mit den Gefühlen aber bin ich bei dir – sofern es möglich ist, zwischen Denken und Fühlen zu trennen. Ist nicht möglich, erwiderte Spatz. Jeder Gedanke ist von einem Gefühl begleitet, jedes Gefühl von einem Gedanken. Nicht immer, widersprach Anna, ich lasse nun die Gedanken woanders, meinetwegen im Kaufhaus. Meine Gefühle aber wende ich dir zu. Die beiden hatten eine schöne Nacht.

Der Zug aus Modena wurde um sechzehn Uhr erwartet. Spatz und Montefiori trafen sich zwei Stunden vorher in einem Bahnhofscafé, um zu besprechen, ob sie ihre Aufführungen im Schaufenster des Kaufhauses fortsetzen sollten. Montefiori meinte, er werde sich in den nächsten Tagen Zerlina widmen, zwischendurch aber den neuen Geschäftsführer des Kaufhauses aufsuchen und eine Erhöhung der Gage fordern.

Über mögliche Aufführungen meinte Spatz: David geht in seinen Plänen weit über das hinaus, was man noch vor einer Woche für möglich gehalten hat. Das sollten wir übertreffen. Wir spielen das Stück: Ein Aufstand hat stattgefunden – wie ist das Leben danach? Montefiori tat, als wäre er einverstanden, war aber mit den Gedanken woanders.

Der Zug fuhr ein. Zerlina lief auf die beiden Männer zu und, als hätte sie beide und nicht nur Montefiori erwartet, umarmte sie zuerst Maximilian, dann Franz. Dem fiel auf, dass Zerlina nur eine Reisetasche bei sich hatte. Sie hat nicht vor, dachte er, länger als ein paar Tage zu bleiben. Wahrscheinlich hat sie berufliche Verpflichtungen an der Oper. Wenn sie meine Liebe erwidert, werde ich sie in Modena besuchen.

Mit der Straßenbahn gelangten die drei bis zu Montefioris Wohnung. Ich entschuldige mich jetzt schon, sagte er, als sie die Stiege hinaufgingen, in der Wohnung stehen viele Schachteln herum, volle und leere. Als die drei im großen Vorzimmer standen, von dem aus man einen Blick in die anderen Zimmer werfen konnte, sagte Zerlina: In meiner Wohnung ist es nicht anders. Ein Tisch, ein Sessel, ein Bett. Wenn Gäste kommen, bringen sie Klappsessel mit.

Setzt euch auf irgendwelche Schachteln, sagte Franz, ich bringe Champagner. Ihr seid meine ersten Gäste. Auch Maximilian war noch nie hier. Zerlina sprach so laut, dass Franz sie in der Küche hören konnte: Ich kann nicht anders, als mich provisorisch einzurichten. Das Leben ist kurz. Viele Leute richten sich ein, als würden sie Jahrhunderte am Leben bleiben.

Maximilian stieß mit den beiden an, trank das Glas leer und verabschiedete sich.

Zerlina gab Franz einen Kuss. Du bist ein Kind, sagte sie, das sich in der Wirklichkeit nicht zurechtfindet. Nein, antwortete Franz, ich bin – ich sage es dir jetzt, damit du später nicht enttäuscht bist –, ich bin ein gerissener Geschäftsmann. Nichts anderes habe ich gesagt, erwiderte sie. Er schaute sie groß an, dann umarmten sie einander.

Am nächsten Morgen schaute Zerlina sich in Montefioris Wohnung um, es gab zwei Räume, die halbwegs eingerichtet waren, die Küche und ihr Zimmer. In dem stand statt eines Schranks eine große Vase mit Blumen, die wenigen Sachen, die Zerlina bei sich hatte, fanden in der Ecke des Zimmers auf dem Boden Platz. Ich fürchte, sagte Montefiori, dass du bald zurückmusst in die Oper. Noch nie, antwortete Zerlina, hatte ich so viel freie Zeit wie in diesem Sommer. Die Saison hat früher geendet als sonst, das Haus wird erst Anfang Oktober wieder bespielt. Der Direktor behauptet, der Zuschauerraum müsse renoviert werden, aber das stimmt nicht.

Sondern?, fragte Montefiori. Mit irgendetwas, erwiderte Zerlina, muss der Operndirektor seine Existenz und sein Einkommen rechtfertigen, und da er keine neuen Opern in Auftrag gibt, schafft er einen neuen Zuschauerraum. Womit es, sagte Montefiori, einen Grund gibt für sein hohes Einkommen. Ach, antwortete Zerlina, er verdient um die Hälfte weniger als ich. Du bist der Star des Hauses, sagte Montefiori. So ist es, erwiderte sie. Und, fragte er, wie bist du zu deinem Namen gekommen? Dem Direktor der Metropolitan Opera in New York habe ich die Arie der Zerlina vorgesungen, sagte sie, keine drei Minuten lang, und ich war engagiert. Aber nicht mit diesem Namen, hat er gemeint. Peggy Smith. So heißt jede in New York. Dein Name ist Peggy Zerlina. Jeder nennt mich so, auch Maximilian.

Der Rolle der Zerlina, fuhr sie fort, ist oft nachgesagt worden, dass sie nicht in diese Oper passe. Ein Bauernmädchen in Gesellschaft adeliger Damen und Herren. Mozart hat ihr eine Arie geschrieben, die anders ist als jene der Adeligen.

Am schönsten ist der Kontrast beim Zusammentreffen von Don Giovanni mit Zerlina – was er singt, ist bestrickend, schön und hohl. Zerlina lässt sich zwar betören, hält Don Giovanni aber stand. Ihr Gesang ist die Gegenmusik zu der des Don Giovanni. Eine Sängerin, die das nicht begreift, kann die Zerlina nicht singen. Wie sie sich bewegt, wie sie spielt, wie sie singt, fällt aus dem Rahmen. Ich falle aus dem Rahmen. Das hat meinen Ruhm begründet. Ich habe Zerlina sofort verstanden, denn ich war in Brooklyn gewissermaßen das Bauernmädchen.

Du könntest, sagte Montefiori, an den größten Opernhäusern der Welt singen. Ich habe, erwiderte Zerlina, zurzeit keine Lust, die Schachteln, die in meiner Wohnung stehen, woanders hinzutransportieren. Außerdem – ich bin gern in Italien, sehr gern in Modena. Ich muss nicht an der Scala auftreten, solange die Mailänder nach Modena kommen, wenn ich singe. Wirst du, fragte Montefiori, irgendwann nach New York zurückkehren? Ich stelle diese Frage, weil ich Anfang nächsten Jahres mit meiner Firma nach New York übersiedle. Ich komme selbstverständlich mit, erwiderte Zerlina. Montefiori schüttelte den Kopf. So viel Glück konnte er nicht fassen. Er schlug vor, essen zu gehen, sie wollte in der Wohnung bleiben.

Modena, sagte sie tags darauf beim Frühstück, wird mir nicht fehlen – aber Venedig. Mindestens einmal im Monat bin ich dorthin gefahren, und als ich jedes Bauwerk und jedes Gemälde in der Stadt kannte, konzentrierte ich mich auf das Alterswerk von Tizian und Tintoretto. Die haben zur gleichen Zeit gearbeitet, sind im Alter aber extrem unterschiedliche Wege gegangen. Tizian beschäftigte die Herausbildung des Individuums, er arbeitete – das ist mein Eindruck gewesen – an der Emanzipation der Menschheit. Bei Tintoretto findet sich das Gegenteil. Das Individuum verkommt zum Ornament, außerdem nimmt ein krasser Naturalismus überhand. Neben den zum Ornament verflachten Menschen türmen sich beliebige Gegenstände.

Eines Tages, sagte Zerlina, fand ich in der Kantine des Opernhauses eine Zeitung, sie hieß »Die Wahrheit«. Mir gefiel der anmaßende Name. Es war die Zeitung der ortsansässigen Kommunisten, von denen es immer noch einige gab. In dem schmalen Blättchen ging es um Politik, auf den letzten beiden Seiten um Kunst. Es handle sich, stand zu lesen, um einen langen Essay, der in Fortsetzungen veröffentlicht werde. Ich las ihn – es war die dritte Fortsetzung – einmal und noch einmal. Dann ging ich in das Haus der kommunistischen Partei, kaufte mir die beiden vorher erschienenen Zeitungen und wurde Abonnentin.

Der Autor, fuhr Zerlina fort, hat über das Alterswerk von Tizian und Tintoretto geschrieben. Seine Beobachtungen waren den meinen ähnlich. Der Autor heißt Domenico Boschini. Er betrachtete die beiden Maler als Teil der gesamten Kunstgeschichte und behauptete, es gebe in jeder Epoche eine fortschrittliche Tendenz, dazu zählte er Tizian, und eine rückschrittliche, Tintoretto. Den Fortschritt nannte er Klassik, den Rückschritt Romantik. Boschini zufolge finden sich in jeder Epoche Klassik und Romantik nebeneinander und einander widerstrebend, ähnlich den gesellschaftlichen Bewegungen. Der Essay beginnt mit einem Trompetenstoß: Was ist Kunst? Die Antwort: Kunst ist die Darstellung der Welt. Frage: Was ist Darstellung? Ich gebe, schreibt Boschini, ein Beispiel: Tizian ist der Spiegel der Natur, nur dass der Spiegel lediglich Abbilder gibt, während Tizian Neues schafft. Darstellung ist also, Spiegel der Natur zu sein und dabei Neues zu schaffen.

Ich habe, sagte Zerlina, den Redakteur der »Wahrheit« um Boschinis Telefonnummer gebeten, den wunderte mein Interesse nicht. Er hat behauptet, dass die meisten Anrufe und

Leserbriefe, welche sein Blatt bekomme, sich mit dem Essay beschäftigten, viele fänden Tintoretto schlecht behandelt. Es stimme ihn traurig, hat er gemeint, dass die Kommunisten dieser Stadt von Kunstwerken der Renaissance stärker aufgewühlt würden als von den gegenwärtigen politischen Verhältnissen. Andrerseits mache es ihn glücklich. Ich verliebte mich in Boschini, sagte Zerlina, er ist arm und wohnte in einem feuchten Loch in Venedig. Um nicht jedes Mal in ein Hotel gehen zu müssen, mietete ich eine Wohnung. Ich werde die Miete weiter zahlen.

Jetzt weißt du alles über mich, fuhr sie fort. Was hältst du davon, dass wir uns bei Maximilian melden? Seit Tagen haben wir nichts von uns hören lassen. Ich würde auch gern die anderen treffen, Anna, Frau Ehrenreich, David und Philipp, das Organisationsgenie. Schenke mir noch einen Tag, bat Montefiori. Zum ersten Mal spazierten sie durch die Straßen, von der Langegasse im achten Bezirk Richtung Innenstadt. Es war ein warmer Frühsommertag, ein weiterer Grund für Zerlina, es nicht eilig zu haben. Kaum ein Gebäude, vor dem sie nicht stehen blieb. Eine reiche Stadt, sagte sie. Die Monarchie ist zerfallen, übriggeblieben ist ein kleines Land mit einer großen Hauptstadt. Mir ist schleierhaft, warum der Reichtum früherer Zeiten nicht verlorengeht.

Montefiori hatte den Eindruck, dass sich in dem, was Zerlina gesagt hatte, eine Frage verbarg. Da er diese nicht beantworten konnte, kam er auf die Ereignisse der letzten Wochen und Monate zu sprechen, beginnend mit der Betriebsversammlung. Bislang hatte er gegenüber Zerlina nur Andeutungen gemacht. Sie war überrascht und begeistert. Und als er von Davids Plänen erzählte, schaute sie ihn erstaunt an. Dann fragte sie: Seid ihr verrückt? Wir sind verrückt gewesen, erwiderte Montefiori, nun, da es ernst wird, dürfen wir nicht mehr verrückt sein. Wer ist David?, fragte sie. Ein Patient von Maximilian, sagte Montefiori. Ihr seid tatsächlich verrückt, sagte sie. Ausgerechnet in Wien zettelt ihr einen Aufruhr an. Ich habe nie eine Stadt gesehen, die so in sich ruht wie Wien. Sie wird euch bestrafen. Du darfst nicht vergessen, erwiderte Montefiori, dass der Aufruhr, bis jetzt ein kleiner Aufruhr, in einem großen Fest endete. Auch dank der Leute vom Weinhaus. Ein Zentrum der Revolution namens Weinhaus, sagte Zerlina, das klingt gut.

Montefiori hatte den Weg so gewählt, dass sie nun vor der von Otto Wagner erbauten Postsparkasse standen. Zerlina ging allein zweimal um das Gebäude. Dann sagte sie: Hier hat die Revolution begonnen. Die Revolution ist eine Schwester der Schönheit. Montefiori schaute Zerlina bewundernd an. Morgen, fuhr sie fort, gehen wir ins Weinhaus. Am Abend telefonierte Montefiori mit Philipp. Der schlug vor, dass die beiden am Nachmittag kommen sollten. Außer Frau Ehrenreich würden alle versammelt sein. In diesem Fall, sagte Zerlina, besuchen wir vorher Frau Ehrenreich. Montefiori rief sie an, sie lud die beiden zum Frühstück ein.

Zerlina kaufte bei einer Bäuerin, die auf der Freyung ihren Stand hatte, einen Strauß Wiesenblumen, Frau Ehrenreich streichelte die Blütenpracht und dankte Zerlina mit einem Kuss. Sie wisse nichts von Modena, sagte sie. Ich kann an diese Stadt nicht denken, erwiderte Zerlina, ohne ein schlechtes Gewissen zu bekommen. Eine Woche ist es her, fuhr sie fort, dass ich mich in Modena mit einigen Leuten in einem Café getroffen habe, die wie ich der Ansicht sind, dass es ein Unfug ist, alle Sessel aus dem Zuschauerraum des Opernhauses durch neue zu ersetzen, nur weil die Bezüge etlicher Sitzflächen zerschlissen sind. Wir haben uns mit Fachleuten beraten, mit Handwerkern, Tapezierern, Polsterern, Schneidern, und mit ihnen den Zuschauerraum besichtigt. Sie haben uns bei jedem Sessel gezeigt, ob der Bezug ausgebessert werden kann oder erneuert werden muss. Sie konnten es nicht fassen, dass die Sessel, deren Holzgestelle in Ordnung waren, weggeworfen werden sollen.

Wir haben beim Bürgermeister vorgesprochen, der, das wusste ich, für die Oper nicht zuständig war, der aber, das wiederum wusste er, niemals sagen konnte, er sei für etwas nicht zuständig. Die Kommunisten im Gemeinderat hätten ihn verlacht. Deren Vorsitzender kennt nur eine Parole: Ein Kommunist ist für jedes Problem zuständig. Der Bürgermeister musste dem Vorsitzenden nacheifern. Er hat uns zugesagt, sich der Sache anzunehmen; er vermute, der Operndirektor versuche, für ein ordentliches Schmiergeld den Auftrag einer großen Firma zuzuschanzen.

Und nun, sagte Zerlina, bin ich hier. Sie haben, erwiderte Frau Ehrenreich, die Leute nicht im Stich gelassen, die sind nicht allein und hilflos. Außerdem kommen Sie wieder. Eben nicht, antwortete Zerlina, ich bleibe in Wien und gehe nächstes Jahr mit Franz nach New York. Zu Montefiori gewandt, sagte Frau Ehrenreich: Gratuliere. Sie werden, fuhr sie fort, wieder an der Metropolitan Opera arbeiten. Ich werde, antwortete Zerlina, nur bestimmte Partien übernehmen und mich mehr dem Liedgesang widmen. Um Lieder zu singen, bedarf es keines Opernhauses, Lieder kann ich auch auf der Straße und in Bars singen. Aber nicht Lieder von Mozart, sagte Frau Ehrenreich. Doch, von Mozart, antwortete Zerlina.

Am Nachmittag unterbrachen Anna, Gretel, David, Philipp und Spatz im Weinhaus die Beratung, um Zerlina zu begrüßen. Die betonte, nicht stören, sondern zuhören zu wollen, setzte sich etwas abseits und beobachtete David, der zu einem anderen Tisch des Weinhauses eilte, wo der stellvertretende Direktor des Statistischen Zentralamtes einigen jungen Frauen und Männern, die mit dem Taxifahrer gekommen waren, die Hände schüttelte. David musterte die Neuankömmlinge und kehrte nachdenklich zu der Gruppe um Anna zurück. Alle verstummten. Die sind zuverlässig, sagte er. Von nun an muss alles Schlag auf Schlag gehen. Eine Versammlung hier, ein Streik da, und immer verbunden mit einem Fest. Man kämpft und feiert, dass man gekämpft hat. Aus diesen vielen Kleinigkeiten muss ein Getöse entstehen, als wäre die Welt in Aufruhr. Dann können wir gewinnen.

Was heißt gewinnen?, fragte Zerlina. David seufzte. Wenn ich das wüsste, sagte er. Sie hob beschwörend die Arme und sagte: Ich wollte Sie nicht beleidigen. Da stand Anna auf und umarmte Zerlina. Du bist, sagte sie, eine wunderbare Frau. Das wollte ich zu dir sagen, erwiderte Zerlina, als ich hereingekommen bin und dich gesehen habe. Spatz gesellte sich zu ihnen. Du siehst immer noch aus wie eine Trauerweide, sagte er, strich seiner Frau über den Kopf und ließ die Hand dort ruhen, wo die Naturlocken in die Stirn hingen. David, auf dem Weg zu der anderen Gruppe, die immer größer wurde, hielt ein und stellte sich zu ihnen. Es freut mich, sagte er zu Zerlina, Sie endlich kennenzulernen. Sie waren, erwiderte sie, und sind vielleicht immer noch Patient von Maximilian. Seit langem, sagte er. Sie kennen ihn gut?, fragte sie. Ich weiß nichts von ihm, sagte er. Ich bin seine Frau, sagte sie, ich weiß auch nichts über ihn. Das macht ihn so interessant. David lachte. Maximilian, sagte er, ist ein Schalk, er gibt sich nicht zu erkennen, einmal ist er Wissenschaftler, dann Boxer, dann Arzt. Und dann wieder, fuhr Spatz dazwischen, bin ich ein Spaßverderber. Wir müssen über die nächste Aktion reden.

Gretel stimmte ihm zu. In zwei Stunden, sagte sie, fahren wir nach Linz. Am Abend findet eine Versammlung in einem Kaufhaus statt, tags darauf eine in einer Großtischlerei. Zerlina beschloss, mitzufahren. Anna, Spatz und Montefiori gingen Richtung Kaufhaus, die beiden Männer überlegten, welche Sketche sie im Schaufenster aufführen könnten. Oder, fragte Spatz, ist unsere Schauspielerei nun überflüssig? Montefiori war konsterniert. Noch nie war sie so wichtig, rief er. Und fuhr mit normaler Stimme fort: Was hat David gesagt? Wir müssen gewinnen. Er hat gesagt, wandte Spatz ein: Wir *können* gewinnen. Warten wir ab, erwiderte Montefiori, was in Linz passiert. Sollten Schüsse fallen, gibt es kein Zurück, dann müssen wir gewinnen. Oder wir verlieren alles. Vielleicht kommt auch Kreuzteufel zurück.

Übrigens, fuhr er fort, wirkte David sehr ruhig. Diese Ruhe, erwiderte Spatz, hat er durch Training erworben. Jedenfalls, sagte Montefiori, unser Motto fürs Schaufenster lautet: Wir müssen gewinnen. Ich spiele den Verlierer, erwiderte Spatz, denn wo es einen Gewinner gibt, muss es auch einen Verlierer geben. Wer ist das?, fragte Montefiori. Das ist der, der stets nein sagt, war die Antwort. Keine Lohnerhöhung, sondern Lohnsenkung, kein Streik, sondern Aussperrung aus dem Betrieb, keine Mitbestimmung bei der Organisation der Arbeit, sondern Diktat. Großartig, sagte Montefiori, ich schreibe die Forderungen auf Plakate, du bekämpfst mich. Das werden wir ausarbeiten. Nicht zu vergessen, erwiderte Spatz, die Polizei. Ich rufe die Polizei, gespielt von drei unserer Sicherheitsleute, sie kommt, greift aber nicht ein. Sehr wichtig, rief Montefiori und ging voran in die Espresso-Bar, wo er für jeden drei Tramezzini und Prosecco bestellte.

Kein Champagner?, fragte Anna. Montefiori, mit den Gedanken woanders, antwortete leise: Wir müssen sparen. Spatz runzelte die Stirn. Er fragte Anna, ob der neue Geschäftsführer Wort gehalten habe. Ja, antwortete sie, wir bekommen mehr Lohn, organisieren die Arbeit selbst und haben auch die Einteilung der Arbeitszeit übernommen. Da meine Liste die meisten Stimmen hat, werde ich von der Geschäftsführung als Betriebsratsvorsitzende anerkannt, mit entsprechender Dienstfreistellung. Du solltest heute in Linz sein, meinte Spatz. Anna schüttelte den Kopf.

Am Abend saßen sie mit Frau Ehrenreich beisammen und warteten auf Philipps Anruf. Pünktlich um sieben klingelte das Telefon. Alles wie geplant, sagte Philipp, draußen Schüsse in die Luft, wir haben dafür gesorgt, dass keine Panik ausbricht, Zerlina ist auf einen Tisch gestiegen und hat Mozart-Arien gesungen, die Unruhe wegen der Schüsse machte der Begeisterung für Zerlina Platz, und so ist die Versammlung in ein Fest übergegangen, anfangs gestört von der Polizei, die, wie wir erwartet haben, nach der Schießerei das Kaufhaus räumen, die Straße davor absperren wollte, aber wir blieben, und inzwischen haben die Polizisten sich unter die Leute gemischt.

Zwei Stunden später berichtete bereits das Fernsehen darüber. Der Reporter vermutete, dass es sich bei der Schießerei um einen Lausbubenstreich handelte, sonst stünde die Polizei nicht dermaßen tatenlos umher.

Anders verlief der nächste Tag. Die vier trafen sich zu Mittag und warteten auf die Nachrichten im Radio. Der Sprecher berichtete von unfassbaren Vorfällen in Linz. Wie gestern sei auch heute auf eine Versammlung geschossen worden. Niemand sei verletzt worden. Diesmal aber habe sich aus dem Kreis der Versammelten eine Gruppe gelöst, die mit Gewehren bewaffnet hinausstürmte und auf die Angreifer das Feuer eröffnete. Im Nu sei die Polizei vor Ort gewesen – von den Bewaffneten keine Spur.

Unser Reporter, berichtete der Sprecher weiter, hat den Betriebsrat interviewt. Der schloss aus, dass die Bewaffneten aus den Reihen der Belegschaft kommen. Er begrüßte aber, dass sich Leute finden, die friedliche Betriebsversammlungen schützen, und stellte die Frage, ob man sich gegen bewaffnete Angreifer anders zur Wehr setzen könne als mit Waffen. Er rief die Beschäftigten aller Betriebe im Land dazu auf, zu protestieren, damit der Terror nicht um sich greife. Der Aufruf, so die Radiomeldung, wird bereits befolgt. In unzähligen Betrieben im ganzen Land versammeln sich die Beschäftigten, sogar in einem Luxushotel in Zell am See. Die noblen Gäste bekommen stundenlang nichts zu trinken und zu essen, der Direktor des Hauses rennt vor dem Hotel auf und ab, dem Wahnsinn nahe. Und wie überall auch hier Fröhlichkeit. Man protestiert gegen den Terror, überlegt, noch in dieser Woche eine Betriebsversammlung abzuhalten, es liege, was Bezahlung und Arbeitsbedingungen in diesem Hotel betreffe, etliches im Argen. Ehe die Arbeit wieder aufgenommen wird, servieren die Kellner den Zimmermädchen, dem Küchenpersonal und den Leuten von der Rezeption Sekt und Wein, die Köche revanchieren sich mit Köstlichkeiten aus der Küche. Starr vor Staunen beobachten die Hotelgäste diese verkehrte Welt.

Das Telefon klingelte, David rief Spatz an. Ich bin auf dem Weg nach Wien, sagte David, ich treffe Fritz Frischenschlager in der Espresso-Bar, danach eile ich nach Haus. In diesem Gespräch wird eine Vorentscheidung fallen. Montefiori kam aus dem Nebenzimmer, er hatte mit Philipp telefoniert. Mir geht das zu schnell, sagte Montefiori. David hat von zwei Aktionen pro Tag gesprochen, nun finden zahllose Versammlungen in ganz Österreich statt. Ich fürchte, dass der Aufruhr, der sich nach und nach entfalten sollte, in einer Explosion verpufft.

Diese Sorge, sagte Montefiori, habe ich Philipp gegenüber geäußert. Er hat mich beruhigt und gemeint, dass die Gruppen aus dem Weinhaus in Verbindung mit Gruppen im ganzen Land stehen, welche Einfluss nehmen auf die vielen Versammlungen. Gretel, so hat Philipp berichtet, versucht, mit möglichst vielen Leuten, die sich selbst als Weinhaus-Gruppen bezeichnen, telefonisch Kontakt zu halten, der stellvertretende Direktor des Statistischen Zentralamts saust mit dem Auto von einer Versammlung zur anderen. Er achtet darauf, dass die Zusammenkünfte, egal, worum die Leute kämpfen, verbunden sind mit einem fröhlichen Fest. Dort tauchen immer öfter Fotos von Anna auf Transparenten auf.

Die Medien, hat Philipp gesagt, finden dafür keine Sprache. Der Coup von David, eine Versammlung von Bewaffneten angreifen zu lassen und diese bewaffnet zu vertreiben, stiftet nicht nur bei den Medien und den Behörden, sondern in der gesamten österreichischen Öffentlichkeit Verwirrung. Die Angst, die lokalen Schießereien könnten sich übers ganze Land ausbreiten und Österreich könnte in blutigem Chaos versinken, nimmt bereits wollüstige Züge an. Der Taxifahrer, hat Philipp gesagt, der die Bewaffneten anführt, leistet Großartiges. Der Trick, dass wir sowohl die Angegriffenen wie auch die Verteidiger sind, muss geheim bleiben. Allein der Verdacht, die Öffentlichkeit werde mit einem abgekarteten Spiel zum Narren gehalten, würde unsere Sache gefährden, wenn nicht zu Fall bringen.

Spatz stand auf und ging zu einem Regal. Eine Gesellschaft, sagte er, einmal in Bewegung, kann man nicht aufhalten. Am liebsten würde ich weinen vor Freude, sagte Frau Ehrenreich und verzog keine Miene. Spatz nahm eine CD aus dem Regal und legte sie ins Abspielgerät. Das letzte Streichquartett meines Vaters, sagte Spatz, aufgenommen vor einem Jahr in Wien im Mozartsaal. Anna bat nach dem ersten Satz um eine Pause. Spatz schenkte Champagner ein. Anstrengend, sagte Anna, auf befriedigende Weise anstrengend. Das ist Musik zum Mitdenken. Mein Vater ist der Ansicht gewesen, erwiderte Spatz, die Unterscheidung zwischen guter und schlechter Musik sei unsinnig, es gebe nur intelligente Musik und dumme. Sie hörten das Quartett bis zum Ende.

David trat ins Kaminzimmer und bewegte seine Arme wie Flügel. Nur jetzt nicht abstürzen, sagte er und warf sich in einen Sessel. Nach einem Schluck Wasser begann er zu erzählen. Ich bin nicht zufällig in Österreich, habe ich zu Fritz gesagt. Nach meiner Pensionierung als Direktor des Botanischen Gartens habe ich Kontakt mit der Armee aufgenommen, wo man auf mich gewartet zu haben schien. Ein Offizier des Geheimdienstes besuchte mich in New York und berichtete von erstaunlichen Meldungen über Österreich. Fünf Agenten, die bei der amerikanischen Botschaft als Mitarbeiter registriert seien, hätten herausgefunden, dass Zehntausende Menschen unter äußerster Geheimhaltung einen Aufstand vorbereiteten, wobei die Anzahl der bewaffneten Gruppen täglich zunehme. Die österreichischen Behörden würden nichts ahnen, man habe auch nicht vor, sie zu informieren. Man verfolge einen anderen Plan.

Mein Eindruck war, fuhr David fort, dass Fritz mir jedes Wort glaubte. Du bist Teil des Plans, habe ich zu Fritz gesagt. Vergiss nicht: Es ist ein Plan des amerikanischen Geheimdienstes. Der Plan geht davon aus, dass der Kampf des Militärs mitsamt der Polizei gegen die Aufständischen nicht zu gewinnen ist. Die Aufständischen würden sich in den Untergrund zurückziehen. Sie würden vielleicht die Streitkräfte nicht besiegen, es gäbe aber einen jahrelangen Guerillakrieg, das Land würde in einem Blutbad ersaufen. In dieser Situation, in der keine Seite obsiegen kann, muss ein bewaffneter Kampf vermieden werden. Aber wie?

Der Geheimdienst, habe ich zu Fritz gesagt, nimmt an, dass sich in anderen europäischen Ländern ähnliche Entwicklungen abzeichnen, dass dieser Prozess aber in Österreich besonders weit gediehen ist. Da ich früher öfters in Österreich war und die Sprache des Landes beherrsche, hat man mich beauftragt, mit den Aufständischen Kontakt aufzunehmen. Das ist mir gelungen. Deine Aufgabe wird sein, dich mit der Führung der Polizei und des Militärs in Verbindung zu setzen, und die werden sich mit der Regierung beraten.

Es gibt ein ungelöstes Problem, habe ich zu Fritz gesagt: Die Regierung muss den Aufständischen dafür, dass sie darauf verzichten, den bewaffneten Kampf zu beginnen, etwas anbieten. Aber was? Ich habe den Aufständischen gesagt, dass sie den Kampf nicht gewinnen können, da die Regierung Unterstützung von anderen Staaten bekommen wird. In langen Debatten mit den Leuten vom Geheimdienst haben wir den Vorschlag erarbeitet, dass die Regierung unter dem Druck des zunehmenden Aufruhrs ins Ausland geht – die Aufständischen werden sagen: ins Ausland flüchtet. Für einige Zeit. Die Aufständischen schlagen vor: für mindestens drei Monate. Die Slowakei ist bereit, die Regierung aufzunehmen.

Du wirst, habe ich zu Fritz gesagt, Teil eines historischen Experiments sein. So etwas hat es noch nie gegeben. Die Regierung wird in die Geschichte eingehen als Friedensstifterin, die einen Bürgerkrieg verhindert hat, du als Vermittler dieses Friedens, die Aufständischen als Helden des Friedens, die, wiewohl mächtig, den Kampf hintangestellt haben. Der Plan des Geheimdienstes sieht vor, dass die Aufständischen, welche an die Stelle der Regierung treten, die Gesetze nicht ändern, den Staatsapparat weiterarbeiten lassen, denn eine revolutionäre Änderung wäre, da die Regierung nach drei Monaten zurückkehrt, sinnlos.

Wir beide, habe ich zu Fritz gesagt, dürfen keinen Fehler machen. Drei der Anführer des Aufstands haben mir per Handschlag zugesichert, dass sie mit dem Plan einverstanden sind. Sie glauben aber nicht, dass die Regierung dem Handel zustimmt. Deshalb werden die Aufständischen ihre Aktivitäten verstärken. Sie haben in diesen Tagen ohnehin enormen Zulauf – ihre Praxis, den Kampf immer mit einem Fest zu verbinden, macht sie unschlagbar.

Sie glauben, habe ich zu Frischenschlager gesagt, den Höhepunkt ihrer Macht erreicht zu haben, und wollen den Kampf aufnehmen, ehe ihre Popularität sinkt. Oder die Regierung verlässt innerhalb einer Woche das Land. Ich habe vorgeschlagen, die Frist auf drei Wochen zu erstrecken. Das hätte beinahe zum Abbruch der Verhandlungen geführt. Ein Fehler von mir. Andrerseits kann kein Regierungsmitglied alle Unterlagen, die es belasten, innerhalb weniger Tage vernichten. Du sollst, habe ich zu Fritz gesagt, gleich zu Anfang den Leuten mitteilen, dass der amerikanische Geheimdienst davon ausgeht, dass die Regierung kooperiert.

Das, sagte David zu der Runde am Kamin, ist der Stand der Dinge. Wenn ich mich nicht irre, habe ich diese Phrase schon öfter verwendet. Es ist nicht wahrscheinlich, fuhr er nach einer Pause fort, dennoch rechne ich damit, dass der Schwindel auffliegt. Gehen wir vom Schlimmsten aus, erwiderte Spatz: dass der Schwindel *nicht* auffliegt. Dann wird es für uns ernst. Dann, antwortete David, seid ihr, wie ihr hier sitzt, die Regierung. Mit David, sagte Anna, als Minister für trickreiche Angelegenheiten.

Und das Regierungsprogramm?, fragte Montefiori. Wir brauchen keins, antwortete Frau Ehrenreich. Wir achten darauf, dass die Menschen weniger unter der Arbeit und dem Leben stöhnen als heute. Wir sind keine Regierung und haben kein Regierungsprogramm. Was sind wir sonst?, fragte Spatz. Ein Provisorium, sagte Anna. Einverstanden, erwiderte Spatz, wir sind: Das Provisorium.

Drei Wochen später, an einem sonnigen Morgen, fuhren die Regierungsmitglieder mit drei Bussen in die Slowakei. Am Nachmittag richteten die Aufständischen sich in einem Fernsehstudio des österreichischen Rundfunks ein, um am Abend den Zuschauern die Lage zu erläutern.

– 19 –

Niemand wollte am Abend als Erster vor die Fernsehkameras treten. Jedem war bewusst, dass dieser Auftritt entscheidend war für die Arbeit der Aufständischen in den nächsten drei Monaten. Man musste die Fernsehzuschauer mit der Tatsache konfrontieren, dass die Regierung ins Ausland geflüchtet war, musste dies aber so tun, dass im Land nicht nur keine Panik ausbrach, sondern dass die Leute in freudiger Erwartung dem Interregnum entgegensahen. Die Zeit drängte.

Anna entschied, dass Montefiori und Spatz diese Aufgabe übernehmen mussten. Ihr Argument: Die zwei sind aufeinander eingespielt. Zerlina pflichtete ihr bei: Die zwei können das. Montefiori und Spatz widersprachen nicht. Anna nahm Zerlina bei der Hand und sagte, wir müssen zum Flughafen. Im Weggehen erklärte Zerlina den beiden Männern, sie würde mit Anna nach Innsbruck fliegen, sie würden dort am Abend im Fernsehen auftreten, schließlich erstreckten sich die Aktivitäten der Aufständischen über ganz Österreich, es böte sich ein falsches Bild, würde man nur in einem Wiener Fernsehstudio präsent sein.

Bist du nervös?, fragte Montefiori. Noch nicht, erwiderte Spatz. Und es wird keinen Grund zur Nervosität geben, fuhr er fort, wenn wir uns auf das beschränken, was wir können, auf Sketche, wie wir sie im Schaufenster aufgeführt haben. Mit unseren Darbietungen, wandte Montefiori ein, mussten wir die Leute auf der Straße unterhalten, sie wären sonst weitergegangen und wir hätten keine Zuschauer gehabt. Die Fernsehzuschauer aber müssen wir informieren. Nein, behauptete Spatz, informieren, das können wir nicht.

Sie einigten sich darauf, an das letzte Kabinettstück anzuknüpfen, in dem Montefiori einen Unternehmer und Spatz einen Arbeiter gespielt hatte. Sie würden sich wieder an den Marx Brothers orientieren, Montefiori an Groucho, mit Nickelbrille, schwarzen Locken und wuchtigem Schnurrbart, Spatz an Harpo, dem Einfältigen, mit wirrem Haar und einem Hütchen drauf. Spatz schlug vor, dass Montefiori, zumindest an diesem Abend, eine erschreckend klare Sprache wählen sollte, welche die Zuschauer verängstige, wohingegen er, Spatz, dem Publikum versichern würde, dass es sich freuen könne auf die Zeit, die nun anbrach.

Das müssen wir proben, sagte Montefiori, machte sich eine Notiz und las sie vor: Meine Damen und Herren, Sie fragen sich, warum Sie nicht den Ihnen vertrauten Nachrichtensprecher sehen. Einiges hat sich heute geändert in diesem Land. Sie wissen es noch nicht, Sie werden es im Lauf des Abends erfahren. Den gewohnten Nachrichtensprecher gibt es nicht mehr, die gewohnten Nachrichten gibt es nicht mehr, die alten Gewohnheiten gibt es nicht mehr, sofern es schlechte Gewohnheiten sind. Kurzum: Sie können sich auf einiges gefasst machen.

Halt, rief Spatz, kritzelte etwas auf einen Zettel und las es vor: Halt. Mein Kollege hat sich nicht richtig ausgedrückt: Nicht *einiges*, sondern Gutes steht Ihnen bevor. Sie können mir glauben. Ich verstehe, dass Sie im Augenblick verwirrt sind. Sie wissen nicht, was vorgefallen ist. Sie können sich nicht erklären, warum wir beide hier sitzen und nicht der Nachrichtensprecher. Haben Sie Geduld, im Lauf des Abends wird sich alles aufklären. Andere Leute werden sich zu uns gesellen und Sie informieren. Wir zwei, das sehen Sie an unserer Aufmachung, sind keine Nachrichtensprecher. Man hat uns vorgeschickt, um Sie einzustimmen auf das, was auf Sie zukommt: ein paar schöne Wochen und Monate.

Entschuldige, Herr Kollege, rief Montefiori, wer ist *man*?

Er schrieb ein paar Sätze nieder und las sie vor: Entschuldige, Herr Kollege – man hat uns vorgeschickt. Wer ist *man*? *Man*, das sind die Aufständischen. Meine Damen und Herren, Sie erinnern sich an die Vorkommnisse der letzten Wochen: Versammlungen, Streiks, bewaffnete Auseinandersetzungen. Schließlich wurden die Aufständischen so stark, dass die Regierung überlegte, Militär und Polizei gegen sie einzusetzen. Sie war sich aber nicht sicher, ob sie diesen Kampf gewinnen kann. Man schloss Frieden. Die Bedingung: Die Regierung geht für drei Monate ins Ausland. Von dort verständigt sie den Bundespräsidenten. Der informiert die Medien. Wir sind neugierig, was die Zeitungen berichten werden. Wir respektieren Meinungs- und Pressefreiheit, werden aber nicht dulden, dass gegen die Aufständischen gehetzt wird.

Ich muss dich unterbrechen, sagte Spatz, machte sich Notizen und las sie vor: Ich muss dich unterbrechen. Die Presse- und Meinungsfreiheit, wie wir sie kennen, hat sich gut vereinbaren lassen mit der Verbreitung von Falschmeldungen und Hetze. Deshalb werden wir die Presse von der Pressefreiheit und die Meinung von der Meinungsfreiheit befreien.

Stopp, fuhr Montefiori dazwischen und schrieb auf, was er dann vortrug: Sollten Sie, meine Damen und Herren, nicht verstanden haben, was mein Kollege gesagt hat – ich habe es auch nicht verstanden.

Spatz hob die Hand zum Zeichen, dass er sofort antworten musste, machte eiligst Notizen und las sie vor: Es geht um Befreiung. Wir haben drei Monate, dann kehrt die Regierung zurück. Wir werden die Gesetze nicht ändern, denn die Regierung wird, sobald sie zurück ist, nach den Gesetzen handeln, die nun gültig sind. Wir werden auf der Grundlage der Gesetze so agieren, als gäbe es keine Gesetze. Ein Beispiel: Sie kennen die Praxis der Aufständischen in den vergangenen Wochen und Monaten. Man hat sich versammelt, man hat gestreikt und gekämpft, man hat aber nicht der Gesetzmäßigkeit des Kampfes gehorcht, ist nicht verbittert und fanatisch geworden, im Gegenteil, die Aufständischen veranstalteten nach jedem Kampf ein Fest. Sie haben das Gesetz, dass ein Kampf mit Sieg oder Niederlage enden muss, nicht zur Kenntnis genommen. Der Kampf endet mit einem Fest, mit Freude und Heiterkeit, auch wenn viele Menschen in diesem Land nichts zu lachen haben. Statt eines guten Lebens gibt es für sie Elend und Armut.

Ach, Herr Kollege, fuhr Montefiori dazwischen, kritzelte etliche Sätze auf einen Zettel und trug sie vor: Ach, das wissen wir, dass es vielen Leuten schlecht geht. Was Sie, meine Damen und Herren, aber noch nicht wissen: Dass es vielen Leuten schlecht geht – das wird sich ändern. Nicht in den nächsten Wochen und Monaten, sondern in den nächsten Tagen. Wir haben wenig Zeit. Die Aufständischen haben Gruppen gebildet, die Hilfsbedürftige aufsuchen und fragen, ob sie Unterstützung wollen und welche Hilfe sie brauchen.

Das Neue: Wir gehen nicht hin zu den Leuten und sagen, dass sie das oder jenes brauchen, sondern wir bitten sie, selbst die Initiative zu ergreifen und ihre Bedürfnisse zu nennen. Welche Wünsche sie auch äußern, wir werden sie erfüllen. Das ist ein großes Versprechen. Die nächsten drei Monate, in denen die Aufständischen den Ton angeben, diese Zeit des Interregnums, welche die Aufständischen *Das Provisorium* nennen, ist die Zeit der großen Versprechen – Versprechen, die gehalten werden. Wir arbeiten uns von unten nach oben, wenden uns zuerst an die Hilflosesten, an die Dementen, abgeschoben in Heime, wo, bar jeder Zuwendung, ihr Geist abstirbt. Wenn sie wollen und dazu imstande sind, werden sie ihre Wünsche hier in diesem Studio aussprechen, und wir werden sie erfüllen. Wer sich dagegenstellt, wird die kämpferische Seite der Aufständischen kennenlernen.

Um Himmels willen, rief Spatz, nahm einen neuen Zettel, schrieb Satz um Satz und sagte dann: Um Himmels willen!

Meine Damen und Herren, es wird keiner Gewalt bedürfen. Außerdem wäre es sinnlos, gewaltsam etwas durchzusetzen, denn in drei Monaten ist die Regierung zurück.

Gretel mischte sich ein. Sie war abseits gestanden, hatte den beiden zugehört und immer wieder beifällig genickt, nun aber unterbrach sie Spatz mit einer Handbewegung, setzte sich zu den beiden an den Tisch, schrieb Stichwörter auf einen Notizblock und sagte: Meine Damen und Herren, mein Name ist Gretel Bruny, die Aufständischen haben mich zur Sprecherin gewählt. Es ist richtig, dass die Regierung in drei Monaten zurückkehren wird. Bedenken Sie aber, dass wir, die Aufständischen, hierbleiben. Wir haben vor, sehr aktiv zu sein, und wir werden nach diesen drei Monaten noch stärker sein als jetzt. Mit der Regierung haben wir einen Waffenstillstand geschlossen. Der Preis, den die Regierung zahlt, ist eine dreimonatige Absenz. Wir handeln also jetzt schon aus einer Position der Stärke.

Allerdings, sagte Gretel, haben wir mit der Regierung vereinbart, dass wir sie, wenn sie zurückkehrt, nicht mit Waffengewalt bekämpfen. Wie es dann in dem Land weitergehen wird, wissen wir nicht. Wir sind stark, aber schlecht organisiert. Wir haben keine Partei und kein Programm. Würde jemand von uns für eine Revolution plädieren, stünde er bald allein da. Unter den Aufständischen sind außer Faschisten alle vertreten, Sozialdemokraten, Grüne, Anarchisten, Kommunisten, das ist in einem Land, in dem die Faschisten immer stärker werden, ein gutes, aber auch ein schwaches Zeichen.

Die revolutionäre Frage: *Wofür sind wir?* stellen die Aufständischen sich nicht, im Wissen, dass andernfalls alles, was man erreicht hat, auseinanderbrechen würde. Wir bescheiden uns mit der Frage, wogegen wir sind. Wir können in drei Monaten die Wohnungsprobleme nicht lösen. Aber wir dekretieren, dass in dieser Zeit niemand aus der Wohnung geworfen wird und dass leerstehende Häuser besetzt werden dürfen. Außerdem, um ein paar andere Beispiele zu nennen, wird niemand seinen Arbeitsplatz verlieren, das heißt für viele, wenigstens einmal im Leben drei Monate lang ohne Angst zu sein. Niemand wird von einem Gericht verurteilt. Kein Flüchtling wird abgeschoben. In Ortschaften sind Straßen für alle da. Fußgänger werden nicht der Fahrbahn verwiesen, die Vorherrschaft der Autofahrer ist außer Kraft. Auch wird niemand hungern, und niemand wird ohne Obdach sein.

So viel fürs Erste, sagte Gretel, die gesehen hatte, dass der pensionierte stellvertretende Direktor des Statistischen Zentralamts heftig auf Spatz einredete, woraus sie schloss, dass er Wichtiges sagen wollte. Sie winkte ihn zu sich und machte für ihn Platz. Er hatte mehrere Zettel mit Notizen vor sich. Guten Abend, sagte er. Ich war stellvertretender Direktor des Statistischen Zentralamts und bin nun pensioniert. Außerdem sympathisiere ich mit den Aufständischen, die mich beauftragt haben, meiner Verbindungen zu den Banken wegen das Kapital zu kontrollieren.

Wie Sie, meine Damen und Herren, wissen, leben wir in einer bürgerlich-kapitalistischen Gesellschaft. Alles hat einen Eigentümer, jede Fabrik, jedes Geschäft, jedes Wohnhaus, jede Wiese, jeder Acker. Das Geld, das die Welt regiert, heißt Kapital. Nette Leute nennen das Kapital ein scheues Reh, das bei der geringsten Gefahr die Flucht ergreift. Wir nennen das Kapitalflucht. Politische oder wirtschaftliche Unsicherheit kann eine solche Gefahr sein. Das Interregnum der Aufständischen, das heute beginnt, könnte als Unsicherheit eingestuft werden. Das wäre falsch und bedauerlich. Denn Kapitalflucht wäre ein kapitales Verbrechen. Das Geld wäre weg, das Land säße auf dem Trockenen. Das würde weniger uns treffen als die Regierung, wenn sie zurückkommt.

Sie, meine Damen und Herren, werden von uns erwarten, dass wir alles unternehmen, um dieses Verbrechen zu verhindern. Ich muss Ihnen aber sagen, dass wir dazu nicht imstande sind. Denn wir haben uns verpflichtet, keine neuen Gesetze zu erlassen. Was wir tun können: Wir werden Ihnen berichten, was in diesem Land vorgeht, wer wie viel Geld wohin verschiebt. Wir werden diese Leute und Institutionen beim Namen nennen und anklagen, wir werden dieses Fernsehstudio zum Tribunal machen, wir werden die Leute auffordern, sich zu rechtfertigen. Sie werden nicht kommen. Sie, meine Damen und Herren, und wir stehen der Untat ohnmächtig gegenüber. Aber nicht unwissend!

Das, fuhr der Mann fort, ist der große Unterschied zu früher. Früher wussten in diesem Land einige über dieses, andere über jenes Bescheid. Experten arbeiten für diese, andere Experten für jene Gruppe. Wir sind ein konfuser Haufen, wir vertreten nicht die Interessen einer bestimmten Gruppe. Das ist unsere Schwäche, aber auch unsere Stärke. Vor unserer Wissbegierde ist niemand sicher. Auch die größten Gauner – und wenn sie mit ihren Anwälten und Medien einen noch so hohen Schutzwall aufgebaut haben – sind unserem Wissensdrang schutzlos ausgeliefert.

Nur in einem einzigen Punkt werden wir sofort reagieren: Wir müssen uns gegen falsche Berichterstattung zur Wehr setzen. Wenn über uns nach Belieben gelogen werden kann, ist unsere Wahrheitssuche sinnlos.

Gretel schnitt dem Mann das Wort ab und las vor, was sie notiert hatte. Wenn wir, meinte sie, schon am ersten Abend alles sagen, was wir zu sagen haben, sitzen wir morgen stumm und ratlos hier und singen bestenfalls das Lied vom Lieben Augustin. Nur eines noch, meine Damen und Herren, vergessen Sie nicht: Wir sind nach diesen drei Monaten noch da. Wer vorprescht, wenn es darum geht, Not zu lindern, Unterdrückung zu beseitigen, der braucht keine Angst davor zu haben, später von der zurückgekehrten Regierung belangt zu werden. Wir werden da sein und ihm zur Seite stehen.

Die Angst, sagte sie, ist unser Feind. Wir nehmen ihn nicht ernst und verscheuchen ihn mit einer lässigen Handbewegung. Unser Mut ist der Übermut. Wir machen uns über große Worte lustig. Es heißt: Vor dem Gesetz sind alle gleich. Hilft das dem, der unter der Brücke schlafen muss? Wir setzen versuchsweise das Gesetz außer Kraft. Es heißt nun: Vor der Gesetzlosigkeit sind alle gleich. Ob das einen Sinn ergibt, wird sich zeigen.

Philipp hatte sich neben Gretel gestellt, sie erteilte ihm das Wort, mit der Bitte, sich kurzzufassen. In einer halben Stunde, sagte Philipp zu allen, die im Fernsehstudio versammelt waren, in einer halben Stunde gehen wir auf Sendung. Wir sind gut vorbereitet, meinte Spatz. Vielleicht zu gut, erwiderte Montefiori. Wir sprechen für die Aufständischen und sind Teil von ihnen. Niemand erwartet, dass wir eingelernte Texte aufsagen. Ich bin deiner Meinung, sagte Spatz. Wir müssen uns aber hüten, wirres Zeug daherzureden. Die Situation ist für die Fernsehzuschauer verwirrend genug. Übrigens, fragte er Philipp, was läuft im Fernsehen bis halb acht? Nichts, antwortete Philipp.

Alle schauten ihn ungläubig an. Gretel, sonst souverän, tat, als hätte sie schlecht verstanden. Nichts wird gesendet, fragte sie, hast du gesagt: nichts? Philipp lachte. Der Taxifahrer, sagte er, hat mich am Nachmittag angerufen und gebeten, ins Weinhaus zu kommen. Dort ist er mit etwa vierzig Leuten zusammengesessen. Der Taxifahrer hat gesagt, wir nennen uns revolutionäre Gruppe für destruktive Technik.

Dieser Gruppe, so der Taxifahrer, würden Leute angehören, die mit Gewehren umgehen können, wie sie das bei Versammlungen bewiesen hätten, und zugleich Techniker sind. Spezialisten, wie sich herausgestellt habe. Sie hätten die Idee gehabt, das Interregnum damit zu beginnen, dass man die Verfügungsgewalt über das Fernsehen und das Internet erlangt. Letzteres werde außer Kraft gesetzt. Fest stehe, dass man sich um halb acht an die Fernsehzuschauer wendet. Um sicherzustellen, dass alle, die vor einem Fernsehapparat sitzen, die Erklärung der Aufständischen sehen und hören, müsse der Empfang auf den einen Kanal beschränkt werden, den wir benutzen. Und auch auf diesem Kanal dürfe selbstverständlich bis zu unserer Sendung kein Programm ausgestrahlt werden.

Die Leute seiner Gruppe, hat der Taxifahrer gesagt, seien nach kurzer Debatte zu der Ansicht gelangt, die neue Zeit, die mit dem Interregnum einsetze, könne sich nicht deutlicher bemerkbar machen als damit, dass mit der schlimmsten Unart gebrochen wird, dem Fernsehen. Wir würden, hat der Taxifahrer gesagt, gern am Abend, nachdem andere das Wichtigste gesagt haben, zu Wort kommen, um den Fernsehzuschauern zu erklären, wie unsere Techniker arbeiten.

Ihrer Meinung nach gehört nicht viel dazu, die Mittel der Kommunikation wie Radio, Fernsehen, Internet zu installieren, in Betrieb zu setzen und in Gang zu halten. Das sei der trostlose Alltag, der dem Techniker das immer Gleiche abverlangt. Der ambitionierte Techniker suche einen Ausweg und finde ihn in der Sabotage des immer Gleichen. Ihm gehe es nicht darum, den Kommunikationsbetrieb aufrechtzuerhalten, sondern ihn lahmzulegen. Doch nicht um generellen Boykott sei es ihm zu tun, er wolle weder jemandem schaden noch jemanden ärgern, sein Ehrgeiz ziele darauf, technisch in der Lage zu sein, nach Belieben Teile des Betriebs auszuschalten. Das sei nur erstrebenswert, wenn diese Fähigkeit gesellschaftlich erwünscht und gebraucht wird. Nun sei dies der Fall, deshalb habe man sich den Aufständischen angeschlossen. Was für ein Vergnügen, von den unzähligen Fernsehkanälen alle bis auf einen und dazu das Internet stillzulegen und diesen einen Kanal für die Arbeit der Aufständischen, für unsere Arbeit, zur Verfügung zu stellen.

Wenn man heute, hat der Taxifahrer gesagt, in Österreich

einen Fernsehapparat einschaltet, ist nur ein Kanal in Betrieb, und dort wird nicht gesendet. Auf dem Bildschirm ist zu lesen:

Nächste Sendung um 19.30 Uhr.

Diese Mitteilung verschwindet, eine andere erscheint:

Wir unterhalten uns bestens.

Wir brauchen nicht unterhalten zu werden.

Kein Programm im Fernsehen, hat der Taxifahrer gesagt, das ist ein lautloses Signal von uns Aufständischen, es ist deutlicher zu hören als ein Donnerschlag. Im Radio, hat er gesagt, ist auch nur ein Sender zu hören, dort wird auf Wunsch von Gretel *Die Schöpfung* von Joseph Haydn gespielt, gewissermaßen als Eröffnungsmusik für das Interregnum.

Während Philipp berichtete, was der Taxifahrer ihm im Weinhaus mitgeteilt hatte, befestigten Spatz und Montefiori die Papierbögen mit den Sätzen von Oscar Wilde und Jean-Paul Sartre an der Wand des Studios. Montefiori hatte den einen Bogen mit dem kurzen Satz von Sartre mit Klebestreifen plakatiert, Spatz hingegen kam mit den zwei Papierbögen, auf denen die Sätze Oscar Wildes verteilt waren, nicht zurecht, sie hingen schief und außerdem nicht direkt hinter den Sesseln, auf denen die beiden Männer während der Sendung sitzen würden.

Einer der beiden Kameramänner rief, es sei 19.29 Uhr. Vor Schreck klebte Spatz den unteren Papierbogen so ungeschickt an die Wand, dass dieser zu Boden fiel. Die Kamera erfasste die Szene, so also begann die Sendung. Spatz bückte sich überstürzt, wobei die Perücke verrutschte. Er schaute in die Kamera und wandte sich an die Zuschauer.

Wir haben uns, sagte er, gut auf unseren Auftritt vorbereitet, aber nicht gut genug. Das macht nichts. Wir wollten die zwei Plakate, die Sie hier sehen, für sich sprechen lassen. Ich bin mit dem Plakatieren nicht fertig geworden, ich hole das nach. Langsam und sorgfältig befestigte er den zweiten Bogen mit den Sätzen von Wilde an der Wand. Dieser Text, sagte er, ist das Motto für das, was an Neuem und Erfreulichem auf Sie zukommt. Er stammt von dem Dichter Oscar Wilde.

Spatz las ihn vor:

Ein weiser Mann hat
viele Jahrhunderte vor Christus gesagt,
so etwas, wie die Menschheit in Ruhe lassen,
gibt es.
Aber so etwas, wie die Menschheit regieren,
gibt es nicht.

Und diesen Satz – er zeigte auf das zweite Plakat – hat der Philosoph Sartre geschrieben. Er las ihn vor:

Vielleicht gibt es schönere Zeiten, aber diese ist die unsere.

Spatz setzte sich, griff nach seinen Notizen und begann den Text vorzutragen, wobei er sich möglichst genau an seine Aufzeichnungen hielt. Montefiori tat es ebenso. Dann mischte sich Gretel ein, nach ihr ergriff Philipp das Wort, der anschließend den Taxifahrer bat, mit seinen Mitstreitern, den Technikern, dem Publikum zu erklären, warum sie das Radio auf einen Sender, das Fernsehen auf einen Kanal reduziert und das Internet außer Kraft gesetzt haben, mit dem Ziel, für die nächste Zeit in diesem Land eine menschenfreundliche Atmosphäre zu schaffen. Einer der beiden Kameramänner hatte die Techniker gebeten, sich kurzzufassen, da um 21.00 Uhr die Sendung aus Innsbruck mit Anna und Zerlina begann.

Spatz und Montefiori hatten sich im Fernsehstudio in eine Ecke zurückgezogen. Montefiori, fürsorglich vorausdenkend wie immer, hatte eine Flasche Rotwein und zwei Gläser mitgebracht und schenkte ein. Frau Ehrenreich kam ins Studio, Spatz bot ihr sein Glas an, sie lehnte ab. Nun sehen wir bald Anna, sagte er, ich bin nervös. Ich auch, erwiderte Frau Ehrenreich.

Anna erschien auf dem Bildschirm, neben ihr saß Zerlina. Anna stellte die Sängerin vor. Diese komme aus New York, arbeite im italienischen Modena an der Oper; der Sturm des Aufstands habe sie nach Österreich geweht. Sie unterstütze die Aufständischen, indem sie Arien und Lieder singe, die ihrer Ansicht nach vor Widerstandskraft strotzten. Für Zerlina sei das die Musik von Mozart. Zerlina erhob sich und sang den Beginn der Arie der Zerlina.

Anna wandte sich an die Fernsehzuschauer. Ob ich es will oder nicht, sagte sie, ich bin zur Galionsfigur der Aufstandsbewegung geworden. Ich bin aber keine mächtige Figur aus Bronze, sondern – ich werde Ihnen davon erzählen – eine fragile Person, geformt aus Zufälligkeiten und Glücksfällen. Wir haben, fuhr sie fort, einen Sieg errungen, einen absurden Sieg. Er ist zeitlich limitiert. Wir sind der Auffassung, dass ein fragwürdiger Sieg besser ist als eine endgültige Niederlage. Wir leisten Widerstand in einer Zeit, in der die Verhältnisse keinen Spielraum für Widerstand lassen. Fast keinen Spielraum.

Sie schilderte, mit welchen Tricks Freunde von ihr gearbeitet hatten, um eine Betriebsversammlung, welche von der Geschäftsführung sabotiert wurde, möglich zu machen. Davids Finte, die Aufständischen sich selbst angreifen zu lassen, brachte Anna hingegen nicht zur Sprache, die musste geheim bleiben. Am Schluss sagte sie noch, dass der Aufstand, wohin er sich auch entwickeln werde, von Kaufhäusern und Fabriken ausgegangen sei. Beginnend in Wien, habe er sich rasch ausgedehnt über das ganze Land. Sie und Zerlina würden sich deshalb nicht aus dem Studio in Wien, sondern aus Innsbruck melden. Eines, fuhr sie fort, habe sie in den vergangenen Wochen begriffen: Um ein besseres Leben zu haben, müsse man die Arbeitsbedingungen verbessern. Man verbringe die meiste Zeit mit Arbeit. Leide man unter ihr, sei das ganze Leben versaut.

Zerlina sang die ganze Arie der Zerlina, danach wurde in das Studio nach Wien umgeschaltet. Philipp – er hatte sich umgezogen, trug Anzug, Krawatte, weißes Hemd; Montefiori flüsterte Spatz zu, Philipp erscheine hier als das seriöse Fundament des aufständischen Unternehmens, Spatz erwiderte, dieser Kerl übertreffe sie als Schauspieler bei weitem –, Philipp trat vor die Kamera und sagte: Anna Berg hat recht. Der Aufstand, wie er sich heute präsentiert, in seiner Stärke und Schwäche, hat in einem Kaufhaus begonnen als Protest gegen Lohnkürzung, als Kampf für eine Lohnerhöhung und bessere Arbeitsbedingungen. Anna Berg, fuhr er fort, hat recht: Ist die Arbeit unerträglich, ergibt das kein gutes Leben. In vielen Unternehmen haben die Belegschaften aufbegehrt, in vielen Betrieben wird der Kampf aufgenommen werden, und zwar nicht als verbitterter, sondern als fröhlicher Kampf. Der fröhliche Kampf ist Teil eines guten Lebens.

Wir sind, fuhr Philipp fort, für drei Monate eine Zwischenregierung. In dieser Zeit soll jeder die Möglichkeit bekommen, sich um sich selbst zu kümmern. Wir verabscheuen den unmenschlichen Blick auf die Gesellschaft, der nur die jungen, gesunden, arbeitsfähigen Menschen sehen will, die obendrein Arbeit gefunden haben. Wir wollen einen menschlichen Blick auf dieses Land werfen, der die vielen, sehr vielen nicht übersieht, die sich nicht gegen Arbeitsbedingungen auflehnen können, weil sie gar keine Arbeit haben. Es ist nicht nötig, sie alle aufzuzählen, sehr wohl aber ist es notwendig, ihnen einen Ort zu bieten, wo sie öffentlich ihre Wünsche äußern können.

Meine Damen und Herren, sagte Philipp, ich rede nicht von einem unverbindlichen Spiel. Wer einen Wunsch äußert, kann davon ausgehen, dass die Zwischenregierung alles tun wird, um diesen Wunsch zu erfüllen. Wir wissen, das ist ein unerreichbares Ziel. Wir werden es dennoch erreichen.

Seit heute Mittag sind wir an der Macht, ohne Macht zu haben. In diesen wenigen Stunden haben wir versucht, Orte zu finden, von denen aus wir agieren können. Die zentrale Stelle unserer Arbeit ist das Wiener Fernsehstudio, die Studios in den Bundesländern sind ebenfalls in unserer Hand. Das ist zu wenig. Wir haben mit Theatern in verschiedenen österreichischen Städten Kontakt aufgenommen; alle würden Bühne und Zuschauerraum zur Verfügung stellen.

Für heute beenden wir die Sendung. Morgen, meine Damen und Herren, melden wir uns am Vormittag wieder. Bis dahin werden sich Dinge tun, die wir vorhersehen können: Unzählige Menschen werden hier anrufen, von unseren Leuten haben sich aber nur zwei bereiterklärt, Telefondienst zu versehen. Und es werden sich Dinge tun, die wir nicht vorhersagen können. Philipp winkte den Kameramännern zu, sie verstanden die Geste und schalteten die Kameras ab. Frau Ehrenreich fasste sich an den Kopf und sagte zu Spatz: Maximilian, wissen Sie, was hier vorgeht? Nein, erwiderte Spatz. Das beruhigt mich, sagte sie und fügte hinzu: Geben Sie mir ein Glas Wein.

– 20 –

Am nächsten Tag entschied sich, wie es in den nächsten drei Monaten weitergehen würde. Der Tag begann insofern wie jeder andere, als eine Tageszeitung, bekannt für ihre reißerische Aufmachung, mit einer Schlagzeile erschien, welche die Hälfte der ersten Seite des kleinformatigen Blattes füllte. Der Wortlaut: Verrückte greifen nach der Macht.

Anna ging in den Frühstücksraum des Hotels – Zerlina schlief noch –, blätterte in den dort ausliegenden Tageszeitungen und fand die Schlagzeile. Sie malte sich aus, wie die Aufständischen darauf reagieren würden, als Verrückte bezeichnet zu werden. Sie befürchtete, die Empörung darüber könnte so groß sein, dass wichtige Aktivitäten vernachlässigt würden. Sollte sie Max anrufen? Sie entschied sich für Tante Ehrenreich. Die war von Spatz bereits über jene journalistische Meisterleistung informiert worden. Mach dir keine Sorgen, sagte sie zu Anna, ich fahre nun ins Fernsehstudio.

David Intrator begleitete sie. Im Taxi berieten die beiden, wie auf die Zeitungsmeldung reagiert werden sollte. Es wird Leute geben, sagte David, die sich beleidigt fühlen, weil sie als Verrückte bezeichnet werden. Andere wieder werden sich empören, dass ihnen unterstellt wird, nach der Macht zu greifen, wo doch das Gegenteil der Fall ist. Für die Aufständischen entsteht eine neue Situation. Bislang sind sie von den Medien meist gut behandelt, schlimmstenfalls belächelt worden als Leute, die den Kampf um mehr Lohn und bessere Arbeitsbedingungen als Vorwand nehmen, Feste zu feiern.

Nun aber, fuhr David fort, da es nicht mehr nur um Versammlungen und Streiks geht, sondern um ein Interregnum der Aufständischen, somit um einen Bruch mit dem Gewohnten, werden diejenigen Medien, die immer schon auf dem Gewohnten beharrten, wenn sie nicht überhaupt für das Gestern gegen das Heute plädierten, nun aber werden diese Medien, allen voran das Kleinformat, mit allen Mitteln, auch mit Lügen, gegen die Aufständischen vorgehen. Das war vorherzusehen. Was aber unternehmen die Aufständischen gegen diese Medien?

Die beiden waren vor dem Rundfunkgebäude am Rand von Wien angekommen und gingen sehr langsam die Stufen hinauf zum Studio. Eines ist sicher, sagte Frau Ehrenreich, wir dürfen uns nicht von unserem Weg abbringen lassen. Bisher galt, dass zuerst gekämpft und dann gefeiert wird. Gegen die Medien können nur die kämpfen, die dort arbeiten. Die andere Möglichkeit wäre ein Angriff von außen. Man könnte das Zeitungsgebäude belagern, sogar besetzen. Dadurch könnte man die Arbeit der Medien behindern – ändern würde man sie dadurch nicht. Frau Ehrenreich blieb stehen. Was also tun?, fragte sie. Du hast gesagt, antwortete David, dass bisher zuerst gekämpft und dann gefeiert wurde. Im Fall der Zeitung kann nicht gekämpft werden, also wird nur gefeiert. Frau Ehrenreich dachte nach, dann nickte sie sich selbst zu, gab aber die Idee, die sie hatte, nicht preis. David, sagte sie, du bist ein Genie. Andere, erwiderte er, denken ergebnislos über das Fernliegende nach, mir fällt immer das Naheliegende ein.

Im Fernsehstudio herrschte große Aufregung. Spatz und Montefiori hatten sich bereits wie am Abend zuvor als Marx Brothers hergerichtet, um sie scharten sich der Taxifahrer, einige Techniker, der stellvertretende Direktor des Statistischen Zentralamts, Gretel und Philipp. Sie disputierten heftig. Frau Ehrenreich nahm David bei der Hand und zog ihn in eine Ecke des Studios, wo sie Platz nahmen. Sie sollen sich austoben, sagte Frau Ehrenreich. David schaute sie ratlos an.

Gretel rief: Ruhe. Nach und nach verstummte die Runde. Um zehn, sagte sie, soll die Sendung beginnen. Sollen wir uns vor die Kamera stellen und den Streit über die Zeitungsmeldung fortsetzen? Selbstverständlich, erwiderte Spatz, wir reden über das, was uns betrifft. Wenn wir von einer Zeitung verarscht werden, können wir nicht so tun, als wäre nichts geschehen. Im ganzen Land liest man, die Aufständischen seien Verrückte, die nach der Macht greifen. Es wird eine Meinung über uns verbreitet zu einem Zeitpunkt, an dem es noch nicht gelungen ist, uns durch diverse Aktivitäten ins rechte Licht zu rücken. Die Zeitung und ihre Lügen haben einen Vorsprung. Den müssen wir aufholen.

Und wie?, fragte Gretel. Das ist sehr einfach, antwortete Montefiori. Wir haben gestern klargemacht, dass wir uns nicht mit Lügen, die über uns verbreitet werden, herumschlagen können. Wir lassen Lügen nicht zu. Also müssen wir etwas gegen diese Zeitung unternehmen. Es sollte eine kurze Aktion sein, wir wollen damit nicht unsere Zeit vergeuden. Ideal wäre es, wenn wir die Sache mit möglichst vielen Aufständischen diskutieren könnten.

Das ist möglich, sagte ein Techniker. Gestern hatten wir die schwierige Aufgabe, unzählige Kanäle zu kappen und nur einen Sender zuzulassen. Heute verbinden wir dieses Fernsehstudio mit den Studios in allen Landeshauptstädten, mit dem Weinhaus und mit allen anderen Räumen, die uns als Versammlungsorte zur Verfügung gestellt worden sind – bisher zwei Dutzend. Überall steht eine Kamera, die mit diesem Studio verbunden ist. Wir haben die ganze Nacht gearbeitet, es kann losgehen.

Philipp rief den beiden Kameramännern zu, dass die Sendung beginnen könne, und bugsierte Spatz, der davon gar nicht überrascht war, vor eine Kamera, jedenfalls knüpfte er an seine vorherigen Ausführungen an, verzichtete auf eine Anrede, sagte Guten Tag und kam sogleich auf die Zeitungsmeldung zu sprechen, auf die Notwendigkeit, gegen die Zeitung vorzugehen, und darauf, dass die Aufständischen nun vor laufender Kamera beraten würden, was zu tun sei. Er berichtete den Fernsehzuschauern, wo im Land Kameras postiert seien, vor denen jeder sich zu Wort melden könne.

Dann machte er Montefiori Platz. Der erinnerte daran, dass gestern davor gewarnt worden war, Lügen über die Aufständischen zu verbreiten. Die Warnung fuhr er fort, ist ignoriert worden. Wie werden wir gegen die Zeitung vorgehen? Mein Kollege – er deutete auf Spatz – wird im Nebenraum auf Fernsehschirmen verfolgen, welche Vorschläge andernorts gemacht werden. Er wird uns informieren. Ich habe mich hier umgehört. Ein Vorschlag lautet: eine Protestversammlung vor dem Zeitungsgebäude. Sogleich kommt der Einwand: Die Zeitungsleute im Haus lachen sich über uns tot. Ein anderer Vorschlag: Wir besetzen das Zeitungsgebäude. Der Einwand: Die Redakteure gehen anderswohin und machen dort die Zeitung.

Spatz kam aus dem Nebenraum mit der Nachricht, dass die Aufständischen, welche in den Landesstudios zusammengekommen waren, einhellig, ohne sich untereinander abgesprochen zu haben, dafür plädierten, das Zeitungsgebäude in die Luft zu sprengen, und zwar noch am selben Tag. Ein Geschrei der Zustimmung und der Erleichterung brach aus, die Leute fielen einander in die Arme. Nicht nur die Fernsehzuschauer wurden Zeugen dieser Szenen, auch die Aufständischen in den Landesstudios. Deren Jubel war ohrenbetäubend.

Frau Ehrenreich, nein, sie setzte sich nicht, sie nahm neben Montefiori vor einer der beiden Kameras Platz. Montefiori stand auf und wollte »Ruhe« rufen, das schien ihm unpassend Frau Ehrenreich gegenüber, es war auch aussichtslos, das Geschrei im Studio zu übertönen. Also machte er große, langsame, beschwörende Bewegungen mit den Armen, als wollte er eine auf ihn zufahrende Eisenbahn zum Halten bringen, damit sie nicht, da die Eisenbahnbrücke eingestürzt war, in den Abgrund stürzte. Tatsächlich wurde es still.

Ohne die Stimme zu erheben, sagte Frau Ehrenreich, ihr habt die Besinnung verloren. Besser jetzt als später. Wenn ihr heute zur Besinnung kommt, werdet ihr sie in den nächsten drei Monaten nicht mehr verlieren. Es war mucksmäuschenstill im Raum. Ihr habt vergessen, fuhr Frau Ehrenreich fort, wer ihr seid. Zuerst sage ich euch, wer ich bin. Mein Name ist Ehrenreich. Ich bin die Tante von Anna Berg, bin also mit dem Aufstand eng verwandt. Und ihr seid die Aufständischen, die ihre Versammlungen, Streiks, Kämpfe stets mit einem Fest gekrönt haben. So seid ihr stark geworden. Kein einziges Mal habt ihr die schöne Regel gebrochen, dass zuerst ernsthaft gekämpft, dann aber ausgelassen gefeiert wird. Nun seid ihr auf dem besten Weg, das zu vergessen. Selbstverständlich, fuhr Frau Ehrenreich fort, werden wir die Lügen der Zeitung nicht hinnehmen. Mein Vorschlag: Wir beantworten sie mit einem Fest. Wir werden am Abend auf dem Dach des Zeitungsgebäudes ein Feuerwerk veranstalten, wie das Land noch keines gesehen hat. Auch in Zukunft werden wir jede Verleumdung und jeden Verstoß gegen die wenigen Vorschriften, auf denen wir bestehen müssen, mit einem Feuerwerk beantworten.

Die Umstehenden nickten nachdenklich. Frau Ehrenreich schlug vor, dass in allen Studios und im Weinhaus abgestimmt werde, und setzte sich wieder zu David Intrator. Der gratulierte ihr. Spatz und Montefiori setzten sich vor die Kameras und wiederholten Frau Ehrenreichs Vorschlag. Gretel stellte sich hinter die beiden und berichtete den Fernsehzuschauern, dass in der Nacht viele Leute angerufen hatten und die Aufständischen nun ausschwärmten, um die Anrufer aufzusuchen.

Zwei junge Aufständische aus dem Weinhaus trugen einen alten, verwahrlosten Mann auf einem Krankenstuhl ins Studio, man machte für ihn vor der Kamera Platz. Er bat um ein Taschentuch, man reichte ihm eins aus Papier, er wischte sich den Mund ab, fuhr sich über die Stirn, betrachtete das Taschentuch, wunderte sich, dass es sauber war, und sprach in die Kamera: Mein Wunsch ist es, in einer Villa zu wohnen. Ich lebe zurzeit in einem Heim, umgeben von Dementen, und drohe zu verblöden. Seit Jahren lese ich nichts mehr, die Bücher von Goethe und Hegel, meinen Lieblingsautoren, liegen unberührt im Nachtkästchen. Lesen hat mich nur interessiert, wenn ich mit jemandem über das Gelesene sprechen konnte. Ich will raus aus dem Heim und in einer Villa leben.

Gretel fragte, ob es unbedingt eine Villa sein müsse. Philipp warf ihr einen erschrockenen Blick zu. Sie verstand. Selbstverständlich, sagte sie, muss es eine Villa sein. Aus dem Nebenraum kam eine Aufständische, sie gehörte zu der Gruppe von Ärztinnen und Ärzten aus dem Weinhaus, sie hatte Telefondienst. Ein Mann mit Villa hat sich gemeldet, sagte sie, er kommt mit dem Taxi, er wird in wenigen Minuten hier sein. Montefiori und Spatz verlautbarten abwechselnd die Abstimmungsergebnisse, die nach und nach aus allen Teilen des Landes eintrafen.

Ein Mann kam ins Studio, er trug Sandalen und einen Bademantel, war großgewachsen, hatte kurzes graues Haar, ging am Stock, schaute sich um, erkannte in der Person im Krankenstuhl den Mann, der den Wunsch geäußert hatte, in einer Villa zu wohnen, ging mit kleinen Schritten auf ihn zu und stellte sich vor: Georg. Der Mann im Krankenstuhl sagte: Ich heiße Gottlieb, der Großgewachsene erwiderte: Wir werden miteinander wohnen, also sollten wir per du sein. Hast du es eilig?, fragte Gottlieb. Eilig?, antwortete der andere, ich habe es nie eilig. Dann nimm doch Platz, sagte Gottlieb.

Montefiori stand auf und bot dem Mann seinen Sessel an. Der setzte sich langsam, legte den Gehstock auf den Tisch und wandte sich an den neben ihm sitzenden Spatz. Wie lange, fragte der Mann, dauert das Interregnum? Wir stehen am Beginn, antwortete Spatz, es ist Anfang September. Das Interregnum wird bis Ende November dauern. Muss Gottlieb dann zurück ins Heim?, fragte der Mann.

Spatz wusste keine Antwort, er gab die Frage weiter an die zwei jungen Männer, die Gottlieb gebracht hatten, die wiederum konnten nur berichten, dass man sie daran hatte hindern wollen, mit Herrn Gottlieb das Heim zu verlassen, schon gar mit einem heimeigenen Krankenstuhl, aber der Hinweis, sie seien zwei von den Aufständischen, habe genügt, der Portier habe Reißaus genommen, und sie seien unbehelligt weitergegangen.

Was aber, fragte der großgewachsene Mann, wird Ende November sein? Gut möglich, dass Gottlieb von meiner Seite gerissen und ins Heim zurückgebracht wird. Ich werde, um das zu verhindern, die Villa an meinen Sohn verkaufen. Er bewohnt mit seiner Familie den ersten Stock, meine Frau und ich das Erdgeschoss. Ich werde im Ausland ein kleines Haus kaufen, dorthin werden wir uns flüchten.

Mein Herr, sagte Gretel, das wird nicht nötig sein. Im November endet zwar das Interregnum, damit aber lösen wir, die Aufständischen, uns nicht auf. Wir werden Sie und Ihren Gast beschützen. Ich traue niemandem, sagte der Mann, und ein Refugium im Ausland kann nie schaden. Er wandte sich an Gottlieb. Warum bist du im Heim gelandet?, fragte er. Schuld war die Pension, antwortete Gottlieb. Ich habe als Hausbesorger bei der Gemeinde Wien in einer Siedlung des sozialen Wohnbaus gearbeitet. Vorher habe ich studiert, zu lange, bis dreißig. Ich brachte es nicht über mich, vor den Professoren und Dozenten zu buckeln. Sie waren mächtiger, ihren Ansichten hatte man sich unterzuordnen.

Was hast du studiert?, fragte Georg. Literaturwissenschaft und Philosophie, war die Antwort, Goethe und Hegel. Angeregt von Karl Kraus beschäftigte ich mich mit einem extremen Gegensatz, mit Goethes Humor und mit Nestroys Witz. Wer diesen Gegensatz nicht begreift, begreift die Welt nicht. Dazu kamen Hegel und Adorno. Der eine sagt, das Ganze sei das Wahre, der andere, das Ganze sei das Unwahre. Die Wahrheit, so versuchte mich ein Professor zu belehren, liege in der Mitte. Ich wurde handgreiflich und verließ die Universität.

Als Hausbesorger konnte ich endlich unabhängig arbeiten, die Entscheidung, ob ich zuerst die Kellergeschosse oder die Stiegenhäuser reinige, oblag allein mir. Dazu kamen interessante Gespräche mit den Mietern, hin und wieder waren eine Studentin oder ein Student darunter, die mir gern zuhörten. Und dann der Ruhestand. Ich saß daheim und starb vor mich hin. Mieter, die mich vermissten, riefen den sozialen Notdienst, der brachte mich ins Heim. Und was machst du, fragte Gottlieb, wenn du nicht gerade jemanden aus dem Heim befreist?

Ich kümmere mich um den Garten, antwortete Georg, und wenn ich damit fertig bin, beginne ich von vorne. Wenn ich das geschafft habe, kremple ich die Ärmel hoch und kümmere mich um den Garten. Kurzum: Ich verblöde. Ich bin siebzig, war Möbelhändler. Beschwerden stellten sich ein: Schwindel, Rückenschmerzen, Müdigkeit, dazu gesellte sich eine geistige Trägheit, die aus den Altersbeschwerden eine gefährliche Krankheit machte, welche forderte, dass man den Beruf aufgebe. Die Folge ist selbstgewähltes Siechtum, selbstverursachte Verblödung.

Ich war ein Möbelhändler, fuhr der Mann fort, der nicht mit Möbeln handelte. Ich beschäftigte einige Tischler, die Sessel herstellten nach Plänen, welche sie von mir bekamen. Es waren Pläne von Sesseln aus vielen Jahrhunderten, darunter solche, die sich, schön und bequem, wie sie waren, als zeitlos erwiesen. Und dennoch wurden sie von hässlichen Produkten verdrängt. Ich bin sicher, dass auch Goethe und Hegel sich dazu geäußert haben.

Goethe, erwiderte Gottlieb, saß in seinem Arbeitszimmer auf einem Sattel. Großartig, rief Georg, auf einem Sattel! Ich habe den Sattel stets als den idealen Sessel bezeichnet. Deshalb habe ich drei Sättel ins Schaufenster gestellt. Daraufhin hat kein Mensch mehr das Geschäft betreten. Montefiori drängte sich vor die Kamera. Die Abstimmung, sagte er, ist beendet. Alle haben für das Feuerwerk gestimmt. Vor Begeisterung schlug der Möbelhändler mit dem Gehstock auf den Tisch. Die anderen applaudierten kurz, für sie war dieses Ergebnis selbstverständlich.

Ein Techniker bückte sich zu Frau Ehrenreich und sagte, er habe mit einem Freund telefoniert, der besitze eine Pyrotechnikfirma und sei, wenn er sofort mit dem Aufbau beginne und er, der Techniker, ihn mit einigen seiner Technikerfreunde unterstützen würde, in der Lage, am Abend ein Feuerwerk zu veranstalten, an das man sich noch in Jahrzehnten erinnern werde. Frau Ehrenreich schaute ihn an und sagte: Ich danke dir, Genosse. Der Techniker bückte sich tiefer hinunter und küsste Frau Ehrenreich die Hand.

David Intrator hatte die beiden beobachtet, der Sinn dessen, was er sah, hatte sich ihm nicht erschlossen, er konnte auch nicht nachfragen, denn er telefonierte mit Fritz Frischenschlager. Er ging davon aus, dass ein Feuerwerk auf dem Dach des Zeitungsgebäudes stattfinden und vor dem Gebäude und in den angrenzenden Straßen Abertausende Aufständische und Sympathisanten sich versammeln würden. Zu einem Fest, wie er Frischenschlager versicherte. Es sei nicht erforderlich, dass die Polizei regulierend eingreife, die Aufständischen würden selber für Ordnung sorgen. Sofern Polizisten, wie schon öfters geschehen, auf dem Fest sich unter die Aufständischen mischen wollten, seien sie selbstverständlich willkommen.

Am nächsten Tag stand in der Zeitung: Brandanschlag auf unser Zeitungsgebäude. Objektive Berichterstattung nicht mehr möglich. Da Feuerwerk und Volksfest aber vom Fernsehen übertragen worden waren, wusste man landauf, landab, wie die Schlagzeile der Zeitung sich zur Wahrheit verhielt. Dieses Verhältnis erschien sehr vielen Menschen als derart abstrus, dass sie die Zeitung gewissermaßen als kostbares Erinnerungsstück erwarben. Am frühen Vormittag waren eine Million Exemplare, zu Mittag eine weitere, am Nachmittag ein dritte Million verkauft.

Im Übrigen wurde der Tag von den Flüchtlingen dominiert. Sie verließen die ihnen von den Behörden zugewiesenen Unterkünfte; niemand stellte sich ihnen in den Weg. Spatz und Montefiori gaben bekannt, wo die Flüchtlinge sich versammeln konnten. Gasthäuser boten Extrazimmer an, Universitäten Hörsäle, Kirchen und Theater luden zum Kommen ein. Diese Informationen wurden auch über das Radio verbreitet.

Als Nächstes wandten Spatz und Montefiori sich an die Fernsehzuschauer. Der Plan der Aufständischen sei, das sogenannte Flüchtlingsproblem zu lösen, indem man erkläre, dass dieses Problem gar nicht existiere. Es existiere dann nicht, wenn sich genügend Menschen fänden, die Flüchtlinge bei sich aufnehmen würden. Die Flüchtlinge seien dann für die nächsten drei Monate keine Flüchtlinge mehr, sie würden im Land leben wie jeder andere auch.

Im Nebenraum des Fernsehstudios mussten mehrere Telefone installiert werden, der Telefondienst wurde zur wichtigsten Tätigkeit des Tages. Schon in den nächsten Stunden meldeten sich Tausende, die bereit waren, Flüchtlinge aufzunehmen. Die einen mit den anderen zusammenzubringen war eine Aufgabe, welche die Aufständischen überforderte. Sie mussten die Nacht durcharbeiten, den nächsten Tag und die Nacht darauf. Dabei entstand eine Organisationsdichte, welche die weiteren Aktivitäten erleichterte. Man konnte bis in kleine, entlegene Ortschaften hineinwirken. Zum Beispiel in den steirischen Ort Etmißl.

Von dort hatte ein Mann sich bei den Aufständischen mit dem Versprechen gemeldet, fürs Erste könne er fünf Flüchtlinge unterbringen, in einem keineswegs notdürftigen, sondern durchaus komfortablen Quartier. Vier junge Aufständische, drei Frauen und ein Mann, machten sich in einem Kleinbus auf, mit ihnen ein Paar um die dreißig mit einer Tochter, die bereits im schulpflichtigen Alter war, und ein etwas jüngeres Paar. Begleitet wurden sie von einem Kamerateam. Man unterhielt sich auf Englisch. Der Kleinbus hielt vor der Kirche, ein Mann um die siebzig in einer Hirschlederjacke und mit Filzhut wartete schon.

Sie gingen über den Kirchplatz auf ein mächtiges, zwei Stockwerke hohes, aus Holz gezimmertes Bauernhaus zu. Im Erdgeschoss befand sich ein Wirtshaus. Man setzte sich um einen Tisch, der Mann verteilte Speisekarten, bat eindringlich, nach Herzenslust zu essen und zu trinken. Berühmt, sagte er, seien seine Sulmtaler Backhendl mit Gurkensalat. Er habe eine große Hühnerzucht, außerdem züchte er in mehreren Teichen Forellen. Ertragreich aber seien nur die Forstwirtschaft und das Gasthaus. Eine junge Aufständische, die aus dieser Gegend stammte und keine Schwierigkeiten mit dem obersteirischen Dialekt hatte, dolmetschte.

Im Haus gebe es einige Gästezimmer und eine Gästewohnung, gerade werde alles hergerichtet. Die Kellnerin kam aus der Küche, der Mann bestellte zehn Fleischstrudelsuppen und zehn Backhendl. Zehn?, fragte die junge Aufständische. Der Mann zeigte zur Tür, eine ältere Frau kam herein und stellte sich als pensionierte Lehrerin vor. Sie werde dolmetschen, die Ankömmlinge betreuen und in Deutsch unterrichten. Sie rief nach der Kellnerin, um die Getränke zu bestellen. Der Mann bat die junge Aufständische, sich mit ihm an den kleinen Tisch beim Kachelofen zu setzen.

Er helfe den Aufständischen, Flüchtlinge unterzubringen; er sei nicht der Einzige, andere aus dem Dorf hätten sich bereits bei ihm gemeldet. Warum bei ihm? Er sei der ehemalige Bürgermeister. Es gebe keinen mehr. Es gebe kein Gemeindeamt, keine Schule. Der Lehrer, der in seiner Freizeit zwei Chöre geleitet habe, einen Kinderchor, einen für Erwachsene, ein Blasorchester, sei auch nicht mehr hier. In dem Dorf gebe es nichts mehr. Darüber wolle er mit der jungen Aufständischen reden. Er helfe, Flüchtlinge unterzubringen, vielleicht könnten die Aufständischen ihm helfen.

Was ihm an den Aufständischen gefalle, sei ihre Liebe zu Festen. Das hätten sie mit ihm und den anderen Dorfbewohnern gemeinsam. Alle zwei Monate sei im Dorf ein Fest gefeiert worden. Dieses Dorf gebe es nicht mehr. Er würde sich freuen, wenn die Aufständischen hierherkämen, man würde mit ihnen das Fest des Aberwitzes feiern. Die Landesregierung habe mehrere kleine Gemeinden aufgelöst und zu einer Verwaltungseinheit zusammengeschlossen, mit der Begründung, das würde Kosten sparen.

Mittlerweile, fuhr der Mann fort, habe sich gezeigt, dass die Verwaltungskosten infolge der Zusammenlegung gestiegen seien. Wir würden, sagte der Mann, auf unserem Fest, das wir mit euch machen, zeigen, dass es nicht um Einsparung gegangen ist, sondern um Kontrolle und um die Zerstörung der letzten Reste gemeinschaftlichen Lebens. Die junge Aufständische war von dem Plan des ehemaligen Bürgermeisters begeistert und machte Vorschläge, wie das Fest des Aberwitzes gestaltet werden könnte. Die anderen hatten bereits gegessen. Ein Fest planen heißt arbeiten, sagte der Mann und lachte. Während der Arbeit gibt es leider nichts zu essen. Ich muss in meinem eigenen Wirtshaus verhungern. Übrigens, die Fernsehleute haben auch noch nicht gegessen.

– 21 –

Außer Gretel und Philipp gab es niemanden, der sagen konnte, was in Österreich alles vor sich ging. Die zahllosen Aktivitäten hatten eines gemeinsam: man berief sich auf die Aufständischen, stellte sich unter ihren Schutz. Sehr oft, wenn man praktische Unterstützung brauchte oder strategischen Rat, lud man sie ein, zum Kampf und zum Fest. Einmal noch gab es ein Feuerwerk. In einer Fabrik, in der Zündmaschinen hergestellt wurden, sie befand sich in einer Kärntner Kleinstadt, war es zu Versammlungen und Warnstreiks gekommen. Den Beschäftigten ging es um mehr Lohn, vor allem aber um Mitbestimmung. Sie beklagten, dass zu wenig in neue Maschinen investiert werde und dass deshalb das Produkt, das sie herstellten, nicht auf dem neuesten Stand sei.

Im Landesstudio Klagenfurt erklärten eine Arbeiterin und zwei Arbeiter abwechselnd den Fernsehzuschauern, was eine Zündmaschine ist: ein Gerät für Sprengungen. Wird ein Haus in verbautem Gelände gesprengt, muss es in sich zusammenfallen, damit nicht auch umliegende Gebäude beschädigt werden. Um das zu bewerkstelligen, müssen mehrere Sprengsätze hintereinander gezündet werden, in Abständen von Hundertstelsekunden, genau errechnet, präzise eingestellt. Ein Fehler hätte unabsehbare Folgen. Absolute Genauigkeit, sagte einer der Arbeiter, ist heute Standard. Wir streben sie an, können sie aber nicht garantieren. Warum? Weil unsere Drehbänke veraltet sind. Ein unhaltbarer Zustand. Die Arbeiterin beklagte, dass der Besitzer des Unternehmens das Geld aus der Firma zog, anstatt zu investieren. Bis jetzt, sagte sie, haben wir zugeschaut, wie auf diese Weise unsere Arbeitsplätze vernichtet wurden. Nun reicht es.

Nach zweitägigem Streik, sagte die Arbeiterin, wollten wir die Arbeit wieder aufnehmen und rechneten damit, dass der Unternehmer zu Verhandlungen bereit sei. Der aber sperrte die Firma zu; für immer, wie er versicherte. Ein paar Arbeiter, die in den Betrieb eindringen wollten, stießen beim Portier auf keinerlei Widerstand. Ihr könnt hineingehen, sagte er, aber was macht ihr drinnen? Es gibt keinen Strom. Sogar das Telefon in meiner Portierloge ist abgeschaltet worden. Nicht nur die Beschäftigten, auch die Aufständischen waren konfrontiert mit einer Situation, die sie nicht kannten.

Aus dem Wiener Studio meldete sich einer der Techniker. Er teilte mit, dass sich drei seiner Kollegen nach Kärnten aufgemacht hätten, er selbst habe bereits telefonisch Kontakt mit befreundeten Kollegen, die in der Nähe der Zündmaschinenfabrik zu Haus seien, aufgenommen. Er garantiere, dass die Energieversorgung der Fabrik heute noch hergestellt werden könne und es ab morgen möglich sei, wieder zu arbeiten. Er rate dringend, die Fabrik die Nacht über zu besetzen, um etwaige Sabotageversuche zu vereiteln.

Zwei junge Aufständische, eine Frau und ein Mann, die seit einer Stunde vertieft in ein Gespräch mit dem ehemaligen stellvertretenden Direktor des Statistischen Zentralamts im Studio beisammenstanden, rollten nun Packpapier aus, schrieben in großen Buchstaben etwas drauf und befestigten es neben den beiden Plakaten:

Wohlergehen
aller
statt Bereicherung
weniger

Es ist Zeit, sagte Montefiori, unsere Verkleidung abzulegen. Spatz stimmte ihm zu. Als sie zurück ins Studio kamen, um sich von Philipp zu verabschieden, gesellte sich der stellvertretende Direktor zu ihnen und sagte, er fahre mit zwei jungen Aufständischen – die Frau sei versiert in Lohnverrechnung und Buchhaltung, der Mann erfahren in Materialbeschaffung und Verkauf – nach Kärnten. Denn was nütze es, wenn die Arbeiterinnen und Arbeiter die Produktion wiederaufnähmen, das Material, das sie brauchten, aber nicht vorhanden sei; und außerdem die Löhne nicht ausbezahlt würden. Noch wisse man nicht, wie die dafür zuständigen Angestellten sich verhalten würden, ob sie sich an die Seite des Unternehmers stellen und den Betrieb boykottieren würden.

Am nächsten Tag begann die Arbeit nicht nur in der Fabrik, sondern auch in der Kantine, wo zwei Kamerateams vom Landesstudio Klagenfurt ihre Tätigkeit aufnahmen. Ein Team schwärmte bald aus, um zu filmen, wie Hunderte Menschen aus der Kleinstadt zur Fabrik pilgerten, wie sie die Arbeiterinnen und Arbeiter an ihren Maschinen aufsuchten und ihnen zur Besetzung der Fabrik gratulierten. Die Schließung des Werks – diese Meinung hörte man immer wieder – wäre für die Stadt eine Katastrophe.

In der Kantine trat die junge Aufständische vor die Kamera und wandte sich an die Fernsehzuschauer. Meines Wissens, sagte sie, geschieht es in der Zweiten Republik zum ersten Mal, dass eine Fabrik, die vom Unternehmer zugesperrt worden ist, von Arbeitern besetzt und wieder in Betrieb genommen wird. Die für Materialbeschaffung, Verkauf der Zündmaschinen, aber auch für die Auszahlung des Lohnes zuständigen Angestellten konnten wir überzeugen, dass es auch für sie gut ist, wenn sie ihre Arbeit machen. Anfangs hatten sie Angst, vom Unternehmer zur Rechenschaft gezogen zu werden. Wir versicherten ihnen, dass sie unter dem Schutz der Aufständischen stehen. Und übermorgen feiert die ganze Stadt den Fortbestand der Fabrik. Auf dem Dach wird ein Feuerwerk gezündet, größer noch als jenes, das wir in Wien erlebt haben.

Der stellvertretende Direktor hatte vor, erst am Tag nach dem Volksfest nach Wien zurückzufahren, doch ein Anruf zwang ihn, sofort aufzubrechen. Er hatte während des Interregnums einige Bekannte um sich geschart, Pensionisten, die in wichtigen Funktionen in der Bankenaufsicht, im Finanzministerium und in der Finanzmarktaufsicht gearbeitet hatten und deren Passion, Finanzströmen nachzuspüren, nicht erloschen war. Einer von ihnen hatte dem stellvertretenden Direktor am Telefon mitgeteilt, er habe Indizien für einen schweren Fall von Kapitalflucht entdeckt.

In Wien stürmte der stellvertretende Direktor in das Fernsehstudio und bat die Techniker, das Studio mit allen im Land existierenden Außenstellen zu verbinden und eine Sondersendung anzukündigen. In dieser wandte er sich an alle Fernsehzuschauer, auch an die Aufständischen, und erinnerte daran, dass er in seiner Rede am Beginn des Interregnums die Kapitaleigner davor gewarnt hatte, Kapital unter dem Vorwand instabiler politischer Verhältnisse ins Ausland zu transferieren.

Ausgerechnet jetzt, fuhr der stellvertretende Direktor fort, da die ganze Welt sehe, dass Österreich während des Interregnums besser dastehe denn je, ausgerechnet jetzt würden, wie er beweisen könne, einige Milliarden Euro abfließen, nicht um auswärts investiert, sondern um dort auf Konten gebunkert zu werden. Das Interregnum könne dadurch nicht ins Wanken gebracht werden, sehr wohl aber werde es schlechte Nachrede geben. Die Aufständischen seien verpflichtet, sich dagegen zu wehren.

Er habe Fachleute gewonnen, die würden in Betrieben, an Universitäten, im Weinhaus und in den Fernsehstudios Vorträge halten über ökonomische Zusammenhänge und finanzielle Machenschaften. Da die Aufständischen versprochen hätten, bestehende Gesetze nicht zu ändern, stehe man den Machenschaften hilflos gegenüber. Hilflos, aber nicht unwissend. Begeistert von seinen Worten wiederholte er: Hilflos, aber nicht unwissend. Der stellvertretende Direktor hatte Fachleute mobilisiert, die wiederum waren an Kollegen herangetreten, sich ebenfalls zu Wort zu melden.

Spatz und Montefiori verfolgten im Fernsehen, wie eine Bewegung das Land erfasste, in deren Mittelpunkt Aufklärung über ökonomische Abläufe stand. Spatz sagte, ich bin froh, dass es nun, Ende Oktober, abgekühlt hat, so dass man wieder Feuer im Kamin machen kann. Montefiori seufzte. Wenigstens das Kaminfeuer bleibt uns, sagte er. Als Moderatoren im Fernsehstudio werden wir nicht mehr gebraucht, als Liebhaber auch nicht. Zerlina und Anna agieren immer noch in Westösterreich, uns haben sie vergessen. Alle haben uns vergessen, erwiderte Spatz. Die Aufstandsbewegung hat mit uns beiden begonnen, das ist lange her. Niemand außer uns kann sich daran erinnern.

Die beiden wurden aus ihrem Räsonnement gerissen, als der stellvertretende Direktor, der im Fernsehen eine Podiumsdiskussion von Ökonomen leitete, aufsprang, nachdem ihm ein Zettel zugesteckt worden war, und sich dafür entschuldigte, dass die Diskussion unterbrochen werden müsse. Auf dem Platz vor dem Parlament habe sich eine Gruppe von Rollstuhlfahrerinnen und Rollstuhlfahrern versammelt, die das Gespräch mit den Aufständischen suche. Nun sah man diese Gruppe im Fernsehen, die Kamera bewegte sich auf eine Frau zu, offensichtlich die Sprecherin der Gruppe. Sie konzentrierte sich auf einen Zettel, der Kameramann rief ihr zu, sie könne beginnen.

Die Frau sagte, sie lese einen Text vor, der den Titel trage: Deklaration der Schande. Liebe Aufständische! Wir, die von der Gesellschaft Vergessenen, werden auch von euch vergessen. Zwei Monate haben wir zugewartet in der Hoffnung, ihr würdet eine Kampagne starten mit dem Ziel, dass gehbehinderte Menschen wie zum Beispiel wir Rollstuhlfahrer barrierefreien Zugang zu allen öffentlichen Gebäuden, zu Theatern, Kinos und Museen, zu Wirtshäusern und Hotels und selbstverständlich zu den öffentlichen Verkehrsmitteln bekommen. Wir haben umsonst gewartet. Es ist eine Schande. Ihr Aufständischen seid ein Hoffnungsstrahl in diesem Land. Aber nicht für uns.

Diese Worte waren Keulenschläge auf die Köpfe der Aufständischen. Die Freude, die sie seit Beginn des Interregnums erfasst hatte, schlug in Panik um. Man habe, so die vorherrschende Meinung, als man angetreten sei, sich jener anzunehmen, um die sich niemand scherte, sich und andere belogen. Man müsse rasch gutmachen, was zu tun man versäumt habe, andernfalls sei selbst das, was man zustande gebracht habe, nichts wert. Also stürzte man sich in eine Bautätigkeit, ohne sich um Baubewilligungen zu kümmern, schuf Rampen, wo Stufen waren, erweiterte Klos zu Behindertentoiletten und entfernte ganze Sitzreihen, um in Kinos und Konzertsälen Platz für Rollstuhlfahrer zu schaffen.

Gretel kündigte eines Tags im Fernsehen an, dass am kommenden Abend jemand zu dieser Bautätigkeit Stellung nehmen wollte, und zwar jener Mann, der vor zwei Monaten als erster Hilfesuchender ins Studio gebracht worden war und es in Begleitung eines Villenbesitzers verlassen hatte. Frau Ehrenreich empfand das als guten Anlass, mit David Intrator, Philipp, Spatz und Montefiori nach langer Zeit wieder einmal gemeinsam zu kochen und zu essen, Spaghetti Bolognese selbstverständlich. Vorher schaute man sich die Sendung an, die um 18.00 Uhr begann.

Zwei ältere Herren hatten im Studio Platz genommen, beide in Anzug und Krawatte. Einer schaute konzentriert zu Boden und sprach lautlos vor sich hin, der andere hatte seinen Gehstock, über den er schützend die Hände hielt, auf den Tisch gelegt. Gretel stand in der Mitte des Studios, wiederholte, was sie am Vortag gesagt hatte, und erteilte dem Mann das Wort. Der schaute erschrocken auf, begann dann aber doch zu reden.

Was zurzeit in diesem Land geschieht, sagte er, kommt einer Neufassung von Goethes *Faust* gleich. Ihr könnt es nicht wissen, deshalb sage ich es euch. Faust hätte seine Freude mit dem, was ihr an großen Taten vollbringt. Faust, schon alt und blind, hatte Großes vor, er wollte dem Meer Land abgewinnen. Mephistopheles, der ihm hätte zu Diensten sein sollen, machte sich über ihn lustig. Faust forderte von ihm: Mit jedem Tage will ich Nachricht haben, / Wie sich verlängt der unternommene Graben. Mephistopheles, der es besser wusste, antwortete: Man spricht, wie man mir Nachricht gab, / Von keinem Graben, doch vom Grab.

Ihr Aufständischen, fuhr der Mann fort, gewinnt dem Meer nicht Land ab, macht aber die Häuser in diesem Land endlich für alle zugänglich. Die Rollstuhlfahrer sind nicht mehr ausgeschlossen. Das nenne ich Landgewinnung. So kommt Faust doch noch zum Ziel.

Der Villenbesitzer nickte dem Mann begeistert zu und klopfte mit dem Gehstock auf den Tisch. David legte zwei Holzscheiter aufs Feuer, man ging in die Küche und machte sich ans Kochen. Philipp hatte angerufen, dass er sich verspäte. Als er endlich kam, entschuldigte er sich mit der Begründung, er sei mit der Übersiedlung der Firma Montefiori nach New York beschäftigt. Montefiori schaute Spatz vielsagend an, der wandte sich an Frau Ehrenreich. Franz und ich, meinte er, haben darüber geklagt – nein, wir haben festgestellt, dass die Ereignisse ohne unser Zutun stattfinden, die Aufstandsbewegung ebenso wie die Übersiedlung der Firma Montefiori.

Unsinn, erwiderte Frau Ehrenreich, von den Ereignissen überrollt fühlt sich nur, wer mit ihnen eng verbunden ist. Philipp schaute sie bewundernd an. Ihre Klugheit, Frau Ehrenreich, möchte ich haben. Ich verdanke sie dem Umstand, war die Antwort, dass ich nicht zu viel denke. Zügelloses Denken verkommt zum Räsonieren – einem Denken, welches auf das Nachdenken vergisst. Es gibt auch ein Handeln, sagte Montefiori, das aufs Tun vergisst. David, der diesem Gedankengang nicht folgen konnte, bat um ein erläuterndes Exempel. Wenn zum Beispiel, erwiderte Montefiori, die Firma Montefiori übersiedelt, aber vergisst, den Herrn Montefiori mitzunehmen. Was ich sehr begrüßen würde, sagte Frau Ehrenreich.

An solchen Scherzen war Philipp nicht interessiert. Sehr geehrter Herr Firmeninhaber, sagte er, von den fünf Wissenschaftlerinnen und drei Wissenschaftlern, die zurzeit in der Firma arbeiten, gehen alle mit nach New York. Die neue Firma, in New York zwar angemeldet, aber noch nicht tätig, wird jetzt schon mit Aufträgen überhäuft, so dass ich zusätzlich vier Mitarbeiter engagiert habe, Amerikaner, wir wollen ja keine österreichische Enklave bilden. Wir übersiedeln Mitte November, meine Freundin beginnt Anfang Dezember mit ihrer Arbeit. Wir haben bereits eine Wohnung, am West Broadway, sie liegt in deiner Nähe, Maximilian. Und in der Nähe der Boxschule. Interessierst du dich fürs Boxen?, fragte Spatz. Ich nicht, aber meine Freundin.

Montefiori schlug sich mit der Hand gegen die Stirn. Wie konnte ich das vergessen, rief er. Und an Spatz gewandt: Zerlina und ich haben noch keine Wohnung. Sie hat mich vor ein paar Tagen angerufen und mir gesagt, dass sie jederzeit bereit ist, mit mir loszufahren. Und dass Anna den ganzen Dezember Urlaub hat und gleich am Monatsersten nach New York fliegen will, am liebsten gemeinsam mit Maximilian. Ihr könntet doch auch in meiner Nähe wohnen, sagte Spatz.

Nein, erwiderte Montefiori, Zerlina möchte dort wohnen, wo sie früher gewohnt hat, in der Nähe von Freddy's Bar, damit Freddy, wenn er viel Arbeit hat und Zerlinas Hilfe braucht, nur über die Gasse rufen muss. Spatz stand auf. Freddy wird uns helfen, sagte er, ging ins Nebenzimmer und rief ihn an.

Ich komme bereits im Dezember, sagte er. Du wirst dich wundern, alles ist anders als früher. Hast du endlich gelernt, erwiderte Freddy, dich nicht mehr zu überarbeiten? Ich habe gelernt, antwortete Spatz, zu arbeiten, ohne unter der Arbeit zusammenzubrechen. Das muss ich noch lernen, sagte Freddy. Du kannst dich doch, erwiderte Spatz, nicht über zu viel Arbeit beklagen. Seit du weg bist, sagte Freddy, kommen immer mehr Ärztinnen und Ärzte aus deiner Klinik zu mir. Solange du Stammgast warst, haben sie sich offenbar nicht hierher getraut.

Ich werde sie wieder vertreiben, erwiderte Spatz, vorher aber brauche ich deine Hilfe. Ich habe dir gesagt, dass nun alles anders ist. Ich habe mich in Wien in eine junge Frau verliebt. Freddy darauf: Das machst du rückgängig, du hast Zerlina. Hör zu, sagte Spatz, Zerlina kam von Modena nach Wien, um mich zu besuchen. Sie hat sich in meinen Freund verliebt. Beide kommen demnächst nach New York und bleiben da. Sie haben keine Wohnung. Zerlina will wie früher vis-à-vis von deiner Bar wohnen. Ist erledigt, erwiderte Freddy, und sag Zerlina, dass ich ihr zu Füßen liege. Spatz ging zu den anderen. Ihr könnt morgen einziehen, sagte er zu Montefiori. Der fragte: Wer ist dieser Freddy? Ohne ihn, antwortete Spatz, wäre ich in New York verkommen.

Zuerst reisten Philipp und seine Freundin ab, dann Montefiori und Zerlina, am 1. Dezember schließlich Anna und Spatz. David Intrator blieb bei Frau Ehrenreich in Wien. Nach längerem Suchen hatte er ein Lokal gefunden, das Riesenscampi mit Naturreis anbot. Am Abend lud er Frau Ehrenreich zum Essen ein. David, er konnte Fritz Frischenschlager telefonisch nicht erreichen, machte sich Sorgen um den Freund. Vielleicht, sagte er, ist er zu seinem Bruder nach Australien ausgewandert. Er dürfte mit der augenblicklichen Situation in Österreich nicht zurechtkommen. Das Interregnum ist vorbei, die alte Regierung lässt sich aber nicht blicken.

Vereinbart war, dass die Regierung dem Bundespräsidenten rechtzeitig die Rückkehr ankündigt und Anfang Dezember zurückkommt. Sie meldete sich aber nicht. Der Grund war naheliegend: In der letzten Novemberwoche waren immer mehr Häuser landauf, landab schwarz beflaggt worden, seit Anfang Dezember versank Österreich in einem Meer schwarzer Fahnen. Die Hotels waren von Medienleuten aus aller Herren Länder ausgebucht. Bilder wurden ausgestrahlt, wie die Welt sie noch nie gesehen hatte.

Spatz rief David an, der berichtete, dass sich eine unheimliche Stimmung im Land ausgebreitet habe, von der aber weder er noch Frau Ehrenreich erfasst worden seien. Wie er sich das erkläre, fragte Spatz. Ganz einfach, war die Antwort: Frau Ehrenreich und ich gingen Hand in Hand zu Otto Wagners Postsparkassen-Gebäude, standen davor, umkreisten es, standen wieder davor und ließen die Schönheit auf uns wirken, bis unsere Gemüter sich aufgehellt hatten.

Frau Ehrenreich, sagte David, kommt eben ins Zimmer, ich gebe ihr das Telefon. Maximilian, rief sie, um in New York auch wirklich gehört zu werden, grüßen Sie die ganze Bagage herzlich von mir.